CARL XVI. GUSTAF

DER WIDERWILLIGE MONARCH

CARL XVI. GUSTAF

DER WIDERWILLIGE MONARCH

Thomas Sjöberg

Deanne Rauscher | Tove Meyer

HEEL

HEEL Verlag GmbH
Gut Pottscheidt
53639 Königswinter
Tel.: 02223 9230-0
E-Mail: info@heel-verlag.de
www.heel-verlag.de

Deutsche Lizenzausgabe:
© 2011 HEEL Verlag GmbH

Originalausgabe:
© Thomas Sjöberg 2010 by Agreement with Grand Agency

Originaltitel: *Carl XVI Gustaf – Den Motvillige Monarken*
ISBN 978-91-7461-016-1

Übersetzung aus dem Schwedischen:
Björn Helpap, Berlin (Vorwort, Teil Eins)
Heike Schubert, Berlin (Teil Zwei, Nachwort, Quellen,
  Literatur, Quellenverzeichnis)
Satz: Noch & Noch, Menden
Lektorat: Petra Hundacker und Ulrike Reihn-Hamburger
Cover: Axel Mertens
Coverbild: Getty Images (© Chris Jackson)

Printed in Germany

ISBN 978-3-86852-444-4

Für Anna

INHALT

VORWORT

2010 war das Jahr, in dem die Stellung der Monarchie in Schweden auf eine Art diskutiert wurde, die es seit dem Kompromiss von Torekov zu Beginn der 1970er-Jahre nicht mehr gegeben hatte. Aber sie verstummte recht schnell, denn die Republikaner waren nicht in der Lage, ihr ein längerfristiges Leben einzuhauchen. Das letzte Gerücht besagte, dass das Hochzeitsgeschenk des Milliardärs Bertil Hult an die Kronprinzessin und ihren Mann eventuell als Schmiergeld anzusehen sei, was ein paar Privatpersonen veranlasste, dies der Staatsanwaltschaft zu melden. Der Staatsanwalt leitete aber kein Ermittlungsverfahren ein. Der Rückhalt der jetzigen Ordnung im schwedischen Volk schien so schwach wie schon lange nicht mehr und das ironischer Weise zu einem Zeitpunkt, an dem die Vorbereitungen der »königlichen Hochzeit« ihren Höhepunkt erreichten.

Für mich persönlich begann das Abenteuer im April 2008, als ich mit Kristoffer Lind einen Vertrag unterschrieb. Mein alter Verleger Per Gedin hatte immer wieder vorgeschlagen, dass ich eine Dokumentation über die Hells Angels in Schweden schreiben sollte, aber da ich Angst um meine Kniescheiben und meine Familie habe, habe ich abgesagt. Aber ich konnte mir vorstellen, eine nicht autorisierte Biografie über König Carl XVI. Gustaf zu schreiben. Das reizte mich, weil es bisher noch nicht ernsthaft versucht worden war.

Interessanterweise begannen wir unsere Gespräche zu einem Zeitpunkt, zu dem ich endlich einen Interviewtermin mit dem

König bekam. Das Interview sollte vor der Veröffentlichung der Umweltfrage von *Scanorama* im Mai 2008 stattfinden. Weil ich Redakteur bei der Zeitung war, wollte ich das Gespräch mit unserem umweltbewussten König selbst führen. Es hatte drei Monate, viele Telefonate und E-Mails gebraucht, bis die Pressechefin des Hofes, Nina Eldh, anrief und vermeldete, dass mich der König am nächsten Freitag empfangen würde. Ich hätte 10 Minuten Zeit, die Bilder müssten im Stockholmer Schloss aufgenommen und die Fragen vorher geschickt werden, um sie genehmigen zu lassen. Eigentlich ist das nicht meine Arbeitsweise, aber ich fand mich mit den Bedingungen ab, da es ein wirklich goldener Zufall war, mit dem König in die Zeitung *Scanorama* zu kommen.

Eldh war mit meinen Fragen nicht zufrieden, sie fand, sie seien zu einseitig auf den Treibhauseffekt fokussiert und wollte, dass ich auch Fragen zum Engagement des Königs bei den Pfadfindern und zu seiner Rede vor der UNESCO und anderen Themen, an die ich nicht gedacht hatte, stellen sollte. Also schrieb ich alles um, schickte die Fragen erneut ins Schloss und diesmal wurden sie für gut befunden. Im Schloss erschien dann der König zusammen mit Eldh und ich konnte wenigstens einmal im Leben sagen: »Eure Majestät, danke, dass wir empfangen werden«.

Er wirkte griesgrämig, sah mich beim Händeschütteln kurz an (ich glaube, ich habe mich sogar verbeugt) und schien schlechte Laune zu haben. Ich dachte, dass das vielleicht an meiner übertrieben höfischen Anrede lag, aber es stellte sich heraus, dass er die Idee und Entscheidung seiner Pressechefin, im Schloss fotografiert zu werden, nicht mochte, sondern sich viel lieber in der freien Natur bei Schloss Drottningholm hätte ablichten lassen. Es blieb alles so, wie es Eldh geplant hatte. Später dachte ich, dass ich als König die Initiative ergriffen und die Sicherheitspolizei und die Autos der Leibwächter herbeigeordert hätte und einfach nach

Drottningholm gefahren wäre. Das TV-Team, das später an der Reihe war, hätte ich warten lassen. So haben das die Könige früher gemacht, zumindest die, die in der Lage waren, in einer solchen Situation das Kommando an sich zu reißen.

Aber unser König wirkte so, als wäre er nicht wirklich der König, sondern wie jemand, den man vor sich herschiebt, eine Figur ohne eigenen Willen. Ich drücke das bewusst übertrieben aus, aber ungefähr so fühlte ich. Ich kam auf den Gedanken, dass wir einen König haben, der sich in seiner Rolle nicht wohlfühlt, der lieber an einem anderen Ort oder vielleicht lieber jemand anderes wäre. Der aber trotzdem alles nutzt, was seine Stellung bietet: den Glanz, die Pracht, das Geld, die Tradition, die Boote, die Autos, die Reisen, die Abendgesellschaften und die Frauen. So wurde der Titel des Buches – *Carl XVI. Gustaf – Der widerwillige Monarch* – geboren.

Als wir im April vor fast drei Jahren den Vertrag aufsetzten, wussten wir nicht, dass die Königsfamilie knapp ein Jahr später die Verlobung und die baldige Hochzeit von Prinzessin Victoria mit Daniel Westling bekannt geben würde. Plötzlich verwendeten viele meiner Kollegen das Wort »Bekanntgeben«, weil der König genau dieses Wort in der unangenehm schlecht gemachten Filmeinspielung von »Die Bekanntgabe« benutzt hatte. Das war der Startschuss zu einem medialen Spektakel, in dem sich Journalisten und Kommentatoren in einer Art Symbiose mit der Königsfamilie der speziellen Ausdrucksweise des Hofes bedienten. Wir wussten nun, dass das Buch erscheinen musste, wenn sich der erwartete royalistische Taumel gelegt hätte. Ansonsten hätte es etwas Politisches und könnte als Pamphlet verstanden werden, als einen allgemeinen Schlag gegen die Monarchie und im Besonderen gegen die Königsfamilie. Das wollten wir nicht. Es sollte als das verstanden werden, was es ist, nämlich als journalistische Arbeit.

Als Prinzessin Madelaine ein halbes Jahr später ihre Verlobung und spätere Hochzeit mit Jonas Bergström bekannt gab, war uns klar, dass wir auch Hochzeit Nummer zwei abwarten mussten. Aber die fand nicht statt.

Jetzt ist all das Geschichte und das Buch ein Faktum. Es war eine besondere Erfahrung, ein Buch über einen lebenden König zu schreiben, denn das ist nicht üblich. Biografien über Könige und Königinnen erscheinen oft erst Jahre nach deren Tod und stützen sich auf Dokumente, die nicht länger geheim gehalten werden.

Wie sollten wir dieses Projekt angehen. Unsere Idee war es, am Rande zu beginnen und uns langsam in die Mitte, also zum König vorzuarbeiten. Das bedeutete eine Kontaktaufnahme mit Menschen, die nur peripher zum Kreis des Königs gehören und ging dann weiter zum innersten Kreis, also dem königlichen Hof. Wir mussten so viel Material wie möglich sammeln, bevor wir den König einen Kommentar dazu abgeben lassen würden.

Mir war nicht wirklich klar, was ich finden würde. Selbstverständlich hatte ich die Gerüchte über das wilde Privatleben des Königs gehört, aber stimmten die? Und was dürfen wir, seine Untertanen, nicht wissen? Was wissen die Medien, die Politiker, die Unternehmer, die Polizisten, die Leibwächter und Chauffeure, was das schwedische Volk nicht weiß? Und warum ist das so?

Es war eine harte Arbeit. Ich war es schon bei der nicht autorisierten Biografie über Ingvar Kamprad gewohnt, gegen den Wind zu arbeiten und wusste, was es bedeutet, dies gegen den Willen eines Menschen zu tun. Außerdem hatte ich eine Vollzeitstelle bei *Scanorama*.

Als ich mit Tove Meyer und Deanne Rauscher zusammenkam, bekam das Buch einen ganz anderen Schwung. Tove, die beste Researcherin ihrer Klasse, hatte ich über einen Tipp der Universitätsleitung in der JMK, dem Institut für Journalistik, Medien und Kommunikation, in Stockholm gefunden. Deanne mit ihrem breitgefächerten Kontaktnetz und ihrer ausgeprägten Fähigkeit, ein vertrauensvolles Verhältnis zu jungen, schutzlosen Frauen aufzubauen, hatte schon überlegt, ein eigenes Buch über den König zu schreiben.

Unsere Rollenverteilung fand schon ganz am Anfang statt. Ich sollte das Buch schreiben und meine bereits begonnene Recherche über die Jugendzeit und die Ausbildung, also die prägenden Jahre bis zur Besteigung des Throns weiterführen. Tove würde sich um die grundlegende journalistische Suche in Archiven und andere öffentlich zugänglichen Quellen kümmern. Deanne sollte vor allem die weniger bekannten Seiten des Privatlebens des Königs offenlegen.

Das erforderte eine Gliederung des Buches in zwei Teile. Der erste schildert die Kindheit des Königs, das nationalsozialistische Erbe des Großvaters mütterlicherseits, seine Schulzeit, seine Ausbildung beim Militär, vor allem die schöne Weltumsegelung mit der *Älvsnabben* und die Besteigung des Throns. Damit sind die ersten 27 Jahre abgedeckt und die Umstände geschildert, die ihn geprägt haben. Außerdem werden die Charakterzüge aufgezeigt, die der erwachsene Monarch beibehalten hat. Wir entdeckten, dass er auf die eine oder andere Weise zwischen den Stühlen saß, weil sein Vater nie König werden konnte. Mit dem einen Bein steht er in einer richtig alten schwedischen Königstradition, in der das Volk im wahrsten Sinne des Wortes dem König Untertan war, mit dem anderen Bein steht er in einem modernen, demokratischen Schweden, in dem die Monarchie in vielerlei Hinsicht auf unzeitgemäße Zeremonien und Nichtigkeiten reduziert ist. So könnte man das ausdrücken. Eine andere Sicht der Dinge wäre, dass Carl XVI. Gustaf einem fortschrittlichen Experiment ausgesetzt wurde, nämlich dem Versuch, die Lücke zu schließen, die dadurch entstanden war, dass er anstelle seines Vaters, der reife 44 Jahre alte gewesen wäre, bereits mit 27 Jahren den Thron bestiegen hatte. Der gesamte Stab, der für seine Erziehung, seine schulische und die folgende Ausbildung verantwortlich war, hatte ein wichtiges Ziel vor Augen: Der werdende Monarch durfte keine Extrabehandlung erfahren, weder in der Schule, noch auf dem Boot *Älvsnabben*, noch in der Universität von Uppsala. Die Gleichung konnte nicht wirklich aufgehen. Wie sollte ein junger zukünftiger König mit der Tatsache umgehen, dass er eben ein junger, zukünftiger König war, der aber wie jeder andere junge Mann behandelt werden sollte? Ab und zu wurde auch anders mit ihm umgegangen, das lag sozusagen in der Natur der Sache. Dadurch, dass alle um ihn herum ihn als den zukünftigen König sahen, der eben nicht andersartig ist, war gerade das eine Art, ihn besonders hervorzuheben. Das musste, falls nicht andere Anlässe für eine innere Reibung sorgen würden, ein Gefühl der Spaltung und Unordnung hervorrufen. Auf der einen Seite der über allen stehende König, der seine Stellung geerbt hat und juristische Immunität genießt und auf der anderen Seite der Schüler in der Internatsschule von Sigtuna und der Offiziersanwärter, der wie seine Kameraden nächtliche Runden durch Bars und Bordelle in fremden Häfen drehte. Wer war er: König oder Kerl?

Er selbst hat im Laufe der Jahre hie und da seinem Wunsch, dass er am liebsten irgendwo anders als auf dem Thron von Schweden sitzen würde, Ausdruck verliehen. Als kleiner Junge antwortete er seiner Schwester Christina, als sie ihm sagte, dass er eines schönen Tages König werden würde: »Ich will nicht!« In einem Interview in der Zeitung *Svenska Dagbladet* sagte er 1975: »Manchmal träume ich davon, weit weg von allen Menschen auf dem Gipfel eines Berges zu sitzen.« Im Schoß seiner Geliebten Camilla Henemark phantasierte er über die Flucht auf eine einsame Insel. In Stockholms Kellerlokalen und auf Partys in Jagd-hütten hat er es genossen, von jungen, freimütigen und nicht schmeichelnden Vorortsmädchen, die nichts mit seiner offiziellen Entourage auf Östermalm zu tun hatten, umgeben zu sein. Als er in der Fernsehserie von TV4 über die Familie Bernadotte draußen auf Schloss Stenhammar interviewt wurde, sagte er in Bezug auf die Notwendigkeit, manchmal alleine zu sein: »Am liebsten laufe ich hier in den Hügeln herum, die wir zu Weideland gemacht haben.« Seine Augen leuchteten, als er über Insekten, Blumen, Vögel und andere Tiere sprach – »die absolute Vielfalt« – die bald darauf die Hügel in Besitz nehmen würden. Oder dass er sich mit ein paar guten Freunden auf den Straßen irgendeiner asiatischen Großstadt ungehindert bewegen und es genießen kann, nicht erkannt zu werden.

Der König von Schweden, ein Ferdinand der Stier? Ja sicher. Immer, oft oder nur ab und zu, das weiß im tiefsten Inneren nur er selbst.

Der zweite Teil des Buches handelt davon, inwieweit die prägenden Jahre das Privatleben des Königs beeinflusst haben. Diese Schilderung kontrastiert stark mit dem, was wir uns vielleicht unter einem modernen, aufgeklärten, gleichberechtigten Monarchen, der allen ethischen und moralischen Werten ent-spricht, die wir als richtig ansehen, vorstellen. Teil 2 zeigt aber auch eine nicht ganz unerwartete gefühlsmäßige Konsequenz, nämlich die, den königlichen Pflichten entfliehen zu wollen.

Unsere hauptsächlichen Quellen für diesen Teil waren ein ser-bischer alter Profiboxer mit einem gediegenen kriminellen Hinter-grund und eine Menge Frauen, die in der königlichen Clique bei privaten Festen in schicken Wohnungen auf Östermalm, auf Segelbooten, in Jagdhütten, in Kellerkneipen und in illegalen

Clubs als »Gesellschaftsdamen« fungierten. Andere Quellen haben diese Erzählungen im Detail bestätigt.

Wie sollten wir mit diesen Aussagen umgehen? War es überhaupt möglich, sie zu veröffentlichen? Wir haben extrem viel Wert darauf gelegt, die Aussagen mittels verschiedener, voneinander unabhängiger Quellen doppelt und dreifach bestätigen zu lassen. Die Frauen haben nicht uns aufgesucht, um eine Enthüllungsstory loszuwerden, sondern wir haben sie aufgesucht. Es war gar nicht so leicht, sie zum Reden zu veranlassen. Sie fühlten sich schon vor ein paar Jahrzehnten bedroht und haben die Ereignisse von damals sicher schon verarbeitet, werden aber immer noch gegen ihren Willen mit diesen Vorkommnissen konfrontiert. Andererseits sagten viele von ihnen, dass es richtig wäre, dass es endlich ans Licht käme, wie raffiniert sich die Königsgang der jungen Frauen, die Stockholm so zu bieten hatte, bediente. Ihre Erzählungen waren so voller Details und übereinstimmend, dass wir sicher sind, dass sie etwas erzählten, was sie wirklich erlebt hatten.

Mille Markovic ist ein Typ, von dem uns klar war, dass seine Aussagen in Frage gestellt werden würden. Das Wort eines Gangsters gegen das eines Königs, wem würde da geglaubt? Aber Deanne hat gut fünfzig Stunden mit ihm verbracht – in der Untersuchungshaft, im Gefängnis und nach seiner Freilassung, um ihn ein ums andere Mal die gleichen Sachen erzählen zu hören. Sie führte über ein Jahr einen Briefwechsel mit ihm und wir haben seine Aussagen zusätzlich mit mehreren anderen Quellen, die die meisten Behauptungen Markovics bestätigten, abgeglichen. Das macht ihn in unseren Augen zu einem höchst glaubwürden Menschen.

Haben unsere Quellen mit ihren Erzählungen eigene Ziele und Absichten verfolgt? Ging es um Rache, um mediale Aufmerksamkeit oder Geld? Natürlich nicht. Keine der Frauen, die uns von ihren Erlebnissen berichtet hat, hat in irgendeiner Weise einen

Vorteil daraus ziehen können. Sie haben außerdem darum gebeten, anonym zu bleiben und sind von uns nicht bezahlt worden. Somit sind zwei der drei genannten Motive außer Kraft. Sich zu rächen war auch kein Ziel. Die Frauen sind nicht böse oder verbittert, nein nicht einmal besonders traurig. Sie haben von ihren Erlebnissen erzählt, weil so viel Zeit vergangen ist. Heute sind sie erwachsene, nachdenkliche Frauen mit eigenen Kindern, und sie hatten viel Zeit, um über ihr eigenes Benehmen und das der königlichen Clique nachzudenken.

Die Erzählung der Kurtisane zeigt, wie wenig sich seit der Zeit Karls XV. und Oscars II. verändert hat. Es ist außerdem eine ganz nette Geschichte, die zeigt, dass sich nicht einmal der König, der den Wahlspruch *För Sverige i tiden* führt, immer im Takt mit dieser Aussage befindet. Aus einem anderen Betrachtungswinkel belastet ihn die Erzählung natürlich, nämlich aus der des Ehemanns und des Vaters. Wir gehen aber davon aus, dass die Beziehung mit Camilla Henemark innerhalb der Familie bekannt ist und dass sie ad acta gelegt wurde.

Verbleiben noch die Besuche im Gold Club in Atlanta und im Carat Club in Bratislava. Über diese beiden Stripteaseclubbesuche zu berichten, ist aus einer Perspektive interessant, nämlich aus der der Sicherheit. Im Gold Club wurde der König sicherlich vom amerikanischen Secret Service bewacht, das ändert aber nichts an der Tatsache, dass sich der schwedische König noch einmal in einem Milieu zeigte, das für einen Staatschef kompromittierend ist und damit für ihn und das Land, dessen höchster Repräsentant er ist, riskant ist. Über die Sicherheit in Bratislava wissen wir nichts.

Der Hof und der König persönlich verneinen einen Besuch im Gold Club während der Olympiade 1996 in Atlanta. Und so funktioniert das – eine ziemlich effektive Dementi-Maschinerie, die weitere Gerüchte im Keim erstickt und die Geschichte in den Medien ein paar Tage später sterben lässt.

Deanne flog also, um sicher zu sein, dass der König wirklich an besagtem Abend dort war, nach Atlanta und sprach mit drei Schlüsselfiguren: dem Manager des Gold Clubs, der den König empfing und willkommen hieß, dem VIP-Begleiter, der den König in den elegantesten Raum des Clubs führte und der Servicekraft, die dem König und der von ihm gewählten Damenbegleitung den Champagner einschenkte. Die einzige, die wir nicht trafen, war Nico, die Frau, die den König unterhalten hatte. Deanne fuhr mit Fotos vom König und seinen drei besten Freunden, Anders Lettström, Anders »Aje« Philipson und Carl Adam »Noppe« Lewenhaupt auch nach Bratislava. Und alle Sicherheitsmänner erkannten die Gruppe wieder, die ein Jahr zuvor so fröhlich gefeiert hatte.

Unsere Strategie war, erst dann um Interviews mit dem König und seinen besten Freunden zu bitten, wenn wir eigentlich keine Fragen mehr stellen mussten, da wir all unsere Informationen mit ziemlicher Sicherheit zusammen hatten. Im Sommer 2010 war es soweit. Mitte Juli schrieb ich der Pressechefin Nina Eldh eine E-Mail und erzählte von dem Buch und davon, dass es im Herbst erscheinen würde und bat darum, mit dem König sprechen zu dürfen. Eldh versprach, mir vor September Bescheid zu geben.

Der nächste auf der Liste war der »Königsfreund« Christer Gustafsson. Wir wussten, dass er schon seit ein paar Jahren wusste, dass wir dieses Buch planten und dass mit ziemlicher Sicherheit auch die besten Freunde des Königs, Lettström, Philipson und Lewenhaupt davon Wind bekommen hatten. Gustafsson bestätigte unsere Vermutung. Er ging darauf ein, sich mit uns zu treffen, da er die Erlaubnis der Clique bekommen hatte. Sie waren alle neugierig, worauf wir hinauswollten und was wir wussten. Das

Treffen mit Gustafsson ist im Kapitel »Der Freund des Königs bekennt« beschrieben. Wir waren sicher, dass er direkt im Anschluss der ganzen Clique Bericht erstatten würde.

Am 31. August rief Nina Eldh wie versprochen an. Unser Treffen mit Christer Gustafsson war gerade beendet. Sie wollte natürlich wissen, um welche Art Buch es ging und ich sagte, dass es eine Biografie sei, die sich unter anderem mit dem Problem beschäftige, dass der Monarch zwischen dem alten und dem neuen, modernen Schweden stünde. Ich war in der Stadt und es war zu laut am Telefon, also kamen wir überein, dass ich ihr die Fragen, die wir stellen wollten, per E-Mail schicken würde. In der E-Mail beschrieb ich zwei Tage später, wer wir waren und wie wir das Buch aufgebaut hatten:

Teil 1 handelt von den prägenden Jahren bis hin zu der Besteigung des Throns, also der Kindheit, den Hintergründen, der schulischen Laufbahn, dem Militärdienst, den Junggesellenjahren und den Freunden. Der Thronbesteigung wird viel Raum gelassen, weil es sich um einen jungen Mann handelte, der eine Last auf seinen Schultern tragen musste, die eigentlich seinem Vater zugekommen wäre. Dazu gibt es viele Fragen, die wir stellen möchten. Einige Beispiele: Wie hat er es als kleiner Junge empfunden, fast nur von Frauen umgeben zu sein (Mutter, Schwestern, das Kindermädchen Nenne usw.) und wie hat er das Fehlen eines echten männlichen Vorbilds empfunden. Die Schuljahre: Wie empfand er den Unterschied zwischen seiner königlichen Herkunft und dem Dasein als »Normaler« in der Broms Schule, vor allem aber in der Zeit in Sigtuna? Gab es für ihn Probleme zwischen diesen beiden Welten? Wie war es für ihn, in der Schule SHL wie jeder andere behandelt zu werden? Was hat ihn am stärksten geprägt: die Kindheit oder die Schulzeit oder der Dienst auf dem Boot

Älvsnabben? Und wie hat er eigentlich die Thronbesteigung erlebt? Welche Gefühle hatte er dabei? Wollte er König werden oder hat er die Krone nur sehr unwillig aufgesetzt? Auf welche Weise wurde er durch den Umgang mit den besten Freuden geprägt? Wie ist er mit dem Thema, dass sein Großvater mütterlicherseits eine Nazigröße war, umgegangen? Hat er sich zum Beispiel mit der ausführlichen Untersuchung, die nach dem Krieg durchgeführt wurde, beschäftigt? Weiß er über deren Inhalt Bescheid?

Teil 2 handelt von den Ergebnissen der prägenden Jahre. Wie sieht sein absolut privater Umgang aus? Unsere Recherchen haben gut belegte Informationen und Umstände von so delikater Natur zutage gefördert, dass wir die Fragen dem König gerne persönlich stellen würden. Es geht um Menschen, mit denen er Umgang hatte und Milieus, in denen er unterwegs war und darüber würden wir mit ihm sprechen wollen.

Eldhs Antwort kam zwei Tage später: »Thomas, danke für Deine E-Mail. Ich habe mit Seiner Majestät dem König gesprochen und er lehnt das Interview ab. Mit freundlichen Grüßen, Nina.«

Ich rief dann bei Anders Lettström an. Er hatte von mir als dem, der »literarische Ambitionen« habe, gehört und sagte ja zu einem Treffen. Nach zwei gescheiterten Versuchen wollten wir uns dann am 17. September treffen. Lettström schickte mir eine SMS: »Hallo, ich bin zurück in Schweden. Du kannst mich gerne morgen nach meinem Treffen im Oscartheater treffen. Wird gegen 15 Uhr sein. Ich schicke Dir während des Treffens dann eine SMS, wann es zu Ende ist. Nimm den Personaleingang auf der Gamla Brogatan, LG Anders L. PS Vergiss nicht die schriftl. Garantie der Anonymität. DS«

Am nächsten Tag um 12.32 Uhr schicke er eine SMS: »Leider muss ich heutiges Treffen absagen. Grüße Anders L.« Ich rief ihn sofort an, aber er ging nicht ans Telefon, deshalb sprach ich auf den Anrufbeantworter, dass die Deadline für das Manuskript nächste Woche wäre und es deswegen wichtig wäre, sich noch vorher zu treffen. Wir hörten nichts mehr von ihm, was schade war, denn wir wollten gerne wissen, warum er eine schriftliche Garantie haben wollte, anonym zu bleiben. Was hätte er uns als anonyme Quelle erzählt? Oder hatte er nur Angst, mit den anderen in der Gruppe und dem König nur aufgrund der Tatsache, sich mit uns zu treffen, Ärger zu bekommen? Aus irgendeinem Grund machte er in letzter Minute einen Rückzieher.

Dann rief ich nacheinander bei Anders Philipson und Carl Adam Lewenhaupt an. Philipson sagte »Ich bin daran nicht interessiert, auf Wiederhören!« und knallte den Hörer auf. Lewenhaupt sagte zweimal: »Ich bin im Meeting und habe überhaupt keine Zeit.« Ich schickte ihm sofort eine SMS: »Rufen Sie gerne an, wenn Sie Zeit haben. Die Deadline des Buchs über den König ist nächste Woche und es wäre gut, sich vorher zu treffen. Wir möchten gerne Ihre und Aje Philipsons Kommentare zu einem Teil der Informationen, die wir von unseren Quellen bekommen haben, hören. Ich habe von keinem der beiden eine Antwort erhalten.

Wir haben auch vergeblich versucht, den Kneipier Erik Lallerstedt und Elisabeth Tarras-Wahlberg zu kontaktieren. Lallerstedt hat der Clique des Königs unter anderem mit gastronomischen Erlebnissen unter die Arme gegriffen und deren Umgangsformen aus der Nähe beobachten können. Die Mitteilungen, die wir ihm auf Band sprachen, hat er ignoriert. Tarras-Wahlberg war diejenige, die als Pressechefin des Hofes über einen großen Zeitraum der Regentschaft des Königs unpassende oder angeblich erlogene

Zeitungsartikel dementieren musste. Sie erlebte den König während des ersten Jahres seiner Regentschaft. Es wäre interessant gewesen, ihre Sicht der Dinge kennen zu lernen, aber, wie fast zu erwarten war, antwortete sie nicht auf unsere Anrufe und E-Mails.

Es gab Situationen, in denen eine ziemlich gesicherte Information von einem unmittelbar Betroffenen verneint wurde. In den Fällen, in denen die Aussagen sehr seriös sind und die Dementis außerdem zahlenmäßig übersteigen, haben wir uns entschieden, unseren Quellen zu glauben. Das gilt unter anderem für Meta Berqvist, die es leugnet, zu Anfang der 1970er-Jahre ein Verhältnis mit dem König gehabt zu haben. Nachdem das Verhältnis aber von einem Leibwächter und einem Adjutanten bestätigt wurde, entschieden wir uns, diesen beiden zu glauben.

Wir sind nicht die einzigen Journalisten, die sich für das Privatleben des Königs interessieren. Wir wissen um frühere Versuche und dass eine Veröffentlichung von vorsichtigen Zeitungen verhindert wurde. Die Motive waren unterschiedlicher Natur. Teils wurde eine sinkende Auflage befürchtet, weil die Leser nicht mit dem Artikel einverstanden wären, teils hat der Hof die verantwortlichen Redakteure zu einem »Gespräch« ins Schloss gebeten.

Journalisten haben oft eine Ambition, die Teile der öffentlichen Macht, die von den Machthabern verdunkelt werden, zu durchleuchten. Der König ist vielleicht *das* Symbol dieser Macht. Aber das ererbte Amt, die Tatsache, dass er nicht vom Volk gewählt wird, gewährt ihm im Großen und Ganzen gesehen unbegrenzte Möglichkeiten, eine inoffizielle Macht auszuüben, die sich einer demokratischen Untersuchung entzieht. Und das geschieht zu Teilen im Privatleben des Königs. Die Jagden in Bergslagen und die Verteilung der Medaillen auf dem Schloss sind der offizielle Teil, aber was geschieht hinter dem Vorhang, wenn die Kameras nicht mehr dabei sind?

Der Hofreporter Daniel Nyhlén schrieb 2008 einen interessanten Blog auf www.newsmill.se, in dem er Parallelen zu der sogenannten Haijbyaffäre zur Zeit Gustafs V. zog.

Das Königshaus baut auf konservative Werte, die auf sicheren Pfählen wie der Kernfamilie und den Traditionen beruhen. Die Sache mit der Monarchie ist die, dass die Königsfamilie nicht so ist, wie wir normalen Bürger. Sie stehen über uns und sollen dem Volk ein Ideal sein. Ein Stereotyp und ach so heterosexuell, die Überfamilie, die bis in die Unendlichkeit neue Erben gebären soll. Aber falls »das Unglück eintreffen sollte«, bedient sich der Hof eines geeigneten Hilfsmittels. Die Familie wird schon lange von hingebungsvollen Fans umschwärmt, die alles tun würden, um die Familie zu beschützen. Dazu gehören die mächtigsten Wirtschaftsspitzen des Landes, Publizisten, Chefredakteure, Politiker und andere wichtige Meinungsbildner, die alles in ihrer Macht stehende tun würden, um das Eindringen eines Pfeils in das Herz der Monarchie zu verhindern.

Unter den Journalisten und Verlegern wird über die enormen Kräfte gesprochen, die ausgelöst werden, falls man sich für Informationen aus dem Privatleben des Königs, das von dessen Entourage zu jedem Preis geschützt wird, und deren Veröffentlichung interessiert. Aber die Frage ist doch, ob es nicht an der Zeit für eine gründlichere Untersuchung der weniger schmeichelhaften Seiten der Königsfamilie ist, die Sprünge im Glas aufzuzeigen, die sie den gewöhnlichen Familien mit ihren inneren Spannungen und Konflikten immer ähnlicher macht. Das wäre dann eine Gefahr für die von Nyhlén definierte Existenzberechtigung der Monarchie – dem

Erhöht sein, dem Vorbild. Seit dem Jahr 2000 werden vor allem die Königskinder intensiv beobachtet, wenn es um das wilde Ausgangsgebaren auf dem Stureplan, in Båstad, Torekov, Visby und Saint Tropez geht. Es gab auch ernsthaftere Anlässe, wie die Ausgabe von Schnaps durch Kneipiers, das Einkaufen von Markenklamotten in Luxusboutiquen in Stockholm und die ausufernden Kneipen- und Einkaufsgewohnheiten von Prinzessin Madelaine. Aber wir konnten auch lesen, wie wenig Königin Silvia davon hält, dass sich die Freunde des Königs immer jüngere Freundinnen zulegen. Die intensive Beobachtung der geplatzten Verlobung von Prinzessin Madelaine und Jonas Bergström und die Ursache dafür zeigen, dass sich die Grenzen näher in Richtung des Privatlebens, um das der Hof eine solche Angst hat, verschoben haben.

Ungefähr zur Halbzeit der Entstehungsgeschichte dieses Buches wurde Deanne von dem mehrfach ausgezeichneten Janne Josefsson von *Uppdrag Granskning* vom schwedischen Fernsehen angesprochen. Er wollte selbst eine Sendung über das Sexleben des Königs machen und hatte ein paar lose, unbestätigte Aussagen. Er hatte von unserer Arbeit an dem Buch gehört und bat uns, über eine Zusammenarbeit nachzudenken. Nach einem Treffen mit dem Reporter Fredrik Laurin und dem verantwortlichen Programmchef, Lars-Göran Svensson, wussten wir, dass sie scharf auf unsere Quellen waren, die dann von knallharten Reportern kritisch überprüft würden und, falls es zu einer Sendung kommen würde, gezwungen wären, in Bild und Ton aufzutreten, auch wenn das anonymisiert und mit veränderten Stimmen geschehen würde. Wir entschieden uns gegen eine Zusammenarbeit, das war nicht unser Stil. Wir konnten und wollten nicht das in zwei Jahren mühsam aufgebaute Vertrauensverhältnis zu unseren Quellen zerstören. Wir wollten das noch nicht einmal riskieren, indem wir den Frauen die Frage stellen würden, ob sie in *Uppdrag Granskning*,

einem unerhört wichtigen Programm, das Korruption und Macht-
missbrauch bekämpft, aber nicht das richtige Sendeformat für
unser Thema wäre, auftreten würden. Wir konnten dann fasziniert
beobachten, wie Josefsson und Laurin bei der Jagd auf unsere
Quellen immer einen Schritt hinter uns waren.

Es gibt viele Menschen, die durch ihre Erzählung dieses Buch
ermöglicht haben. Ein Teil von ihnen nur unter der Voraussetzung, nicht namentlich genannt zu werden. Das ist nicht ungewöhnlich, der aufdeckende Journalismus ist nur möglich, wenn
das Grundrecht der Informationsquelle auf Anonymität garantiert
wird. Wir können ihnen nur danken und unserer Bewunderung
Ausdruck verleihen, dass sie ihre Erlebnisse schließlich doch preis-
gegeben haben. Diejenigen, die namentlich genannt sind, haben
auch ihre Erinnerungen erzählt und auf diese Weise geholfen, dem
Bild von Carl XVI. Gustaf, das früher eher unbekannt war, eine
neue Dimension zu verleihen.

Zum Schluss geht ein herzlicher Dank an den Verleger Kristoffer Lind, der im Verlauf des Arbeitsprozesses eine große Stütze
und Inspirationsquelle war und den mutigen Beschluss fasste, das
Buch zu verlegen. Ein Dank auch an alle übrigen Mitarbeiter des
Verlags. Danke auch an Ola Selin, einen der ersten Leibwächter
des Königs, der ein wunderbares Erzähltalent besitzt und mit Hilfe
seiner korrekt geführten Tagebücher und seinem Sinn fürs Detail
früher unbekannte Aspekte seiner acht Jahre im Dienst Seiner
Majestät geschildert hat. Christian Sjöström danken wir für die
Hilfe bei der Übersetzung der deutschen Dokumentationen des
Gerichtsverfahrens nach dem Krieg gegen den Großvater des
Königs mütterlicherseits, Karl Eduard. Ein Dank auch an Anette
Ivarsson, die die von uns geführten Interviews schnell und korrekt
transkribierte. Auch Annika Sundström, die für die aussagekräftige

Umschlagsgestaltung verantwortlich ist, gilt unser Dank. Ein Dank an Thron Ullberg für das Umschlagsfoto. Und wir danken unseren Familien, deren Unterstützung eine Voraussetzung dafür war, dieses Projekt überhaupt durchführen zu können.

Stockholm im Oktober 2010
Thomas Sjöberg

TEIL EINS

1 | WARTEN IN HELSINGBORG

Am 18. August 1973 klingelte im Stockholmer Vorort Salem im Reihenhaus von Ola Selin das Telefon. Es war der Chef der Sicherheitsabteilung, Sune Hallin, und seine Botschaft war glasklar.

»Ich war gerade bei Calle Persson. Der König ist krank und liegt in Helsingborg im Krankenhaus. Du musst ins Schloss Sofiero fahren.«

Selin war seit einer im Frühjahr von der kroatischen Terrororganisation Ustascha gegen den zukünftigen Monarchen ausgesprochenen Morddrohung der Leibwächter des Kronprinzen Carl Gustaf, der kurz darauf 27 Jahre alt werden sollte. Diese Morddrohung war die erste direkte Bedrohung des Hofes in der jüngeren Geschichte. Früher hatte man es nie für notwendig erachtet, sich mit Leibwächtern zu umgeben. Aber die Ustascha war eine berüchtigte Gruppe, die für ihre absolute Rücksichtslosigkeit auf schwedischem Boden bekannt war. Zwei Jahre zuvor war der jugoslawische Botschafter in Stockholm auf widerliche Art ermordet und im Herbst 1972 in Malmö ein Flugzeug gekapert worden. Die Drohung wurde zuerst per Brief an den Hof geschickt und dann der Nachtredaktion der Tageszeitung *Dagens Nyheter* telefonisch angekündigt. Das Ziel war die Freilassung von 129 in schwedischen und jugoslawischen Gefängnissen sitzenden Jugoslawen, darunter auch Mörder, andernfalls würde der Kronprinz entführt und außer Landes gebracht.

29

Selin und ein Kollege hatten den Kronprinz im Stockholmer Schloss abgeholt und ihre wertvolle Fracht dann in der Flottenbasis in Berga abgesetzt. Carl Gustaf diente dort als Offizier an Bord des Torpedobootes Vega und sollte bald zum Admiral befördert werden. »Dort ist er in Sicherheit und braucht keine Polizeibewachung« hatte sein Kapitän, Sten Swedlund der Zeitung *Expressen* gesagt. Ola Selin vermutete, dass es der Oberbefehlshaber Stig Synnergren war, der später der Chef im Stab des Königs werden würde, der eine Bewachung für überflüssig hielt. Der Chef der Reichspolizei, Carl Persson, stimmte dem zu und so kehrten Selin und sein Kollege nach Stockholm zurück.

Der Bewachungsauftrag lief über einen guten Monat bis Persson der Meinung war, dass es jetzt genug sei. Für Selin war das eine kurze, intensive und spannende Zeit. Der 36-Jährige war seit 1968 in der Sicherheitsabteilung der Reichspolizei angestellt und wurde 2 Jahre später in eine andere Abteilung versetzt, wo er unter anderem Anfang der 1970er-Jahre den Staatsminister Olof Palme bewachte.

Selin war auf eine derbe Art stylisch. Hochgewachsen, trug er lockige Haare und einen kräftigen Schnäuzer und unterstrich so sein Schauspieler-ähnliches Aussehen. Er mochte den Auftrag, da er eine willkommene Abwechslung zum Alltag war. Der Kronprinz war viel und oft mit seiner jüngsten Schwester Christina unterwegs. Selin war bei Freunden und auf Festen dabei. Manchmal bekam er einen Anruf, dass der Kronprinz spontan auf eines seiner Schlösser oder nach Hause zu seinem alten Freund Anders Lettström fahren würde. Dann musste er sich ins Auto setzen und versuchen, vor dem Kronprinz am Ziel zu sein, um sich ein Bild von der Situation zu machen.

Als er nun von seinem direkten Chef angerufen wurde, musste er nur die Tasche packen. Er war wieder, zusammen mit dem älteren Kollegen Edvin Dahlin, als Leibwächter des Kronprinzen eingesetzt. Ein sterbender König zieht immer viel Aufmerksamkeit auf sich und der werdende Staatschef musste unter allen Umständen geschützt werden.

»Ich verschwinde nach Helsingborg« sagte Selin seiner Frau Karin und nahm den Flug von Bromma nach Ängelholm. Er und Dahlin wurden in einem Doppelzimmer auf Schloss Sofiero einquartiert. Der Kronprinz war schon da und wohnte eine Etage höher, wo auch die Wohnung des alten Königs lag. Gustav VI. Adolf ging es schlecht. Drei Monate vor seinem 91. Geburtstag, in der Nacht vom 17. auf den 18. August, wurde er mit blutenden Magengeschwüren in das Krankenhaus von Helsingborg gebracht. Fast die gesamte Königsfamilie war versammelt. Lilian Craig, die seit 30 Jahren die Geliebte Prinz Bertils war, wurde in der Villa des Hofmarschalls untergebracht, denn unabhängig von seiner Krankheit ließ der König nicht zu, dass sie im Schloss wohnte. Bis zuletzt hielt er an den alten Konventionen fest. Craig gehörte nicht zur Familie und musste entsprechend behandelt werden. Ola Selin war verwundert über die Konventionen in diesen Kreisen. Er als einfacher Mann wohnte im Schloss, während die Dame des Prinzen auf gehörigem Abstand gehalten wurde.

Der Kronprinz besuchte den König regelmäßig im Krankenhaus, manchmal mehrmals am Tag, und Selin war immer dabei. Die Besuche waren immer recht kurz. Der Leibarzt Professor Gunnar Biörck wachte über den Zustand des Monarchen und der Kronprinz hatte viel Zeit, sich den Tag zu vertreiben, während sein Großvater mit dem Tode rang. Zusammen mit seinen Onkeln Sigvard und Carl Johan Bernadotte machte er regelmäßig Ausflüge in ganz Skåne, wodurch Selin und Dahlin die Güter und prächtigen Schlösser Trollenäs bei Eslöv, Trolleholm bei Svalöv, Maltesholm bei Kristianstad zu sehen bekamen und einen Teil des schwedischen Adels trafen. Der Kronprinz wurde von Gösta Andersson, dem Chauffeur des Großvaters, in dessen Lieblingsauto, einem schwarzen Cadillac mit dem Kennzeichen »A1«, gefahren. Die Leibwächter folgten in einem schmutzigen Volvo 140. Auf Schloss Viderup bei Eslöv wurde die Gesellschaft von Freiherrn Malte Ramel und seiner Frau empfangen. Selin empfand die beiden als bezaubernde Gastgeber. Ramel sagte zu Selin und dem Chauffeur Andersson: »Die Herren dürfen Ihren Lunch im rechten Flügel einnehmen. Der Tischherr ist mein Sohn.« Die beiden wurden wie im besten Restaurant bedient und beim Nachtisch sagte der Sohn des Hauses: »Die Herren müssen mich nun entschuldigen, denn ich muss jetzt Ihre Autos waschen.« Selin war erstaunt, dass der Sohn des Hauses diese einfache Arbeit verrichten sollte, nahm aber an, dass dies zur Erziehung und sozialen Ausbildung des jungen Barons gehörte – mit einfachen Leuten auf deren Art und Weise umgehen zu können. Fasanenjagd, Tontaubenschießen und Golf spielen gehörten auch zu den Ausflügen. All das war für Selin neu. Weit weg von zu Hause genoss er das gesamte Arrangement.

Vor dem Krankenhaus in Helsingborg warteten ein großes Presseaufgebot und viele Bürger. Ola Selins Frau und die beiden Kinder sahen ihn täglich im Fernsehen. Es wimmelte nur so vor Polizisten, die alle bei einem solch historischen Ereignis Dienst tun wollten. Der Krankenhausflur im dritten Stock, in dem der König lag, wurde von zwei in Zivil gekleideten Polizisten bewacht. In der Nacht zum 21. August wurde der König drei Stunden von einem Ärzteteam unter der Leitung Olle Wikanders operiert. Der Eingriff verbesserte den Zustand Gustaf VI. Adolfs kaum; er bekam eine Lungenentzündung, Herzflimmern, seine Nierenfunktion verschlechterte sich und er bekam weitere Magengeschwüre.

Einige Tage nach dem Erkranken des Königs wurde eine besondere Gruppe unter Leitung des Kabinettskammerherren und

Admirals Erik af Klint zusammengestellt, um einen Thronwechsel vorzubereiten. Klint hatte ein paar Jahre zuvor den sogenannten »KB«-Plan für einen zukünftigen Thronwechsel und eine königliche Beerdigung vorbereitet. Der Gruppe gehörte unter anderem der Adjutant des Königs, Ulf Björkman, an, der sich bereits in Helsingborg aufhielt. Seine Aufgabe lag in der Verantwortung des Umgangs mit Presse, Radio, Fernsehen, Bewachungs- und Sicherheitsfragen, Salutschießen und dem Läuten der Kirchenglocken. Der Plan war auf 10 Tage ausgelegt, vom Todesfall bis zur Beerdigung, und beinhaltete auch Strategien, wie der verstorbene König nach Stockholm gebracht werden sollte. Mit einem Zerstörer von Helsingborg? Mit dem Zug? Der großen Hercules-Maschine der Luftwaffe? Oder sollte der Körper mit dem Auto durch das halbe Land gefahren werden, was ein großes Chaos und viele Sicherheitsprobleme bedeuten würde? Ein weiteres Hindernis war die am 16. September anstehende Reichstagswahl. Die Parteien befanden sich im Endspurt des Wahlkampfes, der Tod des Königs und ein Thronwechsel würden also den einen oder anderen Politiker-Zeitplan durcheinander wirbeln.

Björkman schrieb später in seinen Memoiren:

Es war am Ende Prinz Bertil, der entschied, dass der König mit dem Auto nach Stockholm gebracht werden sollte. Viele fanden das sicher zynisch, so darüber zu diskutieren, was mit einem schließlich noch lebenden Menschen geschehen sollte. Wir nahmen mit gelinde gesagt gemischten Gefühlen an der Planung teil. Man muss aber auch bedenken, dass ein Thronwechsel nicht erst an dem Tag geplant werden kann, an dem man vor vollendeten Tatsachen steht. Der lange Todeskampf des Königs sorgte dafür, dass wir alles ausführlich vorbereiten konnten. Die Polizei fuhr zur Probe die Ehrengeleitstrecke von Helsingborg nach Stockholm und auch innerhalb Stockholms ab. Platzierungs- und Unterbringungslisten wurden angefertigt, die Order für die teilnehmenden Militärtruppen und Musiker waren versandfertig. Die Drucksachen wurden erstellt und der Druck vorbereitet. An verschiedenen Stellen wurde der Aufbau von Pressetribünen vorbereitet und der große siebenarmige Leuchter in der Storkyrkan für die Demontage besichtigt. Die königlichen Stäbe wurden einer Inventur unterzogen und die Adjutanten den zur Beerdigung erwarteten Staatschefs zugeteilt.

Auf Schloss Sofiero und im Krankenhaus harrte man weiter der Dinge. Der Leibarzt Biörck trat jeden Tag vor die versammelten Journalisten und verlas das Bulletin über den gesundheitlichen Zustand des Königs. Die Neuigkeiten aus Skåne konkurrierten jedoch eine knappe Woche mit einem anderen dramatischen Ereignis. Der Bankräuber Jan Olsson nahm in der Kreditbank in Stockholm Angestellte als Geisel, was die Regierung unter Staatsminister Olof Palme nun intensiv beschäftigte. Am 28. August war die Geiselnahme beendet, die Nation atmete auf.

Die Leibwächter machten sich während der Geiselnahme über andere Dinge Gedanken, denn wie bei allen größeren Ereignissen kam es darauf an, dass auch die kleinen Details stimmen mussten. Selin war seit dem 18. August nur einmal in Stockholm und hatte keine Möglichkeit gehabt, zu Hause Wechselwäsche zu holen. Er und der Stabschef des Hofes, Malcolm Murray fuhren deshalb in Selins Dienstwagen nach Helsingborg und kauften Hemden und Unterwäsche für die Leibwächter.

Abends trug man auf Schloss Sofiero einen Smoking oder dunklen Anzug und Abendkleider. Die Königsfamilie aß im großen Speisesaal, die Leibwächter und Angestellten im Speisesaal des Personals. Anschließend saß man an der Bar und trank etwas. Der

Kronprinz zog sich meist gegen 21 Uhr in sein einfach möbliertes Zimmer zurück, Sigvard und Marianne Bernadotte wurden im Wagen nach Helsingborg gefahren, wo sie in einem Hotel wohnten. An der Bar blieben nur Prinz Bertil, Lilian Craig, Selin und Dahlin sowie ein paar Hofdamen, die an die 80 Jahre alt waren. Selin hatte den Eindruck, dass der königliche Stil in jeder Situation beibehalten wurde, sogar dann, wenn der König im Sterben lag. Prinz Bertil blieb gerne lange wach und sagte »Die Herren möchten sicher noch einen Drink?« Die Leibwächter tranken im Dienst prinzipiell keinen Alkohol, leisteten dem Prinzen aber gerne Gesellschaft. Die Umstände waren ja auch besondere. Er goss ordentlich Chivas Regal in die Gläser der Leibwächter und füllte mit wenig Sodawasser auf. Seine eigenen Drinks mixte er im umgekehrten Verhältnis. Dann stieg er in seinen schwarzen Saab und fuhr mit Lilian zur Villa des Hofmarschalls. Die Strecke betrug knapp zwei Kilometer und es gab eine unausgesprochene Übereinkunft zwischen den Leibwächtern und dem Prinzen, sich nicht einzumischen. Selin fragte den Prinzen einmal, ob es nicht besser sei, wenn er die beiden fahren würde, worauf der Prinz antwortete: »Es gibt keinen Polizisten, der mich kontrolliert.« Danach durfte Selin aber den Saab fahren. Während Bertil einen Schlummertrunk mit dem Hofmarschall, Admiral Stig Hansson Ericson, nahm, stand Selin am Strand und schaute auf den mondbeschienenen Öresund. Er sah die Profile der beiden und wie sie die Gläser, die so groß und schwer waren, dass man im Stehen daraus trinken musste, erhoben. Dann fuhr er den Prinzen zurück ins Schloss. »Danke, Kommissar«, sagte der Prinz. Auf Sofiero war nur eine schwache Nachtbeleuchtung eingeschaltet, aber Selin hatte gelernt, sich anhand des lauten Schnarchens von Edvin Dahlin und Prinz Bertil, die auf der gleichen Etage schliefen, zu orientieren.

Der König war nicht mehr in der Lage, seine Aufgaben wahrzunehmen, das offizielle Schweden brauchte aber einen repräsentativen Staatschef. Selin musste den Kronprinzen nach Stockholm und zurück begleiten. Am 3. September wurde eine außerordentliche Staatsratssitzung im Stockholmer Schloss einberufen. Anschließend besuchten sie verschiedene Institutionen und nahmen an einer Biologiekonferenz teil. Am 10. September zurück nach Helsingborg und Sofiero, dann für einen Besuch bei Atlas Copco wieder nach Stockholm. Der Kronprinz hatte einen Job zu erledigen, Selin bemerkte aber, wie sehr ihn diese Aktivitäten anstrengten, während sein Großvater im Sterben lag. Selin hörte, dass der Besuch auf Bestreben des Eigentümers von Atlas Copco, der Familie Wallenberg, zustande kam. Die Bevorzugung der Firma schob Selin der Tatsache zu, dass die Familie dem Hof und dem Adel sehr nahe stand. Am 13. September hielt der Kronprinz im Schloss von Stockholm eine Audienz ab, in der ausländische Botschafter in einer feierlichen Zeremonie akkreditiert wurden.

Selin protokollierte seine Zeit im Dienste des Kronprinzen sehr genau. Es war das erste Mal in der schwedischen Geschichte, dass ein Leibwächter dem zukünftigen König wie ein Schatten folgte. Die normale Arbeitszeit belief sich auf 08.00–16.40 Uhr. Am Abend des 13. notierte er eine Arbeitszeit bis 24.00 Uhr, der Kronprinz war also bis Mitternacht wach. In Sofiero machte Selin die Nacht zum Tage und sammelte ordentlich Überstunden an. Die Leibwächter arbeiteten mehr als das Gesetz zuließ – im Jahr 1973 sammelte Selin 1200 Überstunden an – aber für sie galt eine Sonderregelung.

Das Ende des alten Monarchen näherte sich. Der Kronprinz wusste um den Ernst der Lage und darum, dass er nun bald in die Fußstapfen seines Großvaters treten würde. Sein eigener Vater,

Erbprinz Gustaf Adolf, war im Januar 1947 bei einem Flugzeug-absturz über dem Flugplatz Kastrup bei Kopenhagen ums Leben gekommen. Er, der Sohn, war damals noch kein Jahr alt. Nun war er kurz davor, der jüngste schwedische König der modernen Zeit zu werden. Den Gedanken daran hatte er lange von sich gewiesen. Noch hatte er sich nicht ernsthaft in die Rolle hineingedacht, die ihm bald zukommen würde. Mit seiner Schwester Christina hatte er auf vielen Spaziergängen im Schlosspark über die Zukunft gesprochen. Er war noch mit nichts fertig, hatte keine abgeschlos-sene Ausbildung und keine vergleichbaren Interessen wie sein Großvater, der ein anerkannter Archäologe war. Am meisten inte-ressierten ihn schnelle Autos, Boote, die Natur – und Feste und die Damenwelt – und in keinem dieser Bereiche hatte er es zu etwas gebracht, womit er sich als König hervorheben könnte. Er war ja auch erst 27 Jahre alt! Der Großvater Gustaf VI. Adolf hatte den Thron mit 67 Jahren, der Urgroßvater Gustaf V. mit 49 Jahren und der Ururgroßvater Oscar II. mit 43 Jahren bestiegen. Mit sei-ner Thronbesteigung würde es nun einen sehr jungen König geben. Gleichzeitig hatte sich Schweden zu einer modernen Nation entwickelt, der sein Vater, wenn er noch leben würde, mit 67 Jahren vielleicht nicht ganz gewachsen gewesen wäre. Gustaf Adolf, Jahrgang 1906, wurde noch sehr konservativ erzogen. Die in den 1960er-Jahren über Schweden hinweg gezogenen linken Winde und die jetzige, nur noch repräsentative Funktion des Königs hätten ihm mit großer Wahrscheinlichkeit nicht gepasst.

Am Samstag, dem 15. September hatte Ola Selin die Aufgabe, nicht berechtigte Personen aus dem Trakt des Krankenhauses, in dem der König im Sterben lag, fernzuhalten. Nach einem Tag mit vielen Besuchen hatte er Überstunden bis ein Uhr morgens geschoben. Nun stand er auf der Schwelle des Zimmers, in dem der König an einer Menge sein Leben verlängernden Schläuchen hing. Außer ihm waren Gunnar Biörck, der Adjutant des Königs, Ulf Björkman, zwei Ärzte und zwei Krankenschwestern anwesend. Als die Schläuche abgenommen wurden, verstand Selin, dass es nun vorüber war. Es war 20.35 Uhr, der König tot und die Familie durfte das Zimmer betreten. Carl Gustaf war bestürzt und weinte sachte, wirkte aber dennoch gefasst, genau wie die anderen Angehörigen. Der vaterlose Kronprinz hatte im vergangenen Jahr auch seine Mutter, Prinzessin Sibylla und jetzt auch noch den Großvater verloren.

Als sich alle von Gustaf VI. Adolf verabschiedet hatten, ging die Familie langsam die Treppe hinunter. Der Reichsmarschall Stig Hansson Ericson ging in Richtung des Ausgangs, um dem Medienaufgebot die Nachricht vom ruhigen und stillen Tod des Königs zu überbringen und betrat anschließend den Eingang zur Chirurgie. Kurz danach trat Carl Gustaf in einem dreiteiligen Anzug, hellblauem Hemd und Krawatte vor die Tür. Er sagte nichts, sondern schaute nur über die Menge, während wild fotografiert wurde. Mehrere Male drehte er sich in Erwartung der Familie dem Eingang zu. Als Prinzessin Christina und Königin Ingrid, letztere seine Tante väterlicherseits, die mit Frederik IX. von Dänemark verheiratet war, zu ihm getreten waren, rief der Marineoffizier Bertil Erkhammar so laut, dass es in der ganzen Nachbarschaft zu hören war »Es lebe der König!« Der neue König drehte sich schnell in Richtung des Rufenden und wirkte überrascht. Den klassischen Satz hatte Erkhammar sicher geübt, aber auf Selin machte der Ruf dennoch einen spontanen Eindruck. Jemand stimmte einen vierfachen Hochruf an und der König nickte dem Volk zu, sagte aber immer noch nichts. Dann kamen Sigvard und Marianne Bernadotte, Prinz Bertil, Lilian Craig, der Reichsmarschall und schließlich auch Ola Selin, der mit bestimmtem Schritt und verbissener Miene nicht von der Seite des neuen

Königs wich. Am nächsten Tag sollte er mit Carl Gustaf und Prinzessin Christina mit dem Auto vom Schloss zum Flugplatz Ängelholm fahren und ein dort wartendes Flugzeug von F10 in Halmstad, das sie nach Stockholm bringen würde, besteigen. Dort warteten jetzt all die Pflichten, die dem neuen König zukamen.

Um Mitternacht löschte Selin das Licht in seinem Zimmer auf Sofiero. Eine Epoche war vorbei, eine neue hatte gerade begonnen.

❧

Auf den Silberthron

Es lag bei Stig Fogelmarck, dafür zu sorgen, dass der mächtige Himmel des Throns nicht auf den zukünftigen Monarchen herabfiel. Fogelmarck war Oberintendant und Chef der königlichen Hausratskammer im Stockholmer Schloss. Am Vormittag des 19. September wurde er von seinem Mitarbeiter, Intendant Bo Vahlne in den Reichssaal, in dem die formelle Inthronisierung stattfinden sollte, begleitet. Sie stiegen die Treppe zur Bodenkammer über dem Platz, an dem der neue König seine Thronrede halten würde, hinauf und besichtigten die Kabeltrommeln mit der Kurbelanordnung, die zum Bewegen des Thronhimmels notwendig waren. Sie überprüften, ob sich die Sperren gelöst hatten oder diese anderweitig manipuliert waren und ob der Rahmen, der den gold- und silberbrodierten Samt spannt, in Ordnung war. Die ganze Konstruktion ist schwer und alt – der Thronhimmel ist von 1751. Die Fallhöhe würde sieben Meter betragen, was die Wichtigkeit dieser Sicherheitsüberprüfung verdeutlicht.

Carl Gustaf hielt sich mit seiner Familie im Schloss in Stockholm auf, wo seine Schwester penibel den Hofknicks übte, um dem zukünftigen König, obwohl er ihr kleiner Bruder war, ihren Respekt zu erweisen. Auf der Brücke Norrbro hatten sich Zehntausende Menschen versammelt, um einen Blick auf den neuen König zu erhaschen. Beim Mittagessen mit der Familie wurde dann von Lejonbacken, den Rampen vor dem Schloss, nach ihm gerufen. Carl Gustaf ging, von seiner Schwester angestachelt, widerstrebend an ein Fenster und winkte. Er empfand das als zu früh, denn die offizielle Thronbesteigung hatte ja noch nicht stattgefunden. Außerdem konnte er einfach nicht glauben, dass sich all die Menschen nur seinetwegen versammelt hatten, er dachte erst, sie seien wegen der Wachablösung da. Er hatte Angst, etwas zu tun, was später in den Zeitungen hämisch kommentiert werden könnte. Prinzessin Christina öffnete so abrupt ein kleines Fenster, dass das Glas zersprang. Der König lehnte sich hinaus und winkte. Die Hurrarufe nahmen zu und die Menschen sangen das *Königslied* und die Nationalhymne. »Als sich Carl Gustaf umdrehte, konnten wir sehen, wie sich seine anfänglich ernste Miene aufgehellt hatte.«

Nach dem Mittagessen ging er in sein Arbeitszimmer und beantwortete die seltsame Mischung aus Gratulations- und Kondolenztelegrammen. Von draußen drangen Rufe herein, dass sich Carl Gustaf wieder zeigen solle. Ein Adjutant ließ mitteilen, dass Carl Gustaf sich erst in drei Tagen wieder dem Volk zeigen werde. Der König konnte es allerdings nicht lassen und stellte sich noch einmal ans Fenster und winkte.

Ola Selin hielt sich in angemessenem Abstand. Ihm war für die Zeremonie ein Platz im Reichssaal reserviert worden und bis dahin musste er sich nicht in der Nähe des Königs aufhalten.

Die Ankunft in Stockholm drei Tage zuvor verlief pompös. Auf dem Flugplatz Bromma wurde der König von Staatsminister Olof Palme und dem Finanzminister Gunnar Sträng begrüßt. Ein roter Teppich war bis zum Flugzeug ausgerollt worden. Olof Palme schüttelte für lange 20 Sekunden seine Hand und drückte das Mitgefühl der Regierung aus. Der Regierungspräsident und Teile der höchsten Militärführung in vollem Ornat waren vor Ort. Vor dem Terminal stand eine große Menschenmenge und stimmte das *Königslied* an, während Carl Gustaf das Blumenbukett, das ihm ein kleines Mädchen gereicht hatte, krampfhaft umklammerte. Ein Reporter fragte Passanten danach, was sie von ihrem neuen König hielten. »Ich glaube, dass er es sehr schwer haben wird, die Leere nach dem alten König auszufüllen. Er ist so jung und unerfahren, aber er wird durch Erfahrung lernen.« Was die Frau sagte war das, was wohl viele Menschen und auch die Leitartikelschreiber befürchteten. Eine ältere Dame beantwortete die Frage: Was bedeutete Ihnen der alte König? mit »Eine Stütze für Schweden. Das sagt alles.« Die Frage: Was halten Sie vom neuen König? beantwortete sie mit »Ich glaube er wird gut«, worauf eine Freundin hinzufügte »Er hat sicher viel von seinem Großvater gelernt.«

Der Autokorso zum Schloss wurde von weiteren Menschenmassen begleitet, die Hurra riefen und applaudierten. Der König stieg aus dem schwarzen Cadillac, winkte etwas unsicher und hielt dann die Hand vor den Bauch, um anzudeuten, dass die Situation ernst war. Von Skeppsholmen aus wurde Salut geschossen und vom Norden bis in den Süden wurden an diesem Sonntagnachmittag die Kanonen abgefeuert, »von der Festung Boden, in Härnösand, von Oscar-Fredriksborg, in Göteborg und von der alten Salutbatterie Kungshall und dem Fort Kungsholm unten in Karlskrona«, rapportierte *Dagens Nyheter*. Zuerst wurde der Trauersalut mit 21 Schuss, die alle 30 Sekunden abgefeuert wurden, vollzogen. Nach einer Pause von einer Minute noch einmal 21 Schuss. Dann wurde vier Minuten pausiert und nun folgte der Salut für den neuen König – 21 Schuss im Abstand von fünf Sekunden, nach einer Minute Pause weitere 21 Schuss. Über der Hauptstadt, ja über dem ganzen Land lag eine hoffnungsvolle Stimmung. Etwas

Altes und Schönes wurde zu Grabe getragen und würde hoffentlich durch etwas Neues und Modernes ersetzt werden.

Die Regierung Palme hatte sich um 14 Uhr im Schloss versammelt, alle Minister im Frack und in strammer Haltung, als der König mit Prinz Bertil eintrat. Er trug Admiralsuniform und der massive Seraphinenorden mit der dicken Goldkette bedeckte den ganzen Brustkorb. Natürlich weiße Handschuhe, das Schwert zusammen mit einem Dokument, das unter anderem seine gut vorbereitete Rede auf den Großvater beinhaltete, in der linken Hand. Die Rede würde er kurz darauf im Reichssaal halten. Es dauerte eine halbe Minute, um den Tisch zu umrunden und jedem die Hand zu schütteln. An seinem Ende des Tisches machte er Halt, wühlte ein wenig in seinen Papieren, drehte sich dann in Richtung Olof Palme und kurz den andern zu und vermittelte mit hochgezogenen Augenbrauen, dass er nun bereit sei.

»Eure Majestät«, begann Palme, »der Reichsmarschall hat mir den Totenschein übergeben. König Gustaf VI. Adolf starb am 15. September 1973 um 20.35 Uhr im Krankenhaus von Helsingborg. Die unmittelbare Todesursache war eine Lungenentzündung. Der Totenschein ist vom ersten Leibarzt Gunnar Biörck, dem Oberarzt Albert Broomé und dem Oberarzt S. Wohlin unterzeichnet.« Der König hörte mit ausdruckslosem Gesicht zu. Das wusste er ja schließlich seit vier Tagen, das Protokoll und die Zeremonie mussten jedoch eingehalten werden. Als Palme fertig war, antwortete der König »Danke« und drehte sich dann direkt den Kameras zu, als würde er zu seinen Untertanen sprechen. Während Prinz Bertil, die langjährige Stütze des Königs, seine weißen Handschuhe überstreifte, begann der König, sein Manuskript vorzulesen. »Da mein geliebter Großvater, König der Schweden, Goten und Vandalen, Gustaf VI. Adolf verstorben ist, folge ich ihm als

König unseres Landes nach.« Genau in diesem Moment schlug das Pendel der Uhr im Saal zwei Mal, der König musste eine kurze Pause machen, bis es wieder ruhig war. »Mein Name als König wird Carl XVI. Gustaf, mein Königstitel König von Schweden, mein Wahlspruch ›För Sverige – i Tiden‹ sein.« Der Justizminister Lennart Geijer ging zum König und las ihm den königlichen Eid vor. Carl XVI. Gustaf wiederholte: »Wir, Carl Gustaf, König von Schweden, geben bekannt, dass Gott den vormals mächtigen und hochgeborenen Fürsten und Herrn Gustaf VI. Adolf, König der Schweden, Goten und Vandalen zu sich berufen hat und Wir, kraft der von Svea rikes Ständen am 26. September 1810 errichteten und festgesetzten Sukzessionsordnung dem eben erwähnten Herrn auf den königlich schwedischen Thron folgen.

Außerdem versichern Wir hiermit feierlich und auf das Bestimmteste, dass Wir das Reich entsprechend der von den Reichsständen am 6. Juni 1809 festgesetzten und vom König und den Reichsständen zur Befolgung angenommenen Regierungs-form buchstabengetreu steuern wollen und werden und allen übri-gen im Reich geltenden Grundgesetze, allgemeine Gesetze und Gesetze befolgen werden. Wir werden, in Übereinstimmung mit der eben genannten Regierungsform und den Gesetzen, als recht-schaffener König und gnädiger Vater für das schwedische Volk, durch eine gesetzliche, gerechte und milde Regierung, und so dass Wir dasselbe vor Gott dem Allmächtigen mit reinem Gewissen verteidigen können, nach unserem besten Vermögen suchen, das Reich und jeden Untertan zum wahrhaften Nutzen und seinem Besten zu fördern, was alles Wir aus freiem Willen und nach reif-licher Überlegung beschlossen, Wir also mit Unserer eigenhän-digen Unterschrift und unter Eid bekräftigen und Wir Solches befolgen und vollbringen werden. So wahr mir Gott helfe im Leben und für die Seele.«

Das waren viele schwere Worte, der Satzbau außerdem in prosaischem Altschwedisch gehalten – von der Leseschwäche allerdings, unter der der König während seiner gesamten Ausbildung gelitten hatte, war nichts mehr zu spüren. »Die Redeweise des jungen Königs ist reifer, seine Stimme dunkler geworden und er spricht die königlichen Worte ruhig aus« konstatierte *Svenska Dagbladet* am nächsten Tag. Als der feierliche königliche Eid, den Geijer in einer gewöhnlichen gelben Plastikmappe bei sich trug, unterschrieben werden sollte, fragte der König diskret: »Hat jemand einen Stift dabei?« und lächelte dabei unsicher. Selbst der ernste Finanzminister fand das ein bisschen lustig. Die Schwertscheide des Königs schlug gegen den Stuhl, als er sich setzte, um zu unterschreiben.

Der erste Teil der Zeremonie war nun vorüber, die Inthronisierung als Feuertaufe für Carl XVI. Gustaf war der nächste Schritt.

Der Reichssaal im Stockholmer Schloss ist ein nicht wirklich einladender Ort und die Stühle sind recht unbequem. Es weht ein Hauch aus kalten karolinischen Zeiten durch den Raum. Die Höhe beträgt ungefähr zweieinhalb Stockwerke, da ist das Heizen schon eine Herausforderung. Der 1755 eingeweihte Raum wurde von Nicodemus Tessin dem Jüngeren im Barockstil gezeichnet und von Carl Hårleman im Rokokostil eingerichtet. Neben dem Thronhimmel stehen monumentale Statuen von Gustaf II. Adolf und Karl XIV. Johan, Monarchen vergangener Epochen. Von dem erhöhten Thron konnte der König früher über die versammelten Menschen blicken. Vor einer Schranke nahe beim Thron war Platz für die Erbfürsten und die Mitglieder des Reichsrates. Hinter der Schranke durften der Adel, die Priester, Bürger und Bauern sitzen; eine deutlich sichtbare Markierung der Machtverhältnisse.

Jetzt waren gut 900 Menschen im Reichssaal versammelt. Es war die Crème de la Crème des offiziellen Schwedens – Regierung, Reichstag, Ministerien, der Gerichtshof sowie Repräsentanten der Fürstenhäuser und Adelsfamilien, mit denen der Königshof in irgendeiner Weise verwandt ist. Die Einladungen wurden vom Hofmarschall ausgegeben. Ganz hinten saßen ein paar Vertreter der Gesellschaft.

Von der Pressetribüne konnte man auf die sogenannte »Frauenbank« schauen, auf der die Prinzessinnen Margaretha, Brigitta, Desirée und Christina in ihren schwarzen Kleidern mit langen weißen Spitzenkragen nebeneinander saßen. Um halb drei erschien ihr kleiner Bruder mit dem traditionellen Prunk und Pomp. Die Prozession wurde von stampfenden jungen Männern des Dragoner-Bataillons der Leibgarde, die wie die berühmten Trabanten von Karl XII. gekleidet waren, angeführt. Es folgten die Kammerpagen und der Reichsmarschall mit Hut und dem Reichsmarschallsstab. Der König wurde vom Staats- und dem Außenminister begleitet, dann folgten Prinz Bertil, die Hofmarschalle, der Staatsrat, der Stabschef des verstorbenen Königs und der Stabschef des neuen Königs. Am Schluss gingen zwei Kammerherren. Als sie durch den Trabantensaal gingen, riefen die dort anwesenden 150 Bürger schüchtern Hurra.

Der König setzte sich auf den prachtvollen Silberthron, der von dem Silberschmied und Künstler Abraham I. Drentwett aus Augsburg hergestellt wurde und ein Geschenk Magnus Gabriel De la Gardies zur Krönung von Königin Kristina war. Auf zwei Tischen lagen zu Füssen des Königs die königliche Krone und das Zepter. Trabanten mit ernster Miene umgaben mit präsentierten Schwertern den König.

Der Thron war mit dem hermelinbesetzten Purpurmantel geschmückt und davor stand der Staatsminister in Habachtstellung. Das ganze Arrangement sah sehr gut aus und der Adjutant Ulf Björkman war nervös. Am Vormittag hatte er den König im Schloss getroffen und gesehen, dass er sehr bleich, fast kreideweiß aussah. Er fragte sich, ob der junge Mann dem Druck standhalten würde. Jetzt stand er, dem Protokoll entsprechend, zivil gekleidet auf der Treppe zum Reichssaal und beobachtete das Geschehen, denn er gehörte nicht zu den geladenen Gästen im Saal. Alles konnte er nicht überblicken und er war gespannt, wie der junge König die Gedächtnisrede auf seinen Großvater halten würde. Mit Sicherheit hatte sein Hofstab bei der Formulierung geholfen und er hatte zusammen mit Prinzessin Christina und dem Hofmarschall Tom Wachtmeister das Vortragen geübt. Der König hatte sogar Rhetorikunterricht bei der Schauspielerin Margaretha Krook genommen, Björkman selbst hatte ihn ins Theater *Dramaten* begleitet. Der Adjutant hatte dennoch die Sorge, dass der König aus dem Takt kommen würde, denn er hatte bemerkt, dass Carl XVI. Gustaf Schwierigkeiten hatte, vom Blatt abzulesen, wusste bis dahin aber nicht, dass der König an einer Leseschwäche litt. Die Rede war in großen, leicht lesbaren Buchstaben gedruckt und der König machte seine Sache gut. Selbst der Östermalm-Dialekt war nicht mehr zu hören.

Die Huldigung, die Carl XVI. Gustaf seinem Großvater zukommen ließ, kannte keine Grenzen.

In der Staatsratssitzung neulich habe ich als erste Regierungshandlung dem schwedischen Volk folgendes bekannt gemacht: Wir, Carl Gustaf, König von Schweden, geben folgendes bekannt: Das Vaterland hat einen herben Schlag erlitten. Der König der Schweden, Goten und Vandalen, Gustaf VI. Adolf ist am 15. September 1973 um 20.35 Uhr verstorben. Das schwedische Volk trauert über seinen Fortgang. Eine besondere geistige Haltung

prägte König Gustaf VI. Adolf als Mensch und als Staatsoberhaupt. Mit absoluter Pflichterfüllung und einem wirklichen Verständnis für die zeitlichen Veränderungen hat er mit taktvoller
Festigkeit sein königliches Werk über fast 23 Jahre vollbracht. Die
wichtige Umorientierung unserer Gesellschaft sowie Schwedens
engerer Kontakt zu anderen Ländern wurde von Gustaf VI. Adolf
mit großem Verständnis verfolgt. Seine bedeutungsvollen kulturellen Einsätze haben unserem Land in vielerlei Hinsicht gedient.

Gustaf VI. Adolf ist zu einem Vorbild für einen König in einer
demokratischen Gesellschaft geworden. Ehrfürchtig und treu ist
er vom schwedischen Volk geliebt worden und seine Taten wurden mit Bewunderung und Dankbarkeit aufgenommen. Den
Platz, den der Verstorbene hinterließ, haben nun Wir eingenommen. Also haben Wir nach dem geltenden Grundgesetz die Führung des Reiches als schwedischer König übernommen. Durch
König Carl VI. Gustafs kluge, pflichtbewusste und nach vorne
schauende Mitarbeit an der Entwicklung unseres Landes und
durch seine menschliche Wärme war er dem ganzen Volk ein
König. Die Huldigung, die er zu seinem 90. Geburtstag erfahren
hat, manifestierte die Hochachtung der Nation und das rührte
ihn tief. Durch sein intensives kulturelles Interesse, besonders für
die Wissenschaft und die Künste und seine persönliche Unterstützung von Künstlern und Wissenschaftlern hat sich Carl VI.
Gustaf auf unvergessliche Weise um die Kultur verdient gemacht.

Sein Werk und seine Person ist weltweit geschätzt worden, was
für unser Land von großer Bedeutung war. Er wusste um die
Bedeutung der geistigen Werte. Mit Weisheit und Menschen-
kenntnis vermittelte er wertvolle moralische Botschaften. Er
dachte immer zuerst an die anderen und suchte nach den Worten
zu leben – behandele den anderen so wie du von ihm behandelt
werden willst. Er war ein wirklich guter Mensch. Wir, die ihm

nahe standen, kannten seine menschliche Wärme, Freundlichkeit und Fürsorge. Nach dem frühen Fortgang meines Vaters, Prinz Gustaf Adolf, wurde mein Großvater zum Mittelpunkt und zur Stütze der Familie. Wir Schweden schließen den Verblichenen in unsere Erinnerung ein und beugen in Dankbarkeit unsere Häupter vor seinem königlichen Werk.

Ich habe beschlossen, »För Sverige – i Tiden« zu meinem Wahlspruch zu machen. Im Bewusstsein um die große und verantwortungsvolle Aufgabe, die mir nach dem schwedischen Grundgesetz nun zukommt, möchte ich mit diesem Wahlspruch zeigen, wie ich nach meinem Vermögen die Erfüllung dieser Aufgabe, die einem Monarchen in heutiger Zeit zukommt, anstrebe. Mein bewunderter und geliebter Großvater wurde zum Sinnbild eines modernen Monarchen. Ich bin fest entschlossen, seinem guten Beispiel zu folgen.

Mein Wahlspruch hat eine umfassende Bedeutung. Eine positive Entwicklung unseres Landes vergrößert unsere Möglichkeiten, aktiv in der internationalen Gemeinschaft mitzuwirken. Die Zeit, in der wir leben, ist einer ständigen Veränderung ausgesetzt, das fordert unsere Anpassungsfähigkeit. Erneuerung muss auf Verständnis aufbauen – ja Einverständnis – um allen zu nützen. Ich werde den verschiedenen Ansichten in unserer Gesellschaft im Bewusstsein der Notwendigkeit einer kontinuierlichen Erneuerung zu ihrer weiteren Entwicklung folgen. Von meinem Großvater habe ich gelernt, wie wichtig es ist, unser reiches Kulturerbe zu bewahren und die Erfahrungen der älteren Generation weiterzugeben.

Ich werde meine Kenntnisse der Gesellschaft vertiefen, um zu einer Zusammenarbeit zwischen allen guten Kräften für die Entwicklung der Nation beitragen zu können. Die Entwicklung basiert auf gesteigerter Erkenntnis und, um unser Ziel zu erreichen, ist eine Zusammenarbeit unumgänglich. Ich möchte, dass der Wahlspruch »För Sverige – i Tiden« als ein Appell an das Einverständnis und die Entwicklung zum Wohle Schwedens verstanden wird. Er ist gleichzeitig ein persönliches Versprechen.

Ich grüße alle hier Anwesenden und alle, die in Schweden dieser Festlichkeit folgen, sowie alle anderen Schweden – wo immer Ihr Euch befindet – mit Wärme und Treue und spreche hiermit die Hoffnung darauf aus, dass wir gemeinsam unser Schweden zum Nutzen aller seiner Bewohner verbessern werden und dass es uns vergönnt sei, eine glücklichere Welt für alle Menschen zu erschaffen.

Prinzessin Birgitta war begeistert von der Rede ihres Bruders. In ihren Memoiren schrieb sie ein Vierteljahrhundert später:

Mein Bruder hielt eine sehr würdevolle Thronrede. Als es Zeit für uns Geschwister war, unseren Hofknicks vor ihm zu vollführen, lächelte er zu Anfang ganz leicht. Als ich ihm aber in die Augen schaute, merkte ich zu meinem Erschrecken, dass er kurz davor stand, in Lachen auszubrechen. »Lieber Gott«, dachte ich, »lass ihn jetzt nicht lachen!« Ein König darf bei einer solch wichtigen Zeremonie, besonders bei seiner eigenen Inthronisierung, nicht lachen, das geht einfach nicht. Carl Gustaf hatte sich aber gut im Griff, auch wenn ihn das eine fast unmenschliche Anstrengung kostete. Wir hatten erreicht, was wir wollten. Jetzt wussten alle, auch die Gegner der Monarchie, dass wir dem neuen schwedischen König den traditionellen Respekt entgegen brachten, den er verdiente, auch wenn es unser kleiner Bruder war.

Der Reichstagspräsident, der Sozialdemokrat Henry Allard, hielt dann seine Antwortrede, in der er dem König Recht in dem gab, was er über seinen Großvater gesagt hatte. Er hob besonders die Bedeutung von Carl VI. Adolf bei der Zusammenarbeit zwischen dem König und dem Reichstag hervor. »Die Aufgabe, einem König, der absolut nach seinem Wahlspruch »Zuerst die Pflicht« lebte, auf den Thron zu folgen, wird gewiss eine schwere sein. Ihre Majestät haben sich inzwischen sorgsam und erfolgreich auf das große Erbe vorbereitet und stehen nun wohl gerüstet hier, um das königliche Werk fortzuführen. Das ganze schwedische Volk wünscht Ihrer Majestät auf das Wärmste Erfolg. Mit Zuversicht und Freude sieht deshalb der Reichstag einer fortgesetzten vertrauensvollen Zusammenarbeit zwischen dem König und dem Reichstag entgegen. Der Reichstag bezeugt Eurer Majestät seine Achtung und Ehrfurcht.« Alle Anwesenden sangen im Anschluss das *Königslied*. Ein Opernsänger stimmte auf der Empore das *Sverige* von Wilhelm Stenhammar an.

Als Carl XVI. Gustaf sein offizielles Debut als neuer Regent des Landes hinter sich gebracht hatte und der Trauergottesdienst in der Storkyrkan gehalten war, trat er auf den einzigen Balkon des Schlosses, der Richtung Norrbro hinausgeht und stellte sich dem Jubel des Volkes. Nachdem das Volk das *Königslied* gesungen hatte, ergriff der König das Wort: »Ich möchte Euch bei dieser Gelegenheit meinen warmen Dank für die freundlichen Grüße aussprechen, die Ihr mir und meiner Familie habt zukommen lassen.« Dann stimmte er ein Hoch auf Schweden an und beendete das Ganze mit der Nationalhymne. Ein kleines Mädchen winkte unten am Lejonbacken mit einem Blumenbukett. Prinzessin Christina sah es als erste, dann auch der König. Ein Bote wurde zu dem Mädchen geschickt, um das Bukett abzuholen und dann war es der König, der mit dem Bukett der sechsjährigen Veronica winkte.

Eine Abendzeitung stellte 24 Repräsentanten des schwedischen Volkes die Frage, wie der König sein Debut überstanden hätte.

Carl XVI. Gustaf schnitt insgesamt sehr gut ab. »Ich hatte Tränen in den Augen, als ich vor dem Fernseher saß. Klar, wir haben ein gutes Königshaus und ich hoffe, dass es für den neuen König gut läuft.« (Kristina Lindström, 93 Jahre). »Er tat mir leid, weil er so einsam wirkte. Er hätte eine Frau an seiner Seite haben sollen.« (Anne-Christine Backlund, 21 Jahre). »Wir achten ihn und glauben, dass er es genauso gut machen wird, wie sein Großvater. Ich finde, dass wir einen guten König bekommen haben. So würdevoll.« (Tilda Wiklund, 82 Jahre). »Der Bursche wirkt richtig schlau! Glaube, dass er uns viel Gutes bringt. Er wird sich auch im Ausland gut machen – ganz sicher. Ich mag ihn sehr.« (Gösta Johansson, 43 Jahre).

Am nächsten Tag versammelte sich die ganze Königsfamilie im Schloss. Prinzessin Birgitta schildert die Atmosphäre in ihren Memoiren:

Die Spannung der letzten Tage war von uns gewichen und hatte einer Leichtigkeit, ja fast einer fröhlichen Stimmung Platz gemacht. Alle scherzten mit Carl Gustaf. Aber er lachte nur mit und war nach allem zu urteilen erleichtert darüber, dass der offizielle Teil der Inthronisierung nun vorbei war. Und er hatte verstanden und war dankbar dafür, dass unsere perfekten Hofknickse mehr als ein liebevoller Scherz unter Geschwistern war. Merkwürdig ist, dass meine Einstellung gegenüber Carl Gustaf seit diesem Tag einer Veränderung unterworfen war. Schluss mit dem kleiner-Bruder-Gerede – natürlich nicht in Bezug auf meine schwesterlichen Gefühle, sondern auf einer ganz anderen Ebene. Seit diesem Tag ist er auch mein König und das Familienoberhaupt, eine Stellung, die ich mein ganzes Leben lang mit einem ganz besonderen Respektgefühl verbunden habe.

Carl XVI. Gustaf konnte sich keinen besseren Start in seine Zeit als Regent wünschen. Alles war nach Plan verlaufen, er hatte ohne erkenntliche Schwierigkeiten gelesen und ihm wurde die Liebe des Volkes im und vor dem Schloss zuteil. Nun würde er nach seinem festlich abgegebenen Eid leben – ein »rechtschaffener« (ehrlicher, redlicher, gerechter, loyaler, ehrenhafter, anständiger, ordentlicher) König, der dem schwedischen Volk ein »holder« (wunderbarer, liebenswerter, liebevoller, milder, guter, glaubensfester, treuer, gewogener, gnädiger, wohlwollender) Vater sein würde.

Seine Erziehung verlief seit 27 Jahren in dieser Richtung. War das genug?

2 | ICH WILL NICHT!

Die Taufe war die letzte diesen Schlags in Schweden. Pomp und Prunk schienen einer Sagenwelt zu entstammen und zeigten, dass Schweden noch der alten Monarchie – mit der Obrigkeit und den Untertanen – verhaftet war. König Gustaf V. war noch König und regierte nach der alten Regierungsform von 1809, die besagte, dass es eine Machtteilung zwischen dem König und dem Reichstag gebe. Beide hatten die Macht über die Gesetzgebung, der König war jedoch alleine für den Staatsrat und die offiziell ausgefertigten Gesetze und Verordnungen im Namen des recht feierlichen Begriffs Königliche Majestät verantwortlich. Als nun der junge Prinz am 7. Juni 1946 getauft werden sollte, lag über der ganzen Veranstaltung, bei der SF-Journalfilme gedreht wurden und Journalisten des *Svenska Dagbladet* und des *Vecko-Journalen* zugegen waren, noch der Duft der alten traditionsschweren Königsmacht.

Als im Herbst 1945 bekannt wurde, dass Prinzessin Sibylla und ihr Mann, der Thronfolger Erbprinz Gustaf Adolf ein fünftes Kind erwarteten, war ganz Schweden gespannt. Würde es wieder eine Tochter werden? Oder wäre die Thronfolge in zweiter Generation durch die Geburt eines Sohnes gesichert? Die Geburt war auf Ende April ausgerechnet. Am 14. April 1946 zog die Hebamme Schwester Signe Björk auf Schloss Haga ein. Es gab einen speziellen Raum, der nun zum fünften Mal für eine Geburt hergerichtet wurde. Und auch die Wiege stand schon bereit.

Die neun Monate Wartezeit waren qualvoll, denn solange Schweden nur einen männlichen Thronfolger vorsah, hing die ganze Konstitution in seiner jetzigen Form daran, dass das Haus Bernadotte noch einen Erbprinzen hervorbringen konnte. Die Haga-Prinzessinnen, also die Schwestern Margaretha, Birgitta, Désirée und Christina hatten von dem Drama überhaupt keine Ahnung. Die Kinder spielten wie gewohnt im Schloss und die Mutter Sibylla war nach außen hin ruhig, aber der Vater Gustaf Adolf lief über glühende Kohlen. Es sei, so erzählte er Birgitta viel später, ein Warten, das nur mit dem ängstlichen Warten der Bombenexperten auf eine erfolgreiche Entschärfung zu vergleichen sei. »Er wünschte sich nicht nur sehnlichst einen männlichen Thronfolger, sondern einfach auch einen Sohn, der ihm in dem doch von Frauen dominierten Haushalt zur Seite stehen würde. Während der gesamten Schwangerschaft umsorgte er meine Mutter und informierte sich ständig über ihren Zustand.« Gustaf Adolf fragte einmal seine Tochter, was sie sich am liebsten wünschen würde, einen Bruder oder eine Schwester. Birgitta antwortete, dass sie sich einen Bruder wünsche, das wäre etwas Neues. Ihre Schwestern waren der gleichen Ansicht.

Als das Kind endlich geboren war, waren die ganze Nation und auch die Medien außer sich vor Freude. *Expressen* schrieb auf Seite 1: »Es ist ein Prinz! Salut um 10.30 Uhr. Alles bestens. Sonne über dem verregneten Valborgsfest.« Und *Aftonbladet* schrieb in großen Lettern: »Prinz auf Haga geboren.« In einem Rundschreiben an das Domkapitel und das Hofkonsistorium – das Organ, welches die Aufgaben des Domkapitels gegenüber der Hofversammlung ausführt – wurde das glückliche Ereignis mit folgenden salbungsvollen Worten verkündet:

Gustaf, von Gottes Gnaden König der Schweden, Goten und Vandalen. Unsere Gunst und gnädige Geneigtheit mit Gott dem Allmächtigen! Hiermit teilen wir Euch die für das Königshaus und das Volk erfreuliche Nachricht mit, dass I.K.H. die Herzogin von Västerbotten am 30. April 1946 glücklich von einem Sohn entbunden wurde und dass Wir desgleichen unseren treuen Untertanen die Möglichkeit gewähren, mit Uns Gott den Allmächtigen zu loben und zu preisen. Zu diesem Zweck senden wir Ihnen nachfolgende Danksagung und nachfolgendes Gebet, die mit der für derartige Anlässe gebotenen Festlichkeit in allen Kirchen des Reiches im Gottesdienst am nächsten Sonntag gelesen werden sollen, nachdem die Nachricht hierüber entsprechend bereitgestellt ist. Die Nachricht soll schleunigst zugestellt und Anstalten getroffen werden, um dies in den Ihnen unterstellten Gemeinden gebührend auszuführen. Der neugeborene Fürstensohn wird bei der heiligen Taufe den Namen Carl Gustaf Folke Hubertus erhalten, den Titel Herzog von Jämtland tragen und Carl Gustaf gerufen werden. Dies teilen wir Euch zur Kenntnisnahme und zur Unterrichtung der Obrigkeit zur gebührenden Beachtung mit.

Stockholmer Schloss, den 30. April 1946.

Gustaf

Dem Rundschreiben lagen der Text der Danksagung und das Gebet bei:

Allmächtiger Gott, lieber himmlischer Vater. Wir danken Dir von ganzem Herzen für die Güte und Treue während wechselhafter Zeiten, in der Du Dich unserem schwedischen Volk so gnädig erwiesen hast. Wir danken Dir für unseren verehrten und geliebten König, der von Dir die Kraft erhielt, in unheilvollen Zeiten die Krone des Reiches zu tragen und dem Frieden und unserem ganzen geliebten Königshaus zu dienen. Am heutigen Tag danken wir Dir ganz besonders dafür, dass Du unserem Volk zur Freude einen neuen Nachkommen geschenkt hast. Wir danken Dir für das edle Glück, welches Du der glücklichen Mutter und dem glücklichen Vater des Neugeborenen bereitet hast, indem Du ihnen ein Kind zum Lieben und Pflegen anvertraut hast. Wir bitten Dich: Lass Deine Gnade über unserem König und seinem ganzen Haus ruhen. Segne die fürstliche Mutter und lass Sie schnell wieder zu Kräften und Gesundheit kommen. Nimm den Fürstensohn unter Deinen väterlichen Schutz. Nimm ihn durch die heilige Taufe in Deine Gemeinde auf und behalte ihn darin. Mach, dass er seinen Eltern und Geschwistern, der königlichen Familie und dem ganzen Volk immer eine Freude und ein Segen ist. Du König der Könige, mach uns zu einem Volk, das Dich fürchtet und halte Deine huldvolle und mächtige Hand über uns. Auf Dich vertrauen wir. Alleine bei Dir, oh Gott, findet sich Hilfe und Erlösung für unser Volk und für Deine Allmächtigkeit, jetzt so leidend und unglücklich. Sei uns gnädig und erhöre unser Gebet im Namen Jesu Christi. Amen.

Svenska Dagbladet schrieb am Tag nach der Niederkunft unter dem Titel »gesicherte Thronfolge«, dass genau wie Oscar II. während seines Lebens die Geburt eines Urenkels, also die Geburt des Vaters des Neugeborenen, nun König Gustav V. die Geburt eines Urenkels, also Carl Gustafs, erlebte. »Die Gefühle des Königs und seiner Frau, vor allem der hohen Eltern, werden vom schwedischen Volk aufrichtig geteilt, welches in dem Erbprinz ein Unterpfand für den Fortbestand der Dynastie gemäß der Sukzessionsverordnung sieht. Das erfreuliche Ereignis auf Schloss Haga ist umso schöner, da es heiß herbeigesehnt wurde. Die Nation wünscht sich nun von ganzem Herzen, dass der Erbprinz eines Tages als Staatsoberhaupt die uralte Königskrone für ein Volk, das bestimmt noch im dritten Jahrtausend die Monarchie als Wurzel seiner ehrenhaften Geschichte empfinden wird, tragen wird.«

Der überglückliche Vater, der am Vortag 40 Jahre alt geworden war, rief an und erzählte seinen Töchtern, die auf Schloss Siljansborg in Dalarna weilten, und deren Kindermädchen Ingrid Björnberg von dem Ereignis. Die knapp zweijährige Prinzessin Christina seufzte zufrieden »endlich ein Prinz«. Die Entbindung war für Sibylla – wie die vorangegangenen – schwer gewesen. »Als alles vorbei war und man ihr erzählte, dass sie einen Sohn geboren habe, konnte sie das kaum glauben. Aber dann war ihre Freude und Erleichterung so groß, dass die Anwesenden die Tränen kaum zurück halten konnten. Und das oberste Zimmermädchen, die getreue Anna Östensson, die vor der Tür des Schlafzimmers wartete, fiel vor Freude in Ohnmacht, als Schwester Signe und die Kammerjungfer Attis vor Freude weinend aus dem Zimmer kamen.

Christina wird sich über ihr neues Spielzeug gefreut haben, war aber diejenige der Geschwister, die am eifersüchtigsten sein konnte. Die dem kleinen Charmebolzen als Jüngste der Geschwister üblicherweise zukommende Aufmerksamkeit wurde nun auf den kleinen Prinz übertragen. Sie konnte nicht verstehen, dass dieser kleine Bruder so unerhört wichtig war. Im *Vecko-Journalen* wurde auf Haga alles als vollkommen harmonisch beschrieben. Dies war das Bild, das vermittelt werden sollte. Die niedlichen Prinzessinnen waren in den dunklen Kriegsjahren zu einem Symbol des Familienglücks geworden und das sollte auch so bleiben. »Frühsommertag auf Haga. Wunderbare Bilder der spielenden und herumtollenden Kinder im frühlingshaften Schlosspark« schrieb *Vecko-Journalen* auf das Deckblatt und im Inneren war zu lesen: »An diesem Tag haben auf Haga alle gute Laune, weil der kleine Prinz geboren wurde. Er liegt in seinem Wagen und schläft auf der oberen, gerade fertig gestellten Sonnenterasse.« Totale Idylle auf dem Schloss – davon lebten *Vecko-Journalen* und mit

Sicherheit auch andere Blätter in dieser Zeit sehr gut. Dass sich die Redaktion manchmal der Schönmalerei einer bittereren Wirklichkeit schuldig machte, zeigte sie in der gleichen Ausgabe in einer schmeichlerischen Homestory über den in der Schweiz lebenden landesflüchtigen belgischen König Leopold III., der – abgesehen davon, dass er ein Land repräsentierte, das seine afrikanische Kolonie Belgisch-Kongo mit selten brutalen Methoden regierte – auch noch für seine sympathisierende Kollaboration mit den deutschen Faschisten und, gegen den Willen des Parlaments, der bedingungslosen Übergabe des Landes an Deutschland angeklagt wurde.

Die Taufe in der Schlosskirche am 7. Juni wurde, wie *Svenska Dagbladet* am Tag danach ausführlich berichtete, für den Erben eines alten Königsreiches und einer modernen Demokratie festlich und würdig begangen.

> Die Uniformen und die Orden blitzten, die Frauen waren schön gekleidet und rund um die Obrigkeit stand das Volk dicht auf den Treppen und in den Gewölben. In der Schlosskapelle war keine Handbreit Platz, als es 15 Uhr schlug. Auf dem Schlosshügel versammelten sich die Menschen schon Stunden vor dem Beginn der Zeremonie und die ersten Autos fuhren sehr früh vor. Es gab viel zu sehen, auch wenn man den König nicht zu Gesicht bekam. Den Damen war »Langes Vormittagskleid mit Hut« vorgeschrieben. Die Gäste waren farbenfroh gekleidet, viele Pastelltöne waren zu sehen und am meisten war die Farbe Türkis vertreten, die auch von Prinzessin Sibylla getragen wurde. Der Sommer war da, im Chor der Schlosskapelle standen junge Birken und auf dem Altar blaue Blumen zwischen den Silberkandelabern und den brennenden Kerzen. Auf dem Boden im Chor lag der fantastische 90 m²

große Teppich, den Gustaf III. aus Frankreich mitbrachte und der aufgrund seines Preises den Namen »der Millionenteppich« erhalten hatte. Mitten im Chor stand das fantastische Taufbecken, das Karl XI. bestellt hatte und das für diesen Tag aus der Rüstkammer geholt worden war. An der Wand unter der Diplomatenempore hingen die gewebten Tapeten aus Delft, die Königin Kristina erworben hatte. Neben dem Taufbecken stand ein Stuhl für Prinzessin Sibylla. Mitten im Chor stand außerdem die berühmte Wiege von Karl XI. aus vergoldetem Holz, in der seit Karl XII. jedes männliche Mitglied des Königshauses gelegen hatte. Am Kopfende der Wiege lag auf einer Seite die Krone Oscars II. und auf der anderen Seite die Insignien des Seraphinenordens.

Die Schlosskirche platzte mit all den vornehmen Gästen, den eingeladenen Mitgliedern der königlichen Verwandtschaft und den Freunden aus Europa schier aus allen Nähten. Als das Prinzenpaar von Haga mit dem Neugeborenen und dessen Geschwistern eintrat, notierte der Redakteur vom *Svenska Dagbladet*, dass Prinzessin Christina in ihrem hellrosa Kleid und mit ihren »vielen vielen eigenen Locken« an der Hand ihres Vaters dem kleinen Bruder fast die Show gestohlen hätte.

Als das Lied *Den Blomstertid nu kommer* verklungen war, begann die eigentliche Taufzeremonie. Erzbischof Erling Eidem predigte unter anderem folgendes:

Hinter dem neugeborenen Fürstensohn, der heute zur Taufe getragen wird, steht nicht nur die königliche Familie, sondern ein ganzes Volk in froher Dankbarkeit, mit warmen Herzen und mit innigen Wünschen. Zu Jesus Christus, unserem Erlöser, führt unser Weg, es ist sein Schoß, in den wir dieses Kind legen wollen, damit er es segne. Der Neugeborene bedarf des Segens von oben.

Wie ihn jeder von uns braucht. Aber dieses Kind braucht den Segen auch für die hohe Aufgabe, sollte es der Wille Gottes sein, dass er mit der Führung des schwedischen Volkes betraut wird.

Der kleine Prinz habe sich die ganze Zeit »mustergültig« verhalten, schrieb *Svenska Dagbladet*, was so viel bedeutete, dass er still gehalten hatte und seinen ersten Auftritt in der Öffentlichkeit mit »besten königlichen Manieren« hinter sich gebracht habe.

Anschließend lud König Gustaf V. einen Teil der Gäste in die Wohnung Oscars II. im Schloss zum Tee. Die Taufgeschenke für den Prinzen bestanden unter anderem aus einem alten englischen Kelch, einer Silberschale, die der ersten Frau des Großvaters, Kronprinzessin Margareta gehört hatte, einem Silberkorb, einer Silberschüssel mit einem Becher, goldenen Manschettenknöpfen in der Form eines Wolfskopfes, einem Silberschrein, 10.000 Kronen, einem silbernen Löffel aus Skelleftedalen in Lappland und einem Silberbecher von »Damen aus Umeå«.

Das Kindermädchen Ingrid Björnberg schrieb in ihren Memoiren, dass sie an einem historischen Ereigniss habe teilnehmen dürfen, durch das drei Generationen fest miteinander verbunden worden seien. »Vor fast 90 Jahren wurde der alte Mann, der gerade das blaue Ordensband an der Brust seines Urenkels befestigt hatte, in Anwesenheit von Königin Désirée, der Witwe des ersten Königs aus dem Geschlecht der Bernadottes, die im 18. Jahrhundert geboren wurde und einmal die Verlobte Napoleon Bonapartes war, selbst zur Taufe getragen.«

Am 26. Januar 1947 landete eine zweimotorige Douglas DC-3 der niederländischen Fluggesellschaft KLM auf dem Flughafen Kastrup bei Kopenhagen, damit ein paar Fluggäste zusteigen konnten. Das Wetter war sehr windig, weshalb das Bodenpersonal die Höhenruder fixierte, die zum Start wieder entriegelt werden würden.

An Bord befanden sich mehr oder weniger bekannte Personen: die Oscar-nominierte amerikanische Sängerin und Schauspielerin Grace Moore, die gerade in Skandinavien auf Tournee war, die dänische Schauspielerin und Sängerin Gerda Neumann (die Schwester des bekannteren Ulrik Neumann), ihr Mann und Agent Jens Dennow sowie der vierjährige Sohn des Schauspielers Bert Sorbon.

Auch der Erbprinz Gustaf Adolf befand sich in der Maschine. Am 21. Januar war er nach Holland geflogen und hatte mit dem holländischen Prinz Bernhard Wildschweine und Hirsche gejagt. Eigentlich sollte Sibylla auch mitkommen, aber sie war erkältet.

Die Jagd war gut verlaufen, der Prinz selbst hatte vier, sein Team insgesamt 22 Wildschweine erlegt. Das letzte Foto zeigt ihn dort im Wald in der Nähe des Schlosses Het Loo in Gelderland. Zusammen mit dem Hofjagdmeister, Graf Albert Stenbock, hatte er die Maschine in Amsterdam bestiegen, auf Schloss Haga wartete die ganze Familie auf seine Heimkehr. Er wurde gebraucht, denn er musste sich um die Erziehung seines Nachfolgers kümmern.

Derjenige, der vergessen hat, die Fixierung der Höhenruder des Flugzeugs vor dem Start zu lösen, machte damit einen fatalen Fehler, so fatal, dass er den Lauf der Geschichte beeinflusste. Das Flugzeug war kurz nach dem Start so steil aufgestiegen, dass es fast lotrecht achtzig Meter über dem Boden stand, um dann mit der Nase nach unten abzustürzen. Beim Aufprall explodierten die Benzintanks und »Teile der Maschine wurden, zusammen mit abgerissenen, benzingetränkten und brennenden menschlichen Gliedern weit umher geschleudert«, so schrieb *Dagens Nyheter*. Die verkohlten Leichen konnten kaum identifiziert werden. Die Orden des Prinzen hatten der Hitze widerstanden und konnten aus der Asche

geholt werden. Insgesamt kamen 16 Passagiere und 6 Besatzungs-
mitglieder ums Leben, darunter auch der Flugkapitän Gerrit
Johannis Geysendorffer, der sich in den 1920er-Jahren bei den Pio-
nier-Langstreckenflügen der KLM einen Namen gemacht hatte.

Nun stand nur noch ein antretender König zwischen Gustaf V.
und dem kleinen Prinzen: Sein Großvater, der 1882 geborene
Oscar Fredrik Wilhelm Olaf Gustaf Adolf. Jetzt stellte sich eine
rein konstitutionelle Frage, was nämlich wäre, wenn Gustaf VI.
sterben würde, bevor sein Enkel sein 25. Lebensjahr vollenden und
damit die königliche Volljährigkeit erlangen würde. Für Carl Gustafs Vormund, den unverheirateten Onkel Prinz Bertil, bedeutete
der Tod des Bruders, dass er sich weiter »in Bereitschaft« halten
musste – ein Zustand, der fast 30 Jahre andauern würde. Außerdem war mit einem Mal die geplante Eheschließung mit Lilian
Craig, die er 1943 kennengelernt hatte, unmöglich geworden. Er
durfte als Thronfolger nur eine standesgemäße Ehe eingehen, also
keine Bürgerliche heiraten.

»Die Flaggen im Stockholmer Schloss wurden auf Halbmast
gesetzt. Ein ganzes Volk in tiefer Trauer«, verkündete eine Stimme
im SF-Journalfilm über die Beerdigung Gustaf Adolfs, des ernsten
Erbprinzen, der nie König werden durfte. Der damaligen Zeit entsprechend fühlten sich Priester und die Medien als Fürsprecher
»eines ganzen Volkes«.

Weder Prinzessin Christina noch ihr kleiner Bruder nahmen an
der Beerdigung teil. Sie waren zu jung und blieben auf Schloss
Haga. »Der Einzige, der die auf dem Haus lastende Trauer nicht
bemerkte, war Carl Gustaf. Er durfte oft herunterkommen und all
die Besucher begrüßen. Dabei war er so fröhlich und munter, dass
ich Schwierigkeiten hatte, ihn zu bändigen«, schrieb Ingrid Björnberg in ihren Memoiren.

Nun musste der Prinz um jeden Preis geschützt werden, da sich die Voraussetzungen durch den Tod des Vaters dramatisch verändert hatten. Die Lücke zwischen Gustaf VI. Adolf, dem, sobald Gustaf V. versterben würde, nachfolgenden Monarchen, und Carl Gustaf musste schnell geschlossen werden. Falls ihm etwas zustoßen sollte, würde das Land auf eine unvergleichliche Probe gestellt werden, die es in jüngster Zeit nie gegeben hatte. Ihm durfte nichts passieren. Ihm konnte ganz einfach nichts passieren, das war unvorstellbar.

Alle Kinder, die geliebt werden, machen Ihren Eltern Sorgen. In diesem Fall waren die Sorgen berechtigt, denn Carl Gustaf hatte viel Energie und sauste wie ein Wirbelwind durch das Schloss. Er brauchte ständig jemanden, der auf ihn aufpasste. Ingrid Björnberg nannte ihn »der Herzog«, die Lust aber, mit der er in rasendem Tempo alles erforschte, ließ sie manchmal an ein Gewitter denken. Er kletterte auf Stühle, Tische und alle Möbel, die dazu einluden. Er war so schnell unterwegs, dass man ihn keinen Augenblick alleine lassen konnte, schrieb Ingrid Björnberg in ihren Memoiren. Sie erhielt die Erlaubnis, ein Netz über seinem Gitterbett zu spannen, damit er nicht hinausklettern konnte. Wenn der Erbe einer konstitutionellen Monarchie auch nur für einen Augenblick verschwand, geriet Ingrid Björnberg in Panik. Sie ließ ihn einmal alleine, als er auf der Toilette saß, und der Prinz verschwand, ohne dass ihn jemand gesehen hatte. Sie suchte überall – kein Prinz zu finden. Sie fand ihn dann in einem Waschtisch in einem der Schlafzimmer auf Schloss Haga, zusammengekauert, absolut still und zufrieden mit seinem Streich. Ein anderes Mal spielte er in den Sommerferien, die wie jedes Jahr auf der Insel Öland im Schloss Solliden verbracht wurden, Toter Mann. Er lag bewegungslos im Wasser und erst als Björnberg schrie »Herrgott, Carl Gustaf! Hilfe!« begann er zu winken und zu lachen.

Er baute gerne einen wackligen Turm aus seinen Kindermöbeln und stürzte einmal von diesem herunter. Der Arzt Erik Böttiger musste kommen und ihm die Wunde an der Stirn oder am Kinn nähen. Carl Gustaf konnte richtig böse auf seine Schwester Christina werden und jagte sie dann durch das Zimmer, in der Hand ein Glas Wasser, um sie damit nass zu machen. Er wurde immer waghalsiger. »Dustaf ist Herr, deshalb wagt Dustaf« war seine stetige Antwort, wenn ihn Björnberg zu bremsen versuchte.

Solche Anekdoten sind typisch für die königliche Familie. Es passierte nicht wirklich etwas, es ging immer gut aus. Und trotzdem hinterließen diese Geschichten ihre Spuren bei dem Prinzen. Ihm wurde oft gesagt, dass gewisse Dinge zu gefährlich für ihn seien. In seinem späteren Leben würde er fühlen, dass er überbeschützt war. »Gefährlich? Ich habe nie etwas anderes als »gefährlich« gehört. Das kann doch nicht das ganze Leben lang so gehen, zu denken, dass etwas gefährlich ist?« sagte er einmal. Wenn man daran denkt, wie lückenhaft das Sicherheitssystem um die königliche Familie zur damaligen Zeit war, ist es fast verwunderlich, dass man so viel Angst davor hatte, dass sich der Prinz stoßen oder beim Baden verletzen würde. Das Schloss Haga und der Park wurden damals jedenfalls nicht rigoros bewacht. Ingrid Björnberg blieb manchmal alleine mit den Kindern auf dem Schloss, wenn Prinzessin Sibylla, die Kammerjungfer und die Kindermädchen alle gleichzeitig unterwegs waren. Das übrige Personal wohnte etwas weiter entfernt. Sicher, jede Stunde lief eine Wache um das Schloss, trotzdem ging Björnberg manchmal der Gedanke an eine Entführung oder einen Überfall durch den Kopf.

Es war richtig gruselig, alleine durch den dunklen Park zu gehen, wenn ich frei hatte und später nach Hause kam. Ein Taxi konnte ich mir nicht leisten und die Straßenbahn hielt relativ weit vom

Schloss entfernt. Während des Krieges war der Park voll mit Holz-
stapeln, hinter denen sich zweifelhafte Figuren verstecken konnten. Eine Angestellte des Schlosses wurde auch wirklich auf dem
Heimweg im Dunklen überfallen. Seitdem mussten wir alle bei
der Wache anrufen und sagen, mit welcher Straßenbahn wir
ankommen würden. Dann wurden wir von der Bahn abgeholt
und durch den Park eskortiert. Die Kinder machte es aber nicht
so glücklich, wenn immer ein Erwachsener an ihrer Seite war.

Carl Gustaf hatte laut Björnberg schon als kleines Kind eine ausgeprägte praktische Veranlagung. Er wollte graben, bauen und in
der Erde wühlen. Das nahm ihn so in Anspruch, dass er seine
Umwelt vergaß. Was für die Erwachsenen aussah wie ein Kinder-
spiel, war für den Prinzen eine harte und wichtige Arbeit und er
hasste es, dabei unterbrochen zu werden. Er war von allen Fahr-
zeugen fasziniert und konnte stundenlang mit seinem Kindermädchen am Uppsalavägen, der vor dem Schlosspark verlief,
stehen und den Verkehr beobachten. »Schau, große Autos, schau
Ladefläche, da kommen schöne Autos, da kommt ein Abschlepper,
schau, Kran«, erzählte er Björnberg. Als er drei Jahre alt wurde,
bekam er von seinem Onkel Prinz Bertil ein Geschenk. Es war ein
Tretauto, eine kleine Kopie eines Rennwagens. Carl Gustaf, der so
fasziniert von allem Mechanischen war, verliebte sich sofort. Am
meisten liebte er Traktoren. »Dustaf will gerne einen Traktor
haben«, sagte er, als sie eines Tages an einer Werkstatt vorbeigin-
gen, in der ein paar Traktoren standen.

Er ging bei allen praktischen Arbeiten, die von den Angestellten auf Schloss Haga ausgeführt wurden, gerne zur Hand – Gar-
tenarbeit, Autowäsche, Motorinspektion. Stundenlang konnte er
dem Gärtner helfen, einen Baumstumpf auszugraben. Der Baumstumpf war störrisch und als es nach einem Monat endlich gelang,

bat er Björnberg, ihn nicht mehr Prinz zu nennen, sondern »starker Adolf«.

»Und genau das war es ja, was ein Junge in dem Alter braucht: seine Hand zu einer Faust ballen und loszutraben, um in der Erde zu graben, zu sägen oder mit Schrauben und Muttern zu spielen, während »unter Männern« ernsthafte Gespräche über Gott und die Welt geführt wurden«, schrieb Björnberg. Wenn es schon keinen Vater gab, dann musste eben der Gärtner oder der Chauffeur herhalten. Und bekam er ein Brett, einen Hammer und eine Packung mit Nägeln, dann musste sich das Kindermädchen für die nächsten Stunden keine Gedanken um die Betreuung machen. Als die Familie 1950 in das Stockholmer Schloss umzog, da Haga gründlich renoviert werden musste, passte sich der kleine Prinz den neuen Gegebenheiten an und genoss es, mit seinem Tretauto die langen Flure des Schlosses zu befahren. Jetzt wohnte er mitten in der Stadt, ohne einen Park. Dafür hatte er alle Fahrzeuge der Stadt vor der Tür. Er musste sich nur in eine Fensternische setzen, um den spannenden Verkehr auf der Skeppsbron zu beobachten. Bei den Spaziergängen mit Björnberg blieb er immer stehen, um den Verkehr, die Bauarbeiten und all das, was es auf Haga nicht zu sehen gab, zu betrachten. Dazu gehörten auch die Wachparade und die Wachablösung, die täglich vor den Augen des Prinzen abliefen.

Manchmal reagierte seine Mutter Sibylla ganz normal, wenn die Spiele des Jungen allzu heftig ausfielen. »Carl Gustaf, Du machst jetzt, was ich sage! Verdammter Bengel!«

Nicht einmal die Botschaft über den Tod des Urgroßvaters am 29. Oktober 1950 hielt den Vierjährigen von seinen Spielen ab. Während sich die Familie versammelte, radelte Carl Gustaf unbekümmert durch die Flure des Schlosses und spielte mit seinen Autos, in völliger Unkenntnis darüber, dass er gerade Kronprinz geworden war. Das gleiche Gebaren nach der Zeremonie im Reichssaal, als Gustaf VI. Adolf offiziell inthronisiert wurde und dem daran anschließenden Gottesdienst in der Schlosskapelle. »Jetzt darf ich spielen« sagte er, holte seine Autos hervor und verbrachte damit den Rest des historischen Tages.

Niemand konnte von einem Vierjährigen Verständnis dafür erwarten, was der Tod des Königs unter konstitutionellen Gesichtspunkten für ihn selbst bedeutete. Aber seine jüngste Schwester, die damals sieben Jahre alt war, verstand es. »Was an einem einzigen Tag alles passieren kann« sagte sie zu Ingrid Björnberg und zeigte auf ihren kleinen Bruder. »Der da ist eine ganz andere Person geworden. Zumindest hat er einen anderen Titel bekommen.«

Obwohl Carl Gustaf früher ein verwegenes Kind war, bemerkte Björnberg nun, dass er in eine schüchterne Phase eintrat. Es konnte passieren, so schrieb sie in ihr Buch, dass er sich weigerte, Fremde zu begrüßen und sich wegdrehte, wenn er angesprochen wurde. Wenn ihm jemand zu nahe trat oder er neugierig beobachtet wurde, zog er sich zurück.

Er wollte selbständig sein und nicht mehr bemuttert werden. Gleichzeitig war er unheimlich zärtlichkeits- und schmusebedürftig und saß gerne auf dem Schoss und wurde umarmt. Die Initiative dazu wollte er selbst übernehmen, jegliche Aufdringlichkeit von Erwachsenen verabscheute er. Wenn das Leben zu schwer wurde, floh er zu seinem Teddy, der fast so groß wie er selbst war und wenn er traurig war, ging er mit einem Stück Wachstuch in der Hand, das er von seiner Bettunterlage abgerissen hatte, umher. So langsam war das Tuch dann verbraucht und Prinzessin Sibylla war der Meinung, dass es nun genug sei. Kurz vor seinem fünften Geburtstag führte ich deshalb ein ernstes Gespräch mit dem Prinzen und deutete so vorsichtig wie möglich an, dass es keine Geschenke gäbe, wenn er nicht aufhören würde, mit dem Tuch herumzulaufen. Es fiel mir nicht leicht, denn ich verstand sehr wohl, wie viel Trost und Sicherheit ihm dieses Tuch bot. Der Prinz fügte sich unter solch düsteren Geburtstagsaussichten. Tagsüber legte er das Tuch zur Seite, weigerte sich aber, ohne sein geliebtes Wachstuch einzuschlafen.

Das SF-Journal, das damals im Kino vor dem Hauptfilm gezeigt wurde, vermittelte den Schweden Nachrichten und unterhaltsame Themen. Noch hatte es der Fernsehapparat nicht in die privaten Haushalte geschafft und die kurzen Filme über die Königsfamilie hinterließen bei den Zuschauern einen bleibenden Eindruck. Interviews gab es eigentlich nie und der idyllische Schein, den das SF-Journal aus dem Königshaus zeigte, wurde durch die kommentierende Stimme aus dem Off noch verstärkt.

Einer der Filme zeigte einen Besuch bei den Kindern, als sie noch auf Schloss Haga wohnten. Die Prinzessinnen hatten ein Essen im Kinderzimmer vorbereitet und die Kamera fing Carl Gustaf ein. Die Stimme aus dem Off erklärte dazu: »So ein großes Brot werde ich essen, sagte der Prinz und verschwand hinaus zu seinem geliebten Fahrrad. Aber jetzt ruft Christina zum Essen. Heute hat sie den Tisch gedeckt und so schön sieht es immer aus, wenn die Hagakinder in ihrem Kinderzimmer essen. In dieser Umgebung erziehen sie sich selbst. Es lohnt sich nicht für den kleinen Bruder, auf irgendeine Art zu sticheln, das weiß er nur zu gut. Deswegen sitzt er auch kerzengerade am Tisch.« Die Bilder zeigen einen kleinen Knirps, der seinen Schwestern ausgeliefert ist, während das Fahrrad vor der Tür bleibt.

Als der König im Frühjahr 2010 in der TV4-Serie über die Familie Bernadotte interviewt wurde, beantwortete er die Frage, wie es denn gewesen sei, nur von Frauen umgeben zu sein und wie er seine Kindheit beschreiben würde, folgendermaßen: »Ich erlebte das so, wie es vermutlich die meisten Kinder in diesem Alter empfinden. Eigentlich war man sich eines Problems, das es wahrscheinlich gab, gar nicht bewusst. Es ist wohl eher so, dass man bei späterem Nachdenken darüber feststellt, dass etwas gefehlt hat. Ich war ein bisschen wie … Wie nennt man das? Sie behandelten mich wie eine lebende Puppe. Sie brachten mich ins Bett, legten mich in den Kinderwagen und das war sehr schön. Mir gefiel das damals sehr.«

Seine lebendige Fantasie war dem Prinzen ein Trost, wenn er alleine war. Er und Christina hatten beide eine Fantasiefigur erfunden, mit der sie spielten, »zwei unsichtbare Menschen, die trotzdem sehr wichtige Familienmitglieder waren«, wie Björnberg schrieb. Der Prinz nannte seinen Spielkamerad »Neger«, der nach seiner eigenen Beschreibung das dunkelhäutige Pendant zum Vater von Pippi Langstrumpf war. Der »Neger« war der mutigste und stärkste Mensch auf der ganzen Welt, aber er war auch ungezogen. Er tat all die Dinge, die sich der Prinz nicht traute oder die er nicht tun durfte. Er durfte zum Beispiel nicht über den Zaun klettern, der die nähere Umgebung von Solliden umgab. Der »Neger« sprang mit einem Satz hinüber. Er musste ordentlich am Tisch sitzen und mit dem richtigen Besteck essen. Sein Freund durfte tun und lassen, was er wollte. Je älter der Prinz aber wurde, umso unwichtiger wurde der Fantasiefreund und als er gleichaltrige Freunde gefunden hatte, verschwand der »Neger« ganz aus dem Kopf des Prinzen.

Mit seiner Schwester Christina spielte er am liebsten. Der geringe Altersunterschied schweißte die beiden zusammen, ganz ohne Komplikationen ging es aber dennoch nicht. Ihre Eifersucht hatte sie von Anfang an gezeigt und als sie einmal zufällig etwas

Falsches sagte, bekam sie die Meinung des Bruders sofort zu hören. Der Prinz hatte angefangen, sich zu schlagen und zu boxen und konnte ohne Vorwarnung zuhauen oder denjenigen, der ihm zu nahe kam, zur Seite stoßen. Björnberg hatte einmal einen allzu wohlwollenden Landeshauptmann vor einer Ohrfeige bewahrt. Er wollte den kleinen Jungen eigentlich nur hochheben, aber Björnberg, die den Gesichtsausdruck des in den Armen des Mannes befindlichen Prinzen kannte, konnte die Ohrfeige verhindern.

Björnberg war deswegen nicht verwundert, als Christina eines Tages heulend und mit roten Wangen aus dem Zimmer des Prinzen rannte und schrie, dass Carl Gustaf sie geschlagen habe.

»Warum denn?« fragte Björnberg.

»Wegen gar nichts, schluchzte Christina, »ich hab nur gesagt, dass er König wird, wenn er groß ist und da hat er mich geschlagen.«

Björnberg ging in das Zimmer des Prinzen und fragte:

»Warum hat der Prinz das getan?«

»Weil ich nicht König werde! Ich werde ARBEITER!«

Prinzessin Sibylla hatte nach dem Tod Gustaf Adolfs entschieden, nicht über ihre Trauer zu sprechen, was wahrscheinlich ihre Art und Weise war, den Schock und den Schmerz zu verarbeiten. Sie hielt sich so gut wie immer daran und innerhalb der Familie wurde kaum über den verunglückten Vater und Ehemann gesprochen. Einmal sprach sie in der Presse über ihre Gefühle. In einem Interview mit *Vecko-Journalen* sagte sie, dass es sich angefühlt habe, als wenn »der Boden unter meinen Füssen bebt«, als ihr Mann starb. Das alles überschattende Ziel war, die Idylle aufrecht zu erhalten. Die Kinder sollten eine glückliche Kindheit verleben, was zum Teil bizarre Konsequenzen hatte. Der Prinz hatte kaum eine Vorstellung, was ein Vater ist. Es war nur ein Wort und es kam vor, dass er den Vater eines Freundes »Papa« nannte. Da das Thema ein Tabuthema war, ist es nicht weiter verwunderlich, dass die Sehnsucht nach einer Vatergestalt erst viel später zum Ausdruck kam. Im Moment war er freilich voll und ganz damit beschäftigt, Carl Gustaf Folke Hubertus, Traktor- und Baggerfahrer zu sein. Nicht der werdende siebte Monarch der Dynastie Bernadotte.

3 4.000 Kronen. Soviel – oder so wenig – sollte das holländi-
sche Flugunternehmen als Schadensersatz für den Tod des
Prinzen bezahlen. Die Summe ging am 24. April 1947 in das
Inventarverzeichnis Seiner Königlichen Hoheit, Prinz Gustaf
Adolf Oscar Fredrik Arthur Edmund, Herzog von Västerbotten,
Schwedens Erbfürst, der noch nicht einmal 43 Jahre alt geworden
war, ein. Der Schadensersatz war nur zehn Mal höher als die
Begräbniskosten einige Monate zuvor. Mit dem Gedanken daran,
dass der Tod des Erbprinzen durch die Schlamperei in Kastrup
mehr als eine Familienangelegenheit war – der Tod hatte ernsthafte
Konsequenzen für die konstitutionelle Monarchie in Schweden –
war die Summe auch zum damaligen Geldwert lächerlich gering.

Die gesamte Hinterlassenschaft betrug gute 2,7 Millionen
Kronen, heute entspräche das ungefähr 50 Millionen. Prinzessin
Sibylla und Gustaf Adolf hatten in ihrem Ehevertrag im Zusammenhang mit ihrer Hochzeit in Coburg in Deutschland 1932 festgehalten, dass derjenige, dem die Hinterlassenschaft zugehen
würde, der alleinige Eigentümer sein sollte. Sibyllas Vermögen war
weitaus geringer als die Schulden, die sich auf fast 87.000 Kronen
beliefen. Das Erbe ihres Vaters Karl Eduard, Herzog von Sachsen-
Coburg-Gotha, war in der deutschen Nachkriegszeit ziemlich
unsicher geworden. Er war gerade von den Alliierten freigelassen
worden, nachdem er wegen Verdachts auf Verbrechen gegen die
Menschlichkeit interniert gewesen war und wartete nun auf sein

Entnazifizierungsverfahren. Deshalb konnten der Nachlassverwalter, der Chef der Hofverwaltung seiner Majestät, der frühere Bankdirektor Folke von Krusenstjerna und der Chef von Gustaf Adolfs Hofverwaltung, Freiherr Oscar av Ugglas, nur »Diverse unsichere Eigentümer in Deutschland« in das Inventarverzeichnis eintragen, ohne dass dies genauer beschrieben oder bewertet wurde. Dagegen kam eine großzügige Summe aus der Lebensversicherung Gustaf Adolfs, die er bei der Brand- und Lebensversicherungsgesellschaft AB Svea abgeschlossen hatte, herein. Die 140.000 Kronen kamen nun seinen Hinterbliebenen zu, heute wären das gut 2,5 Millionen Kronen.

Die detaillierte Aufstellung des Eigentums und der beweglichen Habe ergibt ein ganz gutes Bild, unter welchen materiellen Umständen Carl Gustaf aufwuchs. Gustaf Adolf war ein guter Patriot und hatte in schwedischen Aktien von Volvo, SKF, Stora Kopparsberg Berglags AB, Atlas Diesel, AB Papyrus, AB F.W. Hasselblad, AB Pripp & Lyckholm, AB Separator, Nordiska Kompaniet, Militär Ekiperings AB, Svenska Sockerfabriks AB, Skandinaviska Banken und Stockholms Enskilda Bank angelegt. Außerdem hatte er eine Viertelmillion in die dritte Verteidigungsanleihe der schwedischen Regierung gesteckt. Und dann waren da noch einige Investitionen im Heimatland seiner Frau – German Consolidated Municipal, Landesbank der Rheinprovinz, Vereinigte Stahlwerke AG und die internationale Anleihe des Deutschen Reiches von 1930.

Gustaf Adolf hinterließ viele Kunstgegenstände, unter anderem ein paar Bilder von Bruno Liljefors im Wert von 6000 Kronen und zwei Studien des Malerprinzen Eugen im Wert von 800 Kronen, außerdem Juwelen, Gold, Manschettenknöpfe aus Gold, mit Saphiren, Brillanten, und mit Perlen und Edelsteinen besetzte Krawattennadeln, zwei goldene Taschenuhren sowie eine Uhrenkette aus Platin mit Barockperlen.

Es gab eine enorme Ausstattung an Besteck, Schalen, Kannen, Kerzenständern, Kandelabern, Schüsseln, Salzfässchen, Suppenschalen, Eiskühlern, Kelchen, Zuckerzangen und Zigarettenkästchen, die alle aus Silber waren. Die Glassammlung war nicht kleiner. In den 43 Räumen auf Schloss Haga gab es Ecksofas, Teppiche, Betten, Schreibtische, Bücherregale, Ottomanen, Felle, Statuen, Lehnstühle, Stühle mit Sprossenlehnen, Arbeitstische, Nähmaschinen, Satztische und Wandleuchter. All diese Dinge verteilten sich auf den großen Salon, die obere Halle, das Zimmer der Kindermädchen, den Bügelraum, das Zimmer der Kammerjungfer, Sibyllas Bügelzimmer, die Besenkammer, die Garderobe, den Gang vor dem Stoffzimmer, das blaue Gästezimmer, das blumige Gästezimmer, das Lieblingsgästezimmer, das gelbe Gästezimmer, die untere Halle, die Treppe in der Halle, die Treppe zum oberen Geschoss, Gustaf Adolfs Arbeitszimmer, den Speisesaal, Sibyllas Arbeitszimmer, das Schlafzimmer von Gustaf Adolf und Sibylla, die Veranda, den Speisesaal des Personals, das Zimmer der Putzfrau, das Zimmer der obersten Putzfrau, das Lakaienzimmer, das Haushälterinnenzimmer, das Zimmer der Köchin, das Zimmer des Hofmeisters, das Zimmer der ersten Küchenhilfe, das Zimmer der zweiten Küchenhilfe, das große Kinderzimmer und das Adjutantenzimmer.

Es gab noch zwei Mercedes, davon ein Achtsitzer, ein fünfsitziger Hudson, drei Reitpferde, ein Pony, drei Schrotgewehre, ein Luftgewehr, ein Salongewehr, zwei Elchstutzen, ein kleiner Kugelstutzen, ein Revolver, eine Pistole, ein Steinschlossgewehr und einen Stricker.

In das Erbe Gustaf Adolfs ging auch die Sporthütte in Storlien ein, die das Prinzenpaar als Hochzeitsgeschenk erhalten hatte. Der Prinz war ein ausgeprägter Naturliebhaber und gerne in freier Natur unterwegs. Am liebsten lief er Ski, da kam ihm die Sporthütte in Jämtland gerade recht.

Das Testament von 1933 schrieb vor, dass im Falle von Gustaf Adolfs Tod und unter der Voraussetzung, dass es gemeinsame Nachkommen gäbe – die es ja gab – jeder der Nachkommen nach schwedischem Recht seinen Pflichtteil in Anspruch nehmen und Sibylla ihr Leben lang auf die Rendite seines Vermögens zugreifen dürfe, solange sie sich nicht neu verheiraten würde. Was sie nie tat.

Gustaf Adolf lebte das Leben eines Soldaten. Schon als Vierjähriger wurde er in seine erste Gardeuniform, die er als Neugeborener von den Offizieren der Husaren des Kronprinzen geschenkt bekommen hatte, gesteckt. Er gehörte dem Teil der Familie Bernadotte an, der sich auf die Kriegsführung spezialisierte. In den älteren Generationen gab es auf Seiten beider Elternteile reichlich militärische Vorbilder, und beim Spielen im Stockholmer Schloss waren die Jungs immer Soldaten und die Mädchen Krankenschwestern auf dem Schlachtfeld. Zinnsoldaten waren ein willkommenes Geschenk. Als in der Schulklasse der Schlossschule einmal darüber gesprochen wurde, was die Kinder mit einer Million Kronen anstellen würden, antwortete Gustaf Adolf, dass er sich ein schönes Regiment kaufen würde.

Gustaf Adolf hatte große blaue Augen und dickes prächtiges Haar. Das schrieb seine und seines Bruders Sigvards Lehrerin Auda Alm in ihren Memoiren *Die Prinzenschule*. »Sein Blick ist wach und offen. Er wirkt wach, fröhlich und keck, manchmal liegt aber ein wehmütiger Zug auf seinem kleinen Antlitz. Beim Spielen ist er eifrig, dabei einfach und bescheiden und sich nicht über seine eventuelle Berufung bewusst.« Alm gibt eine Begebenheit wieder, bei der in Sigvards Klasse über Gustaf Adolfs zukünftige Rolle als Monarch gesprochen wurde. Eines der Kinder, Sten Leijonhuvud, sagte, dass er den Prinzen nicht beneide. »Ich auch nicht«, seufzte Sigvard.

Gustaf Adolf fand die Schule langweilig. Manchmal machte er seine Hausaufgaben nicht und hatte dann auch kein Problem damit, vor seiner Lehrerin zu bestehen. »Hatte er allerdings Interesse an etwas, leuchteten seine Augen und er beschäftigte sich damit. Ein kecker Junge war er, mit einer Haltung so gerade wie ein Schwert und einem stolzen kleinen Nacken. Das heiße Blut der Bernadottes kam manchmal in Wallung, aber er besaß eine ganz verwunderliche Klugheit. Er war schließlich der Urenkel der klugen englischen Königin Victoria.« Er liebte die Geografie und hasste die Rechtschreibung. Der Journalist Per Svensson schreibt in seiner Gustaf-Adolf-Biografie *Han som aldrig fick bli kung*, er habe Konzentrationsschwierigkeiten gehabt und sein Bruder Sigvard schildert ihn in seinen Memoiren *Krona eller klave* brutal aufrichtig: »Er war verschlossen, launenhaft, eigensinnig und hatte Schwierigkeiten in der Schule.« Der Cousin Lennart Bernadotte sagt in seinem Buch *Mainau min medelpunkt*: »Ich brauchte Jahre, um den Menschen hinter den Minderwertigkeitskomplexen und Überkompensationen, die sich hinter seiner strammen und rauen Schale verbargen und durch eine verständnislose und strenge Erziehung hervorgerufen wurden, zu verstehen.« Lennart Bernadottes Erklärung für den Charakter Gustaf Adolfs war, dass »er hochgradig an Legasthenie litt, ein kleiner Fehler, den viele Mitglieder der Familie Bernadotte haben.«

In einem Erinnerungsbuch an Gustaf Adolf, das einige Jahre nach seinem Tod veröffentlicht wurde, schrieb der frühere Armeechef Archibald Douglas:

Prinz Gustaf Adolf vergaß nie, dass er ein Fürst war, dazu geboren, König einer alten Monarchie zu werden. Es spricht vieles dafür, dass er diese Stellung nie als einfach empfunden hat. Aber seine Art, auf diese Schwierigkeit zu reagieren, war vorbildlich. Nicht die Rechte seiner Geburt, sondern die aus eigener Kraft gewonnenen und entwickelten Eigenschaften würden ihn vollwertig machen und in die Lage versetzen, eine solch große Verantwortung zu tragen. Dadurch zeigte er auf überzeugende Art und Weise, wie in unserer modernen Zeit der königliche Gedanke am besten gefördert werden kann. Deshalb brach er sich schließlich mit seiner harten Männlichkeit – im besten Sinne schwedisch – seinen Weg in die Herzen des schwedischen Volkes.« Douglas schrieb weiter: »Es ist klar, dass er Charakterzüge aufwies, die es ihm erschwerten, die Sympathie der Menschen schnell zu gewinnen. Es ist gesagt worden, dass sich die Mitglieder unseres derzeitigen Königshauses langsam entwickeln. Vielleicht galt das auch für Prinz Gustaf Adolf. Aber man kann auch mit Fug und Recht sagen, dass er sich lange entwickelte.

Adolf Hitler hatte Coburg bereits verlassen, als Gustaf Adolf gegen 17 Uhr am Nachmittag des 16. Oktober 1932 dort in seinem Bugatti ankam. Ein Treffen war also unwahrscheinlich, der Außenminister Richard Sandler konnte also ruhig bleiben, schrieb *Vecko-Journalen* in seiner großen Reportage über die Hochzeit des schwedischen Erbprinzen und dem Stolz der Stadt, der 24-jährigen Prinzessin Sibylla von Sachsen-Coburg-Gotha.

Die Situation war delikat. Hitler war in Coburg gewesen, um die Zugfahrt der Nazis, die vor zehn Jahren in die malerische kleine bayerische Stadt mit den über tausendjährigen Wurzeln gefahren waren, zu feiern. Damals, 1922, wurden die 800 Nazis aus Hitlers Sturmabteilung von Buhrufen und Steinwürfen der Marxisten und Kommunisten begleitet und es war zu heftigen Schlägereien gekommen. Jetzt war Hitler wieder da und zwar im Triumph. Die Stadt nahm neben München eine wichtige Position auf seinem Weg nach oben ein. Coburg war klassischer Boden, ein

Zentrum der Nazis, die bereits 1929 mehr Parteimitglieder im Stadtparlament hatten als andere Parteien. Hier wurde Hitler an diesem Tag zum Ehrenbürger ernannt.

Das geschah noch bevor die Nazis ihr wahres Gesicht zeigten, vor der Kristallnacht, vor den Pogromen, vor dem Krieg, vor der systematischen Ausrottung der Juden, Zigeuner, Homosexuellen und den geistig Kranken. Die Nazis waren nach der Wahl im Juli landesweit die stärkste Partei und wenn man gewollt hätte, hätte man ahnen können, was es mit den braunen Uniformen, der weiß-rot-schwarzen Flagge, in deren Mitte sich das Hakenkreuz befand, auf sich haben würde. In Coburg war es schon Ende der zwanziger Jahre zu Judenverfolgungen gekommen. Die Nazis konnten nicht warten, sondern begannen, die jüdischen Einwohner der Stadt zu schikanieren, zu überfallen und zu misshandeln.

Mit ziemlicher Sicherheit gingen Gustaf Adolf andere Dinge als die deutsche Innenpolitik durch den Kopf. Er war hier, um die schöne Sibylla Calma Maria Alice Bathildis Feodora, die ihn jetzt zusammen mit ihrer Mutter Victoria Adelheid, ihrem Vater Herzog Karl Eduard und ihrem Bruder Friedrich Josias auf der Treppe des Familienschlosses Callenberg erwartete, zu heiraten. Die zukünftigen Schwiegereltern gehörten dem Geschlecht des Prinzen an. Karl Eduard war der Cousin der Mutter des Prinzen, der 1920 verstorbenen Kronprinzessin Margareta. Das machte das Brautpaar zu Cousins zweiten Grades, weshalb sie sich überhaupt erst kennenlernen konnten. Das geschah bei einer Hochzeit im Oktober 1931 in London. Sie und Gustaf Adolf trafen sich dann im Februar in Stockholm und verlobten sich im Frühling in Malmö, die Öffentlichkeit erfuhr davon aber erst am 16. Juni.

Als sich Coburg jetzt für die sagenhafte Hochzeit rüstete, wimmelte es nur so von Nazis auf den Straßen und die Hakenkreuzfahnen wehten neben der schwedischen Flagge. Der Standesbeamte war der Bürgermeister mit dem passenden Namen Franz Schwede selbst, der kurz vor Gustaf Adolfs Ankunft Hitler auf dem Sportplatz willkommen geheißen hatte. Hitler sprach dort vor 30.000 enthusiastischen Zuhörern. Schwede gehörte schon 1922 zu den Begründern der Nazipartei in der Stadt, wurde später ihr Vorsitzender und Deutschlands erster nationalsozialistischer Bürgermeister. Nach dem Krieg wurde er zu einer langjährigen Haftstrafe verurteilt. *Svenska Dagbladet* rapportierte über die Ankunft des Prinzen in Coburg und über Hitlers Rede auf dem Sportplatz. Der 16. Oktober war ein Triumphtag für »den Führer«, schrieb der Reporter der Zeitung. Die standesamtliche Trauung fand am 19. Oktober und die kirchliche am nächsten Tag statt. Beim Essen wurde ein Gratulationstelegramm Hitlers verlesen. Die Hochzeit zwischen der Tochter des Herzogs und dem zukünftigen schwedischen König war ein Propagandasieg für die Nazis, die für die Organisation und die feierliche Zeremonie verantwortlich waren. Im Anschluss fuhr das Paar im Bugatti des Prinzen auf Hochzeitsreise nach Italien und dann nach Ägypten.

Prinz Gustaf Adolf kam regelmäßig nach Deutschland und wurde auf Fotos festgehalten, die ihn und die Familie Bernadotte für Jahrzehnte verfolgen sollten: Lächelnd, zusammen mit Hitler, Göring und anderen Größen, vor allem bei den Olympischen Spielen 1936 und den Reiterspielen 1939 in Berlin. Acht Monate später sollte Deutschland Polen überfallen. Für den Prinzen wurde es von Jahr zu Jahr schwieriger, da es doch klar ersichtlich war, worauf Hitler hinaus wollte. Viele schauten ganz einfach weg. Deutschland war für viele Schweden ein Vorbild in Bezug auf die Kultur, die militärische Disziplin und den militärischen Fortschritt und man sah in Hitler jemanden, dem es endlich gelungen war, das Land nach der Niederlage im ersten Weltkrieg, dem demütigenden Frieden von Versailles und der anschließenden

Depression in den Griff zu bekommen. Die Fotos von Prinzessin Sibylla, die sie beim Verteilen notwendiger Dinge an die deutschen Soldaten in den Transitzügen durch Schweden zeigten, verbesserten das Gesamtbild nicht.

In einer einzigen Abstimmung verlor Coburg im Februar 1946 vier seiner Ehrenbürger: Adolf Hitler, Franz Schwede, Reichsstatthalter in Bayern, Franz Ritter von Epp und den Herzog von Sachsen-Coburg-Gotha, Karl Eduard, Schwiegervater Erbprinz Gustaf Adolfs. Was war geschehen? Warum ging die Stadt plötzlich auf Abstand zu dem Mann, der 14 Jahre zuvor mit einer feierlichen Zeremonie seine Tochter an das Königreich im Norden gegeben und Coburg dadurch ins Rampenlicht gerückt hatte? Karl Eduard hatte keine Chance. Eingesperrt in einem Keller unter einer Brauerei ergab er sich zusammen mit seiner Frau im April 1945 den Alliierten. »Die Amerikaner, die ihm zuerst begegneten, waren verwundert über sein Benehmen. Er war unwissend, arrogant und zeigte keine Reue. Er behauptete, dass Polen Deutschland angegriffen habe, glaubte bis zum Ende an den Sieg und beschrieb den Nationalsozialismus als eine wunderbare Idee. Die Amerikaner kamen im April nach Coburg, der Herzog wurde aber erst am 5. Juni festgenommen und wegen Verbrechen an der Menschlichkeit angeklagt. »Das sind starke Worte, die man mit dem Wissen lesen sollte, dass dies ein Sammelbegriff war, unter dem damals alle möglichen Anklagen zustande kamen«, schrieb Staffan Thorsell in seinem Buch *Mein lieber Reichskanzler*.

Karl Eduards Schicksal ist eine merkwürdige Geschichte und seine Abstammung eine seltsame Mischung aus britischen, deutschen und schwedischen königlichen Personen, die sich untereinander vermählt hatten. Geboren wurde er 1884 als Prinz Charles Edward von Großbritannien, Herzog von Albany in Claremont

House im englischen Esher in der Grafschaft Surrey, das seinem gerade verstorbenen Vater von seiner Mutter, der Königin Victoria geschenkt worden war. Als vierzehnjähriges Mitglied des britischen Königshauses erbte Charles Edward das kleine Herzogtum Sachsen-Coburg-Gotha von seinem Onkel, dem Herzog von Edinburgh. Fünf Jahre später zog er nach der Hochzeit mit Victoria Adelheid von Schleswig-Holstein-Sonderburg-Glücksburg nach Coburg. Bis dahin hatte er in Eton studiert und den schönsten britischen Orden, den Strumpfbandorden, überreicht bekommen. In Deutschland änderte er seinen Namen dann in Karl Eduard. Er war ja schließlich der Cousin des Deutschen Kaisers Wilhelm II.

Und genau hier wird es kompliziert für ihn. Er unterstützte im Ersten Weltkrieg natürlich Deutschland und hatte eine Stellung als Admiral in der deutschen Armee inne. Das hatte verhängnisvolle Folgen. 1915 wurde ihm der Strumpfbandorden entzogen, weil sein Cousin, der englische König Georg V. erbost darüber war, wie stark er sich für den Erzfeind Deutschland engagierte. Um den Bruch mit dem nun beschämenden Sachsen-Coburg-Gotha zu verdeutlichen, gab Georg V. seiner Dynastie im Jahre 1917 den Namen House of Windsor. Im gleichen Jahr beschloss das britische Parlament, alle Menschen, die einen Adels- oder Prinzentitel trugen, daraufhin zu überprüfen, ob sie während des Krieges »Waffen getragen« oder sich auf andere Art und Weise gegen den König oder dessen Alliierte gestellt hatten. Mithilfe des *Titles Deprivation Act* wurde Karl Eduard auch sein britischer Adelstitel genommen.

Dabei blieb es aber nicht. Nach Kriegsende 1918 wurde er zum Abdanken gezwungen, nachdem eine Union aus Arbeitern und Soldaten in Coburg beschlossen hatte, den Herzog abzusetzen. Das widerfuhr sämtlichen deutschen Herzögen, denn Deutschland war nun formell eine Republik. Das Kaisertum gehörte nun der Vergangenheit an.

Karl Eduard wurde in den Jahren nach dem Krieg immer wieder mit verschiedenen, rechtsorientierten Organisationen in Verbindung gebracht. 1932 nahm er an der Bildung der Harzburger Front teil, durch die die Deutschnationale Volkspartei mit den Nationalsozialisten zusammenarbeitete und gemeinsam mit der Deutschen Zentrumspartei 1933 eine Koalitionsmehrheit im deutschen Parlament stellte. Karl Eduard wurde 1935 Mitglied der NSDAP und Mitglied der »Braunhemden« SA (Sturmabteilung), Hitlers paramilitärische Kampforganisation, und erhielt den Rang eines Obergruppenführers. Er war von 1937 bis 1945 Reichstagsabgeordneter der Nationalsozialisten und stand dem Deutschen Roten Kreuz von 1933 bis 1945 vor.

Hitler konnte den Freund, der zu seinen eifrigsten Anhängern der Oberschicht gehörte, gut gebrauchen. 1936 schickte er Karl Eduard, den Vorsitzenden der Deutsch-Englischen Gesellschaft (der deutschen Parallelorganisation zur Anglo-German-Fellowship) nach England, um die gespannten Beziehungen beider Länder zu verbessern und auch die Möglichkeit eines Paktes zu sondieren. Karl Eduard nahm an der Beerdigung des gerade verstorbenen Königs Georg V. teil – in dem unpassenden Aufzug einer deutschen Generalsuniform – bevor er den Nachfolger, Edward VIII. traf. Das Treffen war erfolglos, aber er schickte trotzdem weitere optimistische Berichte an Hitler, in denen er von der prodeutschen Haltung der britischen Aristokratie schrieb. Für Hitler reiste er auch zu Kaiser Hirohito nach Japan, zu Präsident Roosevelt in die USA und zu Außenminister Molotow in die Sowjetunion. Zuhause in Deutschland empfing er 1938 Edward VIII. und dessen Frau. Der Besuch fand nach der Abdankung Edwards, der nun Herzog von Windsor war, statt.

Am meisten bekannt wurde Karl Eduard aber als Vorsitzender des Deutschen Roten Kreuzes. Nach Hitlers Machtübernahme 1933 kontrollierten die Nazis das DRK und erkoren Karl Eduard zu dessen Vorsitzenden. Das war sicherlich ein guter Schachzug, denn der Herzog mit seinen breit gefächerten Kontakten zu den europäischen Königshäusern, dem Adel und der Oberklasse eignete sich hervorragend als eine Art Schaufensterpuppe für die Nationalsozialisten und im Besonderen für das immer mehr nazifizierte DRK. 1937 ernannte er den Chefarzt der gefürchteten SS, Ernst-Robert Grawitz zu seinem operativen Chef. Gleichzeitig wurde das DRK der Gesundheitsbehörde des Reichsinnenministers unterstellt und wurde somit formell zu einer nationalsozialistischen Organisation. Jüdische Mitglieder wurden ausgeschlossen und die Organisation verlor ihre Neutralität gegenüber der Staatsmacht. Das Internationale Rote Kreuz brach mit dem DRK und ließ sich durch das American Joint Distribution Committee of New York in Berlin vertreten.

Offiziell war das DRK für die medizinische Versorgung der deutschen Armee auf dem Feld zuständig, es spricht jedoch einiges dafür, dass die Organisation auch an Kriegsverbrechen beteiligt war. Grawitz war auch Chef der medizinischen Organisation der SS und einer der Verantwortlichen für die grausamen Experimente an körperlich und geistig Behinderten in den Konzentrationslagern, der »Aktion T4«, bei der schätzungsweise 200.000 Menschen ermordet wurden. Das Ganze nannte sich »Euthanasieprogramm«, das den Anschein erwecken sollte, es handele sich um barmherzige Sterbehilfe für die aus Sicht der Nazis minderwertigen Elemente, die aus dem germanischen Stamm ausgemerzt werden sollten.

Schon 1933 wurde mit der Zwangssterilisation von körperlich und geistig Behinderten begonnen und am 1. September 1939, dem Tag des Überfalls auf Polen, befahl Hitler den Massenmord an den Behinderten. In verschiedenen staatlichen Institutionen und Krankenhäusern im ganzen Land begann man, »rassisch schwache Elemente« durch Gas, Gift oder systematisches Aushungern zu ermorden. Angefangen wurde mit Neugeborenen, Kleinkindern und Kindern bis zum 12. Lebensjahr, die das Down Syndrom, Cerebralparese oder eine andere Behinderung hatten. Dann wurden auch erwachsene Behinderte ermordet. Bei den Nürnberger Prozessen 1945–1946 wurde die Zahl von 275.000 Behinderten, die dem »Euthanasieprogramm« zum Opfer fielen, genannt.

Es soll auch Grawitz gewesen sein, der auf die Idee kam, die Gefangenen in den Konzentrationslagern zu vergasen. Zum Kriegsende wurde er von Hitler nach Berlin bestellt, weil er ihn als Leibarzt im Bunker bei sich haben wollte. Karl Eduard übergab zu der Zeit die operative Leitung des DRK an Karl Gebhardt, einem von Grawitz' Untergebenen in der SS und der persönliche Arzt Himmlers. Gebhardt war Chefchirurg und hatte an den grausamen und tödlichen Experimenten, bei denen Gefangene dem Gas ausgesetzt, mit Krankheiten infiziert und schmerzhaftesten Transplantationen unterworfen wurden, teilgenommen. Er war verantwortlich für die medizinischen Experimente in Ravensbrück und Auschwitz. Assistiert hat ihm dabei unter anderem die berüchtigte Ärztin Herta Oberheuser. Sie fügte Frauen und Kindern Verletzungen zu und simulierte Verwundungen, die den deutschen Soldaten im Feld widerfahren konnten, dadurch, dass sie rostiges Blech, Nägel und Sägespäne in die Wunden transplantierte. Sie tötete Kinder mittels Öls und Evipanspritzen, was innerhalb weniger Minuten tödlich war, wobei der Patient bis zum Augenblick des Todes bei vollem Bewusstsein war. In Nürnberg verteidigte sich Oberheuser damit, dass alle Patienten »hoffnungslose Fälle, unmöglich zu behandeln« gewesen seien. Sie wurde zu 20 Jahren

Haft verurteilt, Grawitz nahm sich vor dem Prozess das Leben und Gebhard wurde im Juni 1948 gehängt.

Als Chef des DRK war Karl Eduard vielleicht nicht direkt verantwortlich dafür, was die SS-Ärzte in den Konzentrationslagern und Krankenhäusern taten, es stellt sich aber die Frage, wie viel – oder wie wenig – er während seiner Zeit als Vorsitzender des DRK von all diesen Vorgängen wusste. Um seine Verantwortung ermessen zu können, wurde er nach dem Krieg vor eines der sogenannten Entnazifizierungsverfahren zitiert. Die Verantwortung für die Verfahren wurde 1946 von den Alliierten an die deutsche Administration abgegeben und es wurden recht schnell 545 zivile Gerichtshöfe eingerichtet, um die 900.000 Fälle abzuarbeiten. Eine gigantische Aufgabe, bei der Karl Eduards Verbrechen als nicht so schwerwiegend betrachtet wurden. So kam er einigermaßen ungeschoren davon. »Beachtlich mildes Urteil für den Naziherzog« schrieb *Expressen* am 22. Juni 1948 und veröffentlichte eine Notiz von TT-Reuter:

Herzog Karl Eduard von Sachsen-Coburg-Gotha wurde am Montag vom Entnazifizierungsgericht in Coburg als nationalsozialistischer Mitläufer eingestuft, wie die deutsche Nachrichtenagentur DENA berichtet. Er war der Vorsitzende des DRK und desweiteren ein ranghoher Offizier der SA. Der Herzog wurde zu einer Geldstrafe von 2000 Mark verurteilt. Das langerwartete Urteil fiel unzweifelhaft sehr milde aus. Man darf nicht vergessen, dass das DRK, dessen Vorsitzender er war, letztendlich auch für die Konzentrationslager verantwortlich war. Der letzte Vorsitzende des DRK, Karl Gebhardt, wurde im letzten Herbst in Nürnberg zum Tod durch den Strang verurteilt. Es kann hier unter anderem noch erwähnt werden, dass der Herzog und seine Organisation für die Plünderung des medizinischen Forschungsinstituts im damaligen Protektorat Böhmen-Mähren verantwortlich war. Die Erklärung für das milde Urteil liegt wohl in der Tatsache begründet, dass der Herzog von Sachsen-Coburg-Gotha auch Prinz von Großbritannien und der Enkel der Königin Victoria von England ist. In Schweden war der Herzog nicht nur als Nazi, sondern vor allem für seine äußerst fragwürdigen Ordens-Manipulationen in den 1920er-Jahren bekannt. Er war übrigens der erste deutsche Fürst in der Gefolgschaft Hitlers.

Das Material, auf dem die Voruntersuchung aufbaut und das die Anklage gegen Karl Eduard zuließ, umfasst 5000 Seiten. Unter dem Gesichtspunkt, dass das Urteil so milde ausfiel, muss man entweder annehmen, dass die Ankläger unter gewaltigem Zeitdruck standen, oder wichtigere Ziele verfolgten, oder dass ganz einfach geschlampt wurde. Ein ärztliches Attest zeigt, dass Karl Eduard an der Bechterewschen Krankheit litt und deshalb arthritische Beschwerden in den Beinen hatte. Er hatte einen großen Furunkel im Gesicht, der gerade operiert worden war. Deshalb konnte er am 2. Juni 1950 nicht in Nürnberg anwesend sein.

Der Ankläger forderte eine Schadenssumme von 100.000 deutschen Mark sowie weitere Strafen. Die Verteidigung entgegnete, dass die Strafsumme für Mitläufer bei 2000 Mark liege. Das Vermögen des Herzogs belief sich auf 402.000 Mark, was aber nur in Bezug auf die Kosten der Verhandlung relevant war.

Um Karl Eduards »Belastung« zu erörtern, ging der Ankläger die herzogliche Karriere unter Hitler durch: Von 1933 bis 1945 Mitglied der NSDAP, verbunden mit einer monatlichen Parteispende von 50 Reichsmark. Ab 1926 war er Beamter und Reichsstaffelführer im Stahlhelm. Als die Organisation Stahlhelm in der SA aufging, wurde er Gruppenführer im höchsten SA-Führungsstab. 1936 wurde er zum Obergruppenführer befördert. Karl Eduard war Präsident des Deutschen Automobilclubs und als die Nationalsozialisten das Kraftfahrerkorps bildeten, wurde er dessen ehrenamtlicher Obergruppenführer. Nach der Gründung des Fliegerkorps wurde er Führer honoris causa der deutschen Luftfahrt mit dem Rang eines Fliegerkommodeurs. Das war noch vor der Gründung der Luftwaffe. 1936 wurde er für die Partei in den Reichstag gewählt, den Sitz behielt er bis zum Kriegsende. Auch im Kolonialbund und der nationalsozialistischen Volkswohlfahrt war er Mitglied. Über die Monatsabgabe an die Partei hinaus bezahlte er noch 10 Reichsmark an die örtliche Parteileitung in Coburg und 20 Reichsmark an die SS. Der Zeuge Landrat Voigts hatte die Buchführung durchgearbeitet und kam zu dem Ergebnis, dass Karl Eduard von 1933 bis 1945 insgesamt nicht mehr als 18.000 Reichsmark bezahlt hatte. Reichspräsident Paul Hindenburg hatte ihn zum Präsidenten des Deutschen Roten Kreuzes gemacht, außerdem war er noch stellvertretender Präsident im Internationalen Roten Kreuz. Laut dem Senat in Bamberg war die Mitgliedschaft Karl Eduards im Reichstag rein formeller Natur. Er habe sich dort kein einziges Mal blicken lassen.

Das war alles. Kein Wort über die Konzentrationslager, die Krankenhäuser und anderen Institutionen, in denen Karl Eduards operativer Chef im DRK, Ernst-Robert Grawitz, und dessen Nachfolger Karl Gebhardt die medizinischen Experimente ausführten.

Die Gegenseite hatte viel Raum, um die Verteidigung so aufzubauen, dass auch einiges für ihn sprach: Der Herzog hatte schon 1934 auf dem Kongress des Internationalen Roten Kreuzes in Tokyo vorgeschlagen, die Genfer Konvention zu erweitern und auch auf die Gefangenen in den Konzentrationslagern anzuwenden, was aber von keiner Regierung unterschrieben wurde. Eine große Anzahl von ungarischen Juden wurde auf seine Initiative hin mit Lebensmitteln versorgt und er versuchte, der Zivilbevölkerung in den besetzten Gebieten zu helfen. Er wurde noch nicht einmal als Antisemit bezeichnet. Nach Hitlers Machtübernahme beließ er Juden in ihren vorherigen Positionen und schützte sie aktiv. Der Zeuge Voigts gab auch zu Protokoll, dass sich Karl Eduard für die Freilassung von politischen Gefangenen einsetzte.

Da er aufgrund seiner Krankheit als nicht reisefähig galt, wurde eine von ihm auf Schloss Callenberg verfasste Darstellung verlesen:

Ich bin 63 Jahre alt, verheiratet und gehöre der protestantischen Anglikanischen Kirche an, aus der ich nicht ausgetreten bin. Vor der nationalsozialistischen Machtübernahme wählte ich teils die Deutsche Volkspartei, teils die Deutsche Nationalpartei und ab 1932 die NSDAP. Ungefähr 1927 oder 1928 meldete sich Hitler zum Besuch auf Schloss Callenberg an und wurde zum Essen eingeladen. Bei einem NSKK-Treffen um das Jahr 1937 war Hitler auf der Burg Coburg. In diesem Fall zitiere ich die Zeugenaussage meines generalbevollmächtigten Repräsentanten, Herrn Landrat Voigts, die er am 14.5.1948 abgab, die ich hiermit als Bestandteil in diesem Protokoll ansehe. In Bezug auf den Eintritt in die Partei habe ich in diesem Dokument bereits eine Aussage getätigt. Vor 1933 war ich Führer honoris causa beim Stahlhelm und wurde automatisch von der SA als Führer honoris causa im Rang eines Gruppenführers übernommen. Im nationalsozialistischen Kraftfahrerkorps und im Fliegerkorps war ich nur Führer honoris causa, was beweist, dass ich nicht gleichzeitig in anderen Organisationen Mitglied sein konnte. Ich war berechtigt, den Titel Gruppenführer und die entsprechende Uniform zu tragen, trat aber am liebsten nicht dem Rang entsprechend gekleidet auf. Dieser Umstand kann mich also nicht belasten. Eine formale Belastung nach dem Befreiungsgesetz kann also nur die Mitgliedschaft in der NSDAP seit dem 1.5.1933 (ohne Auftrag), die Mitgliedschaft im Deutschen Reichstag seit 1937 und der Besitz des Coburger Abzeichens sowie des Teilnehmerabzeichens des SA-Treffens in Braunschweig 1931 sein. Das letztere Abzeichen bekam ich, weil ich, ohne Mitglied zu sein, auf das Treffen eingeladen wurde. Zum Präsidenten des Deutschen Roten Kreuzes wurde ich 1933 vom damaligen Reichspräsidenten Hindenburg berufen. 1934 oder 1935 wurde dem Deutschen Roten Kreuz ein stellvertretender Präsident verordnet, der an meiner Seite die Belange des DRK regelte. In meiner Eigenschaft als Präsident des DRK trat ich wiederholt Dienstreisen an, um an Kongressen des Internationalen Roten Kreuzes teilzunehmen. Dabei machte ich nie Propaganda für die NSDAP oder den Nationalsozialismus im Besonderen. Das werde ich untermauern.

Die Bürger aus Coburg waren zweigeteilt. Die einen fanden, dass Karl Eduard zu gut davon gekommen war, die anderen unterschrieben am 26. Mai 1950 einen Aufruf, um ihren Herzog zu unterstützen. Der Aufruf war an die Berufungskammer in München adressiert und enthielt Umstände, die angeblich darauf hindeuteten, dass Karl Eduard keine Verbrechen begangen habe. »Die höheren Dienstgrade, die dem Herzog in der SA und der NSKK verliehen wurden, werden von der Bevölkerung als reine Ehrenbezeugung verstanden. Der Zustand des Herzogs lässt keinen Zweifel darüber offen, dass er diese Positionen nie aktiv ausgeübt hat. Selbiges gilt für die Stellung als Präsident des DRK. Direkt nach der Machtübernahme wurde ihm ein ausführender Präsident zur Seite gestellt, was beweist, dass seine Präsidentschaft eine reine Formsache war. Wir glauben, dass wir mit gutem Gewissen behaupten können, dass der größte Teil der Bevölkerung in und um Coburg glaubt, dass dem Herzog Unrecht getan wird, wenn nur die rein formellen Dienstgrade während der nationalsozialistischen Zeit als belastend betrachtet werden.«

Der Aufruf war von 46 Menschen unterschrieben worden, die deutlich ihren Namen, Beruf und Adresse angaben. Darunter ein Elektriker, Kaufmann, Priester, Filmvorführer, Kneipier, Schlachter, Bankangestellter, Hausfrau, Schnitzer, Maurer, Versicherungsvertreter – mit anderen Worten ein repräsentativer Querschnitt durch eine namenlose Kleinstadt. Es waren nicht viele, die unterzeichnet hatten, der Aufruf könnte aber den beabsichtigten Effekt auf die Richter haben, falls die Gegner keinen entsprechenden Gegenaufruf verfassen würden. Und den gab es laut Protokoll nicht.

In einer Eingabe an das Gericht verteidigt ihn auch seine Ehefrau:

Rechtsanwalt Dr. Langer hat mich gebeten, eine Erklärung über die politische Einstellung und die Aktivitäten meines Mannes, dem Herzog von Sachsen-Coburg-Gotha, abzugeben. Einleitend möchte ich sagen, dass ich selbst von Anfang an eine ausgeprägte Gegnerin der nationalsozialistischen Partei und ihrem Handeln war. Deswegen war ich auch nie Mitglied der Partei, sondern habe mich nur einer ihrer Organisationen, der Frauengruppe in der Landversammlung von Beiersdorf, zu der mein Wohnort Callenberg gehörte, angeschlossen. Ich habe nie einen Auftrag in dieser Gruppe übernommen. Meine Mitgliedschaft hatte das Ziel, die Treffen in Beiersdorf in etwas ruhigere Bahnen zu lenken. Dafür nahm ich aber viel zu selten teil; mein ganzes Interesse galt meiner Familie und dem Familienbesitz. Aus vertraulicher Quelle habe ich erfahren, dass die Gestapo vorhatte, mich zu verhaften.

Oft habe ich von Verwandten, Freunden und Bekannten die Frage gestellt bekommen, warum sich mein Mann der Partei angeschlossen habe, obwohl er seiner Abstammung gemäß überhaupt nicht dazu passte. Rückblickend kann ich das auf folgende Weise beantworten.

Im Jahr 1919 erklärte die damalige Teilstaatsregierung in Gotha die gesamten Eigentümer meines Mannes und unserer Familie in Thüringen ohne einen Schadensersatz für verwirkt. Nicht einen persönlichen Gegenstand, beispielsweise Kleider, Stoffe und die Spielsachen der Kinder durften wir aus Gotha mitnehmen. Die Enteignung wurde von den Kommunisten und den »unabhängigen Sozialdemokraten« durchgeführt. Bei der späteren, die Enteignung betreffenden Volksbefragung waren im Jahr 1926 die Kommunisten und Sozialdemokraten die treibenden Kräfte. Die eher nationalen Kreise standen deutlich auf genau der anderen Seite; Adolf Hitler betonte im Besonderen, dass Privateigentum geschützt sei, was meinem Mann wohl den Impuls gab, sich demjenigen anzuschließen, der das Privateigentum respektierte. Hitlers Streben, das deutsche Volk aus seinem Elend zu befreien, fand bei meinem Mann ein positives Echo, ich muss aber gleich hinzufügen, dass mein Mann die »robusten« Methoden der Partei von Anfang an verabscheute. Ich erinnere mich deutlich daran, dass er sich gegen den Putsch vom 9. November 1923 aussprach. Dass er sich trotz mehrfacher Enttäuschungen Hitler und der Partei bis zum Ende anschloss, lag daran, dass er die ganze Zeit hoffte und glaubte, die Bewegung in ruhigere Bahnen lenken zu können, wenn sich besonnenere und ältere Menschen anschließen würden. Dass dies eine Utopie war, verstand er erst viel später. Hitler und seiner Partei den Rücken zu kehren, widersprach jedoch seinem Ehrbegriff. Außerdem war ihm klar, dass durch einen solchen Schritt sein Schicksal besiegelt gewesen wäre. Als mein Mann besonders in den letzten Jahren als Präsident des DRK übergangen und auch schlecht behandelt wurde, sagte ich ihm, dass er sich das nicht gefallen lassen und den Posten aufgeben solle. Da schwieg er, ich aber hatte das sichere Gefühl, dass er meinen Gedankengang für richtig hielt. Aber er wird Bedenken gehabt haben, all die Konsequenzen in Kauf zu nehmen, denn er hatte vom Schicksal derjenigen gehört, die sich von der Partei abgewendet hatten.

Hitler selbst war ein oder zwei Mal bei uns zu Besuch. Im Gegensatz zu anderen Behauptungen erkläre ich hier, dass er nie bei uns übernachtet hat. Nach der Machtübernahme suchte er uns nur ein einziges Mal auf, das war zu dem großen Frühstück, das zum Kongress des NSKK gegeben wurde. Soweit ich mich erinnere, war während der 12-jährigen Herrschaft der Nationalsozialisten von den Ministern der Reichsregierung nur Dr. Lammers bei uns zu Gast. Außerdem war einmal der Staatssekretär Meissner zu Besuch. Es kam äußerst selten vor, dass Parteiprominenz bei uns auftauchte; ich kann mich nur an den Besuch des Reichssportministers von Tschammer erinnern. Wie in Coburg bekannt ist, lebten wir ein bürgerliches Leben der einfachsten Form. Schon aus diesem Grund waren wir für die Parteigrößen, die ja Wert auf Pracht und Glanz legten, uninteressant. Die ruhige und fast schüchterne Art meines Mannes war den Prominenten der Partei offenbar wesensfremd.

Dass mein Mann nach materiellem Gewinn strebte, als er sich Hitler und seiner Bewegung anschloss, kann niemand behaupten. Außer ein paar Ehrentiteln wurden ihm keinerlei persönliche Vorteile zuteil. Als Präsident des DRK wurden seine Auslagen ersetzt, die immer dem zuständigen Finanzamt in Coburg gemeldet wurden. Auf seinen Auslandsreisen, zum Beispiel nach England, Russland, Japan und Amerika, strebte er nie nach persönlichen Vorteilen, sondern wollte nur für Deutschland arbeiten, das deutsche Gedankengut im Ausland unterstützen und dem Verständnis zwischen den Völkern dienen. Auf diesen Reisen trat er sehr schüchtern in Erscheinung, was alle diejenigen bestätigen können, die er im Ausland traf. Auch unter diesem Gesichtspunkt stand er in starkem Gegensatz zu den Größen der Partei, die nicht so großartig auftreten konnten.

Sein ganzes Leben lang war mein Mann ein großer Idealist. Als er zum ersten Mal davon hörte, dass Behinderte vergast wurden, wies er derlei Behauptungen erschüttert zurück. Auch als eines Tages der Gutsverwalter mit der Neuigkeit kam, dass eine geisteskranke junge Verwandte gestorben war und das an einem Ort, an dem Geisteskranke vergast wurden, war mein Mann bei dem bloßen Gedanken daran, dass sie nicht eines natürlichen Todes gestorben war, erschüttert. Er glaubte ganz einfach nicht an solche Gerüchte. Dieses Ereignis ist auch ein sicherer Beweis dafür, dass er nichts von den späteren grässlichen Geschehnissen in den Konzentrationslagern wusste und dies, so wie darüber geredet wurde, auch nicht glauben konnte. Ich erinnere mich daran, dass ich ihm einmal davon erzählte, dass einer unserer Waldwächter auf eine Einladung des SS-Obergruppenführers Höfle in Buchenwald gewesen war und dann positiv von den Verhältnissen dort erzählte: Die Unterbringung der Gefangenen, die Art, sie in Werkstätten arbeiten zu lassen usw. und dass er zu mir sagte: »Da siehst du, wie die Lager aufgebaut sind und wie falsch die Gerüchte über die schlechte Behandlung der Gefangenen sind.« Es war ja auch so, dass man immer sagte, dass freigelassene Gefangene dazu gezwungen wurden, nicht über die Verhältnisse in den Lagern zu sprechen, ansonsten wären sie wieder eingesperrt worden. Auch der Waldverwalter, der die herzogliche Waldverwaltung leitete, sagte nach seiner Rückkehr aus Buchenwald kein einziges Wort darüber, wie er behandelt worden war.

Wenn ich mich gegen die Methoden der Partei aussprach, verärgerte das meinen Mann oft. Ich weiß mit Sicherheit, dass das daran lag, dass er fest an die Reinheit der Bewegung glaubte. Ich weiß, dass eine solche Aussage heute nur für Kopfschütteln sorgt, sage dies aber trotzdem, denn man muss meinen Mann und seine vornehme Überzeugung, sein Gefühl für alles Schöne schon kennen, um Verständnis für seine – ich würde fast sagen – weltfremde Ideologie aufzubringen. Er war also alles andere als ein leitender Nazi, so wie wir heute über diese Menschen denken. Im Jahr 1942 verheiratete sich unser jüngster Sohn mit einer Tochter des Grafen von Solms-Baruth, der von den Nazis als Staatsfeind betrachtet wurde und nach dem 20. Juli 1944 für mehrere Monate im Gefängnis saß. Als das Dritte Reich zusammenbrach, war mein Mann völlig irritiert und als dann in den folgenden Wochen das ganze Ausmaß der Verbrechen der Nazis deutlich wurde, brach für ihn eine Welt zusammen, an die er in seinem Idealismus geglaubt hatte.

Victoria Adelheid

Herzogin von Sachsen-Coburg-Gotha

Es kamen weitere Einlagen und Zeugenaussagen herein, die für Karl Eduard sprachen. Eine der interessantesten war von Max Planck vom 28. Mai 1947. Der theoretische Physiker Planck war der Verfechter der Quantentheorie, für die er 1918 den Nobelpreis erhielt. Es war nicht zu leugnen, dass er, mit Blick auf seinen Hintergrund, ein schillernder Zeuge war, denn er hatte erlebt, wie viele seiner jüdischen Kollegen und Freunde aus dem Amt gejagt, gefangen genommen und von den Nazis erniedrigt wurden. Sein eigener Sohn Erwin wurde für seine Teilnahme am Attentat auf Hitler im Sommer 1944 hingerichtet. Auf sein Flehen hin emigrierten hunderte deutsche Akademiker ins Ausland, um dem Naziregime zu entkommen. Planck war in den Augen der Nazis eine unliebsame Figur und man durchforschte seine Familienverhältnisse, kam aber zu dem Ergebnis, dass er nur zu einem Sechzehntel jüdisch war.

Planck war Vorsitzender des Kaiser-Wilhelm-Instituts, dessen anthropologische Abteilung in Bezug auf die Rassenbiologie mit Doktor Josef Mengele zusammenarbeitete. Die chemische Abteilung war an der Entwicklung des Senfgases beteiligt.

Als der 89-jährige Nobelpreisträger Planck seine Einlage zur Verteidigung Karl Eduards formulierte, hatte er nur noch vier Monate zu leben.

Seine Königliche Hoheit Herzog Karl Eduard von Sachsen-Coburg-Gotha war mehrere Jahre Vorsitzender des Senats der Kaiser-Wilhelm-Gesellschaft und auch der Vorsitzende der Bibliotheca Hertziana in Rom. Deshalb war er oft bei den Versammlungen des Senats der Kaiser-Wilhelm-Gesellschaft und dem Kuratorium der Bibliotheca Hertziana dabei. Ich habe dabei beobachten können, dass seine Königliche Hoheit mit größter Überzeugung das Streben der Kaiser-Wilhelm-Gesellschaft, die jegliche politische Einmischung in die wissenschaftliche Arbeit abgelehnte, unterstützt hat. Er war sich bewusst darüber, welche Verpflichtungen gerade die deutsche Wissenschaft unter dem Regime der Nationalsozialisten hatte. Eine politisch beeinflusste Entscheidung seinerseits habe ich nie wahrgenommen. Außer seinem hohen Idealismus, der ihn veranlasste, die Präsidentschaft im DRK zu akzeptieren, waren es seine wertvollen menschlichen Eigenschaften, die den Herzog für mich zu einem besonders ehrenwerten Menschen machten. Ich glaube nicht, dass man das Recht dazu hat, ihm seine Zugehörigkeit in der nationalsozialistischen Bewegung vorzuwerfen.

Dr. Max Planck

Eine weitere Zeugenaussage stammt von Landrat Voigts, der auf Geheiß des Gerichts die Buchführung Karl Eduards durchgearbeitet hatte. Er hatte nur löbliches zu erwähnen:

Gegen der Vorwürfe, dass Herzog Karl Eduard von Sachsen-Coburg-Gotha ein eifriger Nationalsozialist gewesen sei, kann ich aufgrund eigener Beobachtungen und Erlebnisse folgendes entgegnen:

1. Im Jahr 1930 kam Adolf Hitler zusammen mit Xaver Schwarz und dem damaligen Gemeinderat Schwede zum Herzog in Coburg und bat ihn um eine Anleihe von 50.000 Reichsmark für den Kauf des »Braunen Hauses« in München. Als er meine Meinung dazu hören wollte, riet ich ihm deutlich ab. Der Herzog folgte meinem Rat. In nationalsozialistischen Kreisen wurden wir dafür stark kritisiert.

2. Obwohl man nach der Machtübernahme innerhalb der Partei und der SS in Gotha bestimmte, dass der damalige Direktor des herzoglichen Münzkabinetts Geheimrat Pick, der wie seine Frau jüdischen Glaubens war, abzusetzen sei, folgte der Herzog meinem Rat und beließ den in numismatischen Dingen hochverdienten Mann in seinem Amt. Erst im Sommer 1934 wurde er auf eigenen Wunsch und mit Rücksicht auf sein Alter von 73 Jahren und seinen Gesundheitszustand in den Ruhestand versetzt. Der Herzog dankte ihm in einem eigenhändig geschriebenen Brief für seinen Einsatz und übergab ihm sein Porträtfoto.

3. Im August 1944 wurde ich von der Gestapo festgenommen und in deren Gefängnis nach Weimar verbracht. Außer dem Vorwurf, dass ich an den Geschehnissen des 20. Juli beteiligt gewesen sei,

wurde mir desweiteren vorgeworfen, ausländische Sender gehört, Beamte und Arbeiter auf antifaschistische Weise geleitet, mit parteifeindlichen Kreisen Umgang gehabt, feindselige Aussagen über den Führer gemacht und eine starke Bindung mit der Kirche gehabt zu haben. Der Herzog engagierte sich mit unzähligen Telegrammen an Lammers, Himmler, Kaltenbrunner und andere und versuchte mit Nachdruck, für meine Sache zu kämpfen. Ein paar Wochen später erreichte er schließlich meine Freilassung. Die Herzogin und meine Frau besuchten mich eines Tages im Gefängnis. Ich sagte ihr, dass ich als Konsequenz auf die Verhaftung, durch die ja auch der Herzog belastet wurde, mein Entlassungsgesuch bei ihm einreichen würde. Die Herzogin antwortete, dass dazu keinen Grund bestehe. Ihr Mann hatte ihr aufgetragen, mir auszurichten, dass ich noch immer sein volles Vertrauen genieße und er zu einhundert Prozent hinter mir stehe. Diese Einstellung beweist nach meiner Ansicht deutlich, dass der Herzog weit entfernt von den Nazis stand und einen Staatsfeind unterstützte.

4. Nach der Machtübernahme, bei der Österreich an das Reich angeschlossen wurde, hatte der meines Wissens nach aus Coburg stammende Buchhalter Otto Wagner, der auf den herzöglichen Gütern in Oberösterreich arbeitete, im Sommer 1934 von dort Briefe an seine Schwester in Coburg geschrieben, die Schmähungen gegen die hiesigen Parteibonzen, besonders gegen den Oberbürgermeister Schwede enthielten. Schwede wusste um diese drei Briefe. Er forderte den Herzog auf, mich dazu zu bewegen, Wagner nach Coburg zu bestellen. Das Ziel war ohne Zweifel, Wagner festzunehmen und in ein Lager zu überführen. Der Herzog erzählte mir davon. Ich sprach mich dagegen aus und der Herzog lehnte eine Einbestellung Wagners ab. Ein überzeugter Nationalsozialist hätte nie so gehandelt.

Ich könnte aus der 25-jährigen Bekanntschaft eine Vielzahl an Fällen anführen, bei denen sich der Herzog gegen die Partei gestellt hat. Ich nehme an, dass es bei dem späteren Verfahren vor der »Spruchkammer« dazu Gelegenheit geben wird.

Voigts

In der dicken Akte befinden sich zwei Zeitungsartikel. Der erste wurde am 19. Juni 1948 von der *Neue Presse* unter der Rubrik »Urbild eines Mitläufers« veröffentlicht:

Wenn Sie wissen möchten, was ein Mitläufer ist, können Sie sich ab jetzt mit Fug und Recht an folgende Definition halten: Das ist ein Mann, der von Anfang an konsequent in der ersten Reihe mitmarschiert ist. Kommissar des Kraftfahrerkorps – Mitläufer; Mitglied im NSKK-Leitungsstab – Mitläufer; Abgeordneter im nazistischen Reichstag – Mitläufer; »Gruppenführer« im höchsten leitenden Stab der SA – Mitläufer; Präsident des DRK von Hitlers Gnaden – Mitläufer; Ehrenführer des deutschen Fliegerkorps von Görings Gnaden – Mitläufer; Senator der Kaiser-Wilhelm-Gesellschaft von Goebbels Gnaden – Mitläufer.

Derjenige, der immer als Mitläufer mitläuft, erfüllt mit Sicherheit alle Ideale eines Zauberers: Geschwindigkeit ist keine Zauberei. Der fantastische Mitläufer hat jedoch die Eigenschaft, dass er mit seinen schnellen Beinen schon sehr früh an der Spitze mitgelaufen ist. Dieser Infanteriegeneral lief sicher immer ganz vorne mit, in der Leitung der bayerischen Bürgerwehr, in der Leitung des Stahlhelm und in der Brigade Ehrhardt, wodurch sich seine bloße Mitläuferei am besten offenbart.

Die letztgenannte Organisation kennen Sie ja alle. Das war die, die »Vaterlandsverräter« heroisch ermordete, am »Kapp-Putsch« teilnahm und aus rauen Kehlen das schöne Mitläuferlied sang: »Hakenkreuz auf dem Stahlhelm, schwarz-weiß-rotes Band, Die Brigade Erhardt werden wir genannt«.

Richtig geraten, es handelt sich hier um »Seine königliche Hoheit Herzog Karl Eduard von Sachsen-Coburg-Gotha«. Nun ist er also durch ein salomonisches Urteil der Spruchkammer Coburg-Land zum »Mitläufer« aufgestiegen. Er muss, wie es einem früher regierenden Fürsten ansteht, eine Geldstrafe bezahlen, die ungefähr dem Trinkgeld entspricht, das er sonst einem seiner Lakaien geben würde, nämlich 2000 Mark. Das hat er hoffentlich schon vor der Währungsreform mit dem bösen Hitlergeld getan. Wie die Katze immer auf die Pfoten fällt, so fiel der Herzog durch seine Vermögen immer weich. Die Republik hat ihm nichts genommen, die Nazis erhöhten seine Einkünfte und die Entnazifizierung lässt das alles auf sich beruhen. Gute Arbeit. Finanztechnisch sowieso.

Ganz still und ruhig ist das vonstattengegangen. In einem schriftlichen Verfahren, durch einen einzelnen geschriebenen Brief. Wo sollte ansonsten auch der untertänige Respekt verblieben sein, wenn ein früher regierender Fürst und hoher Titelträger im tausendjährigen Reich mündlich vor einem plebejischen Spruchkammer-Tribunal zur Rede gestellt werden würde, oder noch schlimmer, sich gewöhnliche, nicht standesgemäße Zeugen gegen den hohen Herrn hätten aussprechen müssen. Oder stimmt es, dass die Menschen in Coburg, die immer noch höfische Titel tragen, ehrfürchtig gestammelt haben sollen: Wer sollte es wagen, gegen »unseren Herzog« zu sprechen?

Die Neue Presse, die kompromittierende Bilder, auf denen der Herzog beim Hitlergruß oder zusammen mit Benito Mussolini marschierend zu sehen ist, veröffentliche, schrieb am 3. September 1949 auch über das Urteil:

Die Hauptkammer Ansbach hat am Dienstag nach sechsstündiger Verhandlung beschlossen, dass der Herzog von Sachsen-Coburg-Gotha, Karl Eduard, in die Kategorie »wenig belastet« einzuordnen ist, wobei eine Bewährungsfrist von sechs Monaten gilt. Der Angeklagte muss eine Geldstrafe von einmalig 15.000 DM in den Fond für die Kriegsopfer einzahlen. Außerdem wird ihm eine 18-monatige Arbeitspflicht auferlegt, die mit der Zeit, die er in Untersuchungshaft saß, abgeleistet ist. Der Angeklagte darf während der Bewährungsfrist nicht selbständig arbeiten. Die Prozesskosten betrugen annähernd eine Viertelmillion DM. Die Kosten des Gerichtsverfahrens betragen ungefähr 58.000 DM. Wie bekannt erklärte der Kassationshof die in erster Instanz »hinter verschlossenen Türen« beschlossene Kategorisierung »Mitläufer« für ungültig. Obwohl der Angeklagte durch Krankheit wiederholt der Verhandlung fernblieb, beschloss die Kammer, die vom Kassationshof angeordnete mündliche Verhandlung durchzuführen.

Dabei stand die »formelle Belastung« des Angeklagten im Zentrum der Verhandlung. Er war seit 1933 Mitglied der NSDAP, SA und NSKK, mit dem Rang eines Obergruppenführers. Außerdem Abgeordneter im Reichstag.

Die Spenden, die er an die Partei und deren Organe abführte, beliefen sich, soweit sich das aus der herzöglichen Buchführung herleiten lässt, auf 18.000 Mark. Sein gesamtes Vermögen beläuft sich jetzt auf ungefähr 1,5 Millionen DM.

Die angeführten belastenden Elemente sind deswegen von so besonderer Bedeutung, weil der Angeklagte, der wie bekannt über seinen Vater und Königin Victorias Mann Albert mit dem englischen Königshaus verwandt ist, seit 1934 den verantwortungsvollen Posten des Präsidenten des DRK inne hatte. Auch wenn es dem Verteidiger gelang, die Auffassung, dass darin doch ein besonders belastendes Moment zu sehen sei, auszuräumen, so bleibt doch die Überzeugung durch die im Übrigen begünstigende Aussage des jetzigen Präsidenten im Komitee des Internationalen Roten Kreuzes, dass nämlich der Angeklagte verhältnismäßig früh Kenntnis über die Untaten in den deutschen Konzentrationslagern erhalten hat. Auch wenn Himmler ihm verboten hat, die Konzentrationslager zu besuchen, konnte sich der Angeklagte nicht dazu durchringen, seinen Posten aufzugeben, was unter Betrachtung seines Verhältnisses zum englischen Königshaus recht leicht für ihn hätte sein können. Die Herzogin gab in ihrer beeideten Aussage an, dass der Herzog das nur deswegen nicht tat, weil es nicht seiner Auffassung von Ehre und Treue entsprach. Diese Aussage stimmt zum Großteil mit dem überein, was der frühere Gauleiter Frank Schwede 1939 in seinem Buch *Der Kampf um Coburg* wiedergibt. Hier steht, dass der Angeklagte Hitler am »Deutschen Tag« 1922 in Coburg kennenlernte und »ihm seit dieser Stunde treu war«.

Die für den Angeklagten sprechenden Zeugen, die während der Beweisaufnahme zu hören waren, bestätigten die Nähe des Herzogs zur Kirche. Darüber hinaus entfernten sich die Gehörten soweit von dem eigentlichen Thema der Verhandlung, dass sich der Vorsitzende veranlasst sah zu sagen, dass die Zeugen unter dem »Herzogkomplex« litten.

Der Staatsanwalt hob in seinem Plädoyer, welches auf das Ziel hinauslief, den Angeklagten in die Kategorie »Hauptschuldig« einzuordnen, hervor, dass der Angeklagte auf besonders deutliche Art und Weise das nationalsozialistische Gewaltregime gefördert habe.

Er habe Hitler gesellschaftsfähig, ja sogar hoffähig gemacht und dieser habe ihn als Schutzschild für seine Bewegung ausgenutzt. Dass er sich Hitler schon früh angenähert habe, läge darin begründet, dass er, wie die Herzogin in ihrer Zeugenaussage bekräftigt hätte, von Hitler das Versprechen erhalten habe, sein privates Eigentum behalten zu können, das ihm nach dem Ersten Weltkrieg genommen worden sei. Mit dieser Auffassung unterstrich der Verteidiger, dass »der Herzog wie Millionen andere Menschen auch ein Opfer des Gewaltmenschen Hitler geworden sei«.

Die Kammer stimmte nur teilweise der Auffassung des Verteidigers zu. Sie sah den Angeklagten als jemanden, der mit seinem persönlichen hohen Ansehen dazu beigetragen hatte, dass sich die nationalsozialistische Gewaltherrschaft etablieren konnte, war aber auch der Ansicht, dass mit Blick auf die starke Religiosität das Verfahren geschlossen werden könne und dass der Angeklagte in die Kategorie »wenig belastet« eingeordnet gehöre.

Karl Eduard starb 1954 an Krebs. Seine Vermögensverhältnisse waren so unklar, dass nach dem Tod seiner Tochter Sibylla 1972 in deren Inventarverzeichnis stand: »Eventueller Anteil am Nachlass von Herzog Karl Eduard von Sachsen Coburg und Gotha: 0 Kr.« Der Nachlassverwalter schrieb in einer gesonderten Ausführung:

Der restliche Nachlass besteht aus dem Gut Callenberg in der Bundesrepublik Deutschland. Dieses Gut sollte nach dem Testament dem Bruder Ihrer Königlichen Hoheit, der Herzogin von Västerbotten, Prinz Friedrich Josias von Sachsen Coburg und Gotha zufallen. Dieser hat jedoch erklärt, das Erbe nicht antreten zu wollen. Die Frage, inwieweit die Ausschlagung nach deutschem Recht gültig ist, wird zurzeit von einem deutschen Gericht geprüft. Sollte die Ausschlagung rechtens sein, muss geklärt werden, an wen Callenberg fällt und auch diese Frage muss gerichtlich beantwortet werden. Der maximale Anteil, der Ihrer Königlichen Hoheit, der Herzogin von Västerbotten, zufallen könnte, beträgt nach eingeholten Auskünften die Hälfte. Dennoch beträgt der »Einheitswert« für das Gut Callenberg, der durch das Finanzamt Coburg festgelegt wurde, 474.000 DM, während sich die Schulden auf 2.300.000 DM belaufen. Da so der eventuelle Rechtsanspruch Ihrer Königlichen Hoheit, der Herzogin von Västerbotten, einen Teil des Gutes Callenberg zu besitzen, nicht als ein positiver Wert berechnet werden kann, wird er hier als ohne Wert dargestellt.

Sibylla hat sich nach dem Krieg und dem Tod ihres Vaters nie wieder verheiratet und vielleicht war genau das der Anlass, dass sie eine recht dankbare und einsame Zielscheibe wurde. Der Journalist und Königsexperte Roger Lundgren schrieb in seiner Biografie über sie, dass Schwedens wackliges Verhalten gegenüber Nazideutschland, das im Nachhinein betrachtet in seiner kranken Blässe als schändlich gelte, einen Sündenbock brauchte. Ein kleines Detail wie beispielsweise ihre immer noch auffallende Aussprache, die früher einmal charmant war, wurde nun zum Beweis ihrer Schuld: »Die Deutsche auf Haga«. Eine Menge mehr oder weniger konspirative Gerüchte waren im Umlauf, unter anderem, dass ihr Bruder Hubertus, der 1943 als Fliegerleutnant über Polen abstürzte, eigentlich lebte und im Schloss seiner Schwester versteckt würde. Sibylla bekam Drohbriefe, in denen sie als »Verräterin« und »verdammte Deutsche« bezeichnet wurde, woraufhin sie immer zurückgezogener lebte und sich selten öffentlich zeigte.

Ihr Mann, der verunglückte Gustaf Adolf, hatte durch die Ehe gewisse Pflichten auch der Heimat seiner Frau gegenüber. Er war ganz einfach mit Nazideutschland verwandt und nahm gemeinsam mit den ranghöchsten Nazis an offiziellen Zeremonien teil. Er befand sich in guter Gesellschaft. Sein Großvater, Gustaf V., hatte recht ungeniert eine antibolschewistische Botschaft an Hitler geschickt, die so gedeutet werden konnte, dass der das neutrale Schweden regierende Monarch mitten im Krieg auf der Seite Deutschlands gegen die Sowjetunion stand. Den Entwurf des Briefes, der schließlich telegrafiert wurde, hatte der König mit: »Mein lieber Reichskanzler« begonnen und schloss mit: »Mit meinen herzlichen Grüßen verbleibe ich, lieber Reichskanzler, Euer ergebener Gustav.« Der König hatte schon vor zwei Jahren, im Winter 1939 in der Gesandtschaft in Berlin den Schwertorden an den Chef der Luftwaffe, Hermann Göring, vergeben. Göring wurde nach dem Krieg für seine Verbrechen hingerichtet. Auch Hitler war damals zugegen. Der Erbprinz wurde nach seinem Tod zum Diskussionsthema, inwieweit er – wenn überhaupt – für oder gegen den Nationalsozialismus gewesen sei, oder sich mittig gehalten habe.

Nachdem Karl Eduard in Untersuchungshaft saß und nach seinem Tod schob Sibylla einen Riegel vor. Genau wie sich nach dem Tod von Gustaf Adolf eine große Stille über die Familie gelegt hatte, wurde auch der Krieg und das Leben Karl Eduards im Dienste des Nationalsozialismus auf Schloss Haga und in Stockholm nicht thematisiert. Überhaupt wurde so wenig über die Cousinen der Kinder in Deutschland gesprochen, dass es eine Überraschung für sie war, wie viele Verwandte sie dort hatten.

Prinzessin Christina hat als Erwachsene einmal gesagt, dass sie in ihrer Kindheit nie näher über die Herkunft ihrer Mutter nachgedacht hat.

In einem einzigartigen Interview im *Idun-Veckojournalen* öffnete Sibylla im Sommer 1965 plötzlich die Tür zur Vergangenheit. Auf die Frage, ob sie Hitler getroffen habe, antwortete sie: »Sicher habe ich ihn getroffen. Privat war er nett, aber er wirkte einfach, fast wie ein Untergebener. Wir dachten damals alle, dass er Deutschland auf die Beine helfen könnte … die Dynamik seines Auftretens wirkte ansteckend und es war imponierend, wie er das Chaos ordnete. Man war wie verhext, hypnotisiert und verstand nicht, was unter der Oberfläche geschah. Erst mit Abstand betrachtet konnte man klar sehen und denken, da verstand man, da kam man zur Besinnung. Mein Mann und ich waren 1936 bei den Olympischen Spielen in Berlin. Berühmte Schweden kamen zu uns und erzählten stolz, dass Hitler ihnen die Hand gegeben hätte. Wir waren viele, die das alles nicht sofort durchschauten.«

Die Schwierigkeiten der Königsfamilie, ein für alle Mal mit der gespaltenen Einstellung der Bernadottes zum Nationalsozialismus aufzuräumen, zeigt sich unter anderem darin, dass sie vor, während und nach dem Zweiten Weltkrieg und nach dem Zusammenbruch des Dritten Reiches bis in die 1980er-Jahre hinein Angestellte am Hof und Kontakt zu mit dem Hof verbundenen Personen hatte, die mit dem rechten Spektrum sympathisierten. Die Deutschfreundlichkeit, der Faible für braune Uniformen, Disziplin, arische Reinheit und die Nationalromantik war in den Jahren vor dem Kriegsausbruch durchaus vorhanden und mehrere dem Hof nahestehende Personen waren Mitglieder in der Schwedisch-Deutschen Vereinigung, STF, die 1913 gegründet wurde und in den Jahren 1933 bis 1945 offen Stellung für das nationalsozialistische Deutschland bezog. Unter anderem arrangierte die Vereinigung Mitte der 1930er-Jahre gesellige Abende, an denen auch Gustaf Adolf und Sibylla teilnahmen und bei denen als Gastartist Jussi Björling und einmal als wirkliche Kuriosität Hitlers Stellvertreter Rudolf Hess als Gastredner auftrat. Die Hofsängerin Marianne Mörner, die 1954 die königliche Medaille Litteris et Artibus verliehen bekam, unterstützte den nationalsozialistischen Block. Sie war Mitglied im STF und trat 1938 beim Aufruf zur Bildung der Reichsvereinigung Schweden-Deutschland in Erscheinung.

Eine Mitgliedschaft in einer oder mehreren der mehr oder weniger nazi- oder faschistisch orientierten Organisationen, die sich in den 1920er- und 1930er-Jahren bildeten, schien bei den höfischen Kammerherren, den Oberzeremonienmeistern und Hofstallmeistern unter Hitlers Zeit sehr beliebt zu sein. Es gab aber noch weitere namhafte Personen, die sich anschlossen. Graf Carl Bernadotte und Gräfin Marianne Bernadotte, die auf Frötuna bei Uppsala lebten, waren beide Beitragszahler im Schwedischen Nationalen Verband, SNF. Der Graf gab einen Aufruf zur Unterstützung des deutschen Adels nach Kriegsende heraus. Prinz Bertil, einer der Brüder Gustaf Adolfs, war zahlendes Mitglied in der nazistischen Organisation Gymniska Förbundet, dem Vorgänger der Vereinigung Manhem. Er besaß auch ein Hemd der Nordischen Jugend.

Der SNF hatte in späteren Jahren eine Frontorganisation, die Narvaförbundet hieß und jedes Jahr am 30. November in der Riddarholmkirche in Stockholm eine Zeremonie feierte. Bis 1964 konnten die Ableger des SNF, der Sanct Michaelsorden, der Lützenförbundet und der Narvaförbundet über die Kirche verfügen, die zusammen mit dem königlichen Schloss zu den Immobilien gehört, über die der König das Verfügungsrecht besitzt. Das Amt des Reichsmarschalls erteilt die Genehmigung für die Zusammenkünfte.

Der Leibarzt von Gustaf VI. Adolf, der gemäßigte Reichstagsabgeordnete Gunnar Biörck, war Ende der 1930er-Jahre Vorsitzender der medizinischen Vereinigung, in der er aktiv arbeitete, um die schwedische Ärzteschaft dahin zu bekommen, sich gegen die Zuwanderung von jüdischen Ärzten aus Deutschland zu stellen. Er sprach auf Nazitreffen und war 1938 Mitglied der Schwedischen Jugend. Sein Kollege Ove Cassmer, der der Arzt von

Sibylla war, meldete sich 1941 im Rekrutierungsbüro der Waffen-SS im besetzten Oslo und leistete eine kurze Zeit Dienst im Artillerieregiment der ersten internationalen Waffen-SS-Division Wiking, bevor er im gleichen Jahr an der Ostfront schwer verletzt wurde und im Januar 1942 nach Schweden zurückkehrte.

Der Vater des Königs, Gustaf Adolf, befand sich 1943 auf einer Abonnentenliste der Zeitung *Den Svenske Nationalsocialisten*, dem Hauptorgan der schwedischen Sozialistischen Versammlung, die früher Nationalsozialistische Arbeiterpartei hieß. Die Zeitung wurde auch an den Privatsekretär im Stockholmer Schloss geschickt.

Der Erzbischof Erling Eidem, der Carl Gustaf 1946 in der Schlosskirche taufte, war 1936 zahlendes Mitglied des schwedischen Nationalverbands, SNF und gab in den 1930er-Jahren seinen nationalistischen Gedanken Ausdruck. Ihm wird nachgesagt, dass er sich gegen den Antisemitismus gestellt und Hitler besucht habe, um ihn umzustimmen.

Richard af Ström, ein Freund Prinz Bertils, arbeitete in der Fahrschule Ekmans Bilskola in Stockholm und war der private Fahrlehrer der Haga-Prinzessinnen. Bis 1947 war er Mitglied in der Nationalsozialistischen Arbeiterpartei (NSAP). Der Vorsitzende war der zunehmend brutaler werdende schwedische Nazi Sven-Olof Lindholm. Richard af Ström war bei der Säpo, der schwedischen Sicherheitspolizei, im Mai 1943 aktenkundig, als er eine Probeausgabe der Nazizeitung *Unga Vingar* herausgab. Im Januar 1946 wurden er und ein Freund angeklagt, ehemalige norwegische Frontsoldaten der Waffen-SS in Stockholm versteckt zu haben.

Der oberste Hofprediger Hans Åkerhielm war während des Krieges in Finnland Militärpfarrer auf Hangö und hatte die Vorliebe, freiwillige Finnlandsoldaten nationalsozialistischer Couleur zu beerdigen, darunter auch Nils Flyg. Bei dessen Beerdigung sprach Åkerhielm 1943 darüber, wie ihm die Augen für »die aus dem Osten drohende große Gefahr« geöffnet worden seien. Er war auch der Militärpfarrer für einen anderen Nationalsozialisten, Bror Niper, den er 1993 beerdigte, wobei eine Fahnenwache der Nationalsozialistischen Arbeiterpartei zugegen war. Außerdem sprach er auf Treffen, die vom Schwedischen Aktiven Studentenverband SASF organisiert wurden. Der SASF rekrutierte faschistische und nationalsozialistische Studenten an schwedischen Hochschulen und Universitäten. 1944 wurde der Verband aufgelöst, nachdem mehrere wichtige Mitglieder wegen Spionage für die Deutschen verhaftet und verurteilt wurden. In den 1980er-Jahren war Åkerhielm für den Lützenförbundet amtierender Pfarrer in der St. Jacobskirche. Im Jahr 1979 stellte er das sogenannte Gebetsbuch für die zweijährige Kronprinzessin Victoria zusammen, das im Verlag Norstedt erschien.

Graf Folke Bernadotte, der nach dem Krieg durch den Gefangenenaustausch mit den weißen Bussen weltberühmt und 1948 in Jerusalem ermordet wurde, war bezüglich des Nachlasses des 1947 verstorbenen Gustaf Adolf der gute Mann der Haga-Kinder. Er war 1935 Mitglied der Schwedisch-Deutschen Vereinigung und deren Schatzmeister und Sekretär. Im Jahr 1933 war er an einem Artikel in *Svensk Konservativ Tidskrift* zum Thema »Schwedische Versammlung« beteiligt, in dem er auf die Frage »Was ist jetzt in der schwedischen Politik erforderlich?« antwortete, es sei unter anderem das Wichtigste, »die unsere Gesellschaft umstürzenden Elemente, die versuchen, den Zustand unserer jetzigen Gesellschaftsform zu ändern, auszurotten«, eine Wortwahl, die der der Nazis ähnelte.

Das Königshaus hat die wenigen Male, die dessen Mitglieder die Haltung der Familie gegenüber dem Nationalsozialismus kommentiert haben, Karl Eduards »Mitläufertum« so abgewimmelt, wie man das üblicherweise tut – man war nicht der Einzige, man hat nicht verstanden, man wurde eingelullt. Oder man war nur »ein bisschen nazistisch«, so wie Carl Johan Bernadotte in der von TV4 im Frühjahr 2010 gesendeten Dokumentation über die Familie Bernadotte Karl Eduard beschrieb. Carl XVI. Gustaf selbst kommentierte die Rolle seines Großvaters mütterlicherseits zur Nazizeit sehr zurückhaltend. Als er in der gleichen Sendung die Tatsache, dass sein Großvater mit der Nazipartei in Verbindung stand, kommentieren sollte, sagte er das Übliche: »Ja, auf die ein oder andere Weise. Alle waren ja dabei, die ganze Gesellschaft war ja so in das Ganze integriert, dass es sehr schwer gewesen ist, sozusagen, das zu vermeiden … das war sehr schwer, sich hinzustellen und zu sagen »nein, ich mache da nicht mit«. Ich denke, da wäre man direkt »nach links« verschwunden. Ich kann mir vorstellen, dass es eine Art war, zu überleben. Ich würde nicht sagen wollen, dass die Familie so war, aber viele lebten ja in einer Art Vakuum und man glaubte ja an etwas. Man wird manipuliert. Das ganze deutsche Volk wurde ja zweifellos manipuliert, und in dem Trubel ging man eben einfach mit. Es war ja sehr schwer, das Gefährliche, das die ganze Zeit geschah, zu durchschauen.«

4 | FRÄULEIN BROMS

Anna Dam Broms war eine große und schmale Dame mit grauem Haar, die oft einen klassischen Margareta-Zopf trug. Sie war mit dem Geschäftsmann Melcher Broms, dem Sohn von Gustaf Emil Broms, der der alte Direktor des Mineralkonzerns LKAB war, verheiratet. 1940 reichte sie die Scheidung ein, was zu dieser Zeit äußerst ungewöhnlich war und begann, ihr Lebenswerk, die Anna Broms Schule, aufzubauen. Sie war nicht nur spartanisch gekleidet, sondern hatte auch die Angewohnheit, jedes Jahr am 1. Mai unabhängig vom Wetter im Meer zu baden. Auf Ihre Schüler machte sie einen strengen und fordernden Eindruck, hinter ihrem Ernst waren aber auch Humor und ein Gefühlsleben zu erahnen. Später sollte man sich an sie als lutherisch-ambitioniert erinnern.

Die Schule befand sich in der Stockholmer Sturegatan in einer für den Stadtteil Östermalm typischen alten Wohnung mit hohen Decken, tiefen Fensternischen, Stuck und einer großen Halle. Broms stellte sachkundige Lehrer aus Stockholm und Uppsala ein. Einige von ihnen waren genau wie die Gründerin Ende des letzten Jahrhunderts geboren. Die Schüler trugen eine braune Schuluniform – braune Mützen mit den Initialen »BS«, ein braunes Sakko mit Emblem und graue Hosen, die Mädchen einen Rock.

Es waren dieselben Kleider, in denen Kronprinz Carl Gustaf am 8. September 1953 dort ankam. Damit war eine Tradition gebrochen. Der Vater Gustaf Adolf und die drei ältesten Schwestern waren in der Privatschule im Stockholmer Schloss unterrichtet worden. Der Einschulung des Kronprinzen waren lange Diskussionen innerhalb der Familie und mit den Ratgebern, die sich mit der Frage der Ausbildung des Kronprinzen auseinandersetzten, vorausgegangen. Sollte er in die Privatschule oder zusammen mit anderen Kindern in eine gewöhnliche Schule gehen? Und welche Schule käme dann in Betracht? Die Wahl fiel am Schluss auf die Anna Broms Schule. In der Schlossschule waren zu wenig Kinder, befand Prinzessin Sibylla, außerdem könne dem kleinen Burschen nicht schaden, sich daran zu gewöhnen, sich »mit einer ganzen Klasse herumzuschlagen«. Letzten Endes war es auch nicht mehr zeitgemäß, die königlichen Kinder von der Außenwelt abzuschirmen.

Die Bekanntschaft mit Helga Wagnsson, die mit Anna Broms auf dem Lehrerseminar gewesen war, wird Prinzessin Sibylla ganz sicher beeinflusst haben. Helga war mit Ruben Wagnsson, der Volksschullehrer, Oberschulrat, Reichstagsabgeordneter und schließlich Landeshauptmann in Kalmar war, verheiratet. Zur Domäne Kalmars gehörte auch das Sommerschloss der Königsfamilie, Solliden auf Öland. Die Wagnssons waren gern gesehene Gäste auf dem Schloss und Prinzessin Sibylla besuchte die beiden jedes Jahr in Kalmar. Sie schlugen Sibylla vor, den Sohn in eine normale Schule zu geben, und da lag Broms dann auf der Hand.

Anna Dam Broms hatte ihrem Lehrerkolleg auf unterschiedliche Weise mitgeteilt, dass der Kronprinz als neuer Schüler aufgenommen würde. Es waren fast nur Lehrerinnen an der Schule. Den Handarbeitslehrer Bo Spathon hatte sie zur Seite genommen und ihm vertraulich zugeflüstert, eine »Heimlichkeit« zu erzählen. Als die Nachricht offiziell wurde, setzte ein richtiger Run auf die Schule ein und Anna Broms musste sehr viele Aufnahmegesuche ablehnen.

Carl Gustaf landete als »Seine Königliche Hoheit, der Kronprinz« mit der Adresse des königlichen Schlosses und der Telefonnummer 20 48 39 ganz oben auf der Klassenliste. Die Telefonnummer war nicht die der königlichen Gemächer, sondern gehörte wohl der Schlosswache oder war vielleicht die Durchwahl zu Ingrid Björnberg. Von den Lehrern wurde er »Prinz« genannt, was zu einem allgemein akzeptierten Rufnamen mutierte.

Am ersten richtigen Schultag standen, natürlich unter Anwesenheit der Presse, die Mütter gedrängt an der hinteren Wand des Klassenzimmers, unter ihnen auch Prinzessin Sibylla. Alle Mütter wussten, dass sie ihre Kinder in einer Schule untergebracht hatten, in der Disziplin und Ordnung herrschte. Unfug wurde bestraft, nicht körperlich, aber so erniedrigend, dass es weh tat. Der Schuldige musste die Klasse verlassen und wurde von Fräulein Broms ins Badezimmer gebracht, wo er bleiben musste. Auf der anderen Seite konnten die Schüler mit dem Schönsten, was es in der Schule gab, der Schulnadel für Fleiß und gute Kameradschaft belohnt werden. Die wurde von Fräulein Broms am Sakko angesteckt. Eine andere Belohnung bestand darin, dass man in den Süßwarenladen von Augusta Jansson auf der Linnégatan gehen und die klassischen Kokoskugeln für die ganze Klasse kaufen durfte. Und der Kronprinz durfte sich immer zuerst eine Kokoskugel aussuchen.

Diese sogenannte vorbereitende Schule bot die gängigen Fächer an: Schwedisch mit Anna Broms als Klassenlehrerin, Mathematik, Geschichte, Religion, Geografie, Englisch, Holzarbeit (nur für Jungs), Zeichnen und Sport unter der Leitung von Helmer Winnberg, der 1916 im Ersten Weltkrieg geboren wurde. Der 30 Jahre ältere Winnberg wurde einer der besten Freunde des Kronprinzen, was Aufschluss darüber gibt, wie sich der vaterlose Carl Gustaf ältere männliche Vorbilder suchte. Winnberg war am Wochenende oft gemeinsam mit der Königsfamilie in der Sommerhütte auf Blidö und half, das Grundstück zu säubern, Waldhütten zu bauen und Wettkämpfe und andere Spiele für den Kronprinzen und seine Kameraden zu organisieren. Das wäre im Normalfall die Aufgabe eines Vaters gewesen.

Fräulein Broms unterrichtete auch Rechtschreibung, tägliche Diktate gehörten zum Unterricht, was zur Folge hatte, dass die Schüler alle eine ähnliche Handschrift entwickelten, da sie die Schrift der Lehrerin kopierten.

Die Klassenkameraden des Kronprinzen kamen aus der Mittel- und Oberschicht und sollten im späteren Leben Unternehmer, Banker, Ärzte, Bankdirektoren, Professoren und anderes werden. »Wir sollten darauf vorbereitet werden, das Land zu lenken«, sagte Carl Hamilton, der ein Klassenkamerad des Kronprinzen war. Dazu gehörten ein korrektes Auftreten und ein bürgerlicher Höflichkeitskodex, der laut Hamilton beinhaltete, seiner Umgebung zu gefallen. Zu dieser Mischung aus Elitedenken und Humanismus gehörte jedoch nicht – wie man eigentlich annehmen könnte – die Konkurrenz unter den Schülern und der Wettkampf um das beste Auftreten. Die Schule profitierte auf jeden Fall von der Einschulung des Kronprinzen. Dass es galt, ein möglichst gutes Unterrichtsniveau für den Kronprinzen zu schaffen, kam natürlich allen zugute. In der Klasse waren weniger Schüler als in anderen Klassen, die Lehrer waren oft Studienräte und die Vorteile zahlreich. Die Schüler führten ein relativ privilegiertes Dasein. Am 16. Dezember 1956 durfte die ganze Klasse des Kronprinzen die Premiere von *Davy Crockett, King of the Wild Frontier* im Kino anschauen, was ansonsten nie in Frage gekommen wäre. Sie durften auf die Spielsachenausstellung gehen und als der Diktator Haile Selassie auf Staatsbesuch in Schweden war, wurde ein Aufsatz zum Thema Äthiopien geschrieben. Der beste Aufsatz wurde mit einem echten afrikanischen Schild belohnt. Durch die Anwesenheit des Kronprinzen an der Schule erhöhten sich die Ausgaben für Fräulein Broms, denn es waren nicht nur die exklusiven Freuden, die Geld kosteten. Die besseren Lehrer bekamen höhere Gehälter, weshalb das Schulgeld erhöht wurde.

Die Pausen verbrachten die Schüler im Park Humlegården. Vor jeder Pause stellten sie sich in einer Reihe auf dem Schulhof auf und marschierten, mit einem gelben und roten Schild versehen, auf dem »Schule« stand, los. Die Schüler der naheliegenden Carlsson Schule machten ihre Pause auch im Humlegården, weshalb es manchmal zu kleineren Auseinandersetzungen kam. Sie waren also wie alle anderen. Man »hielt zusammen« und baute Katapulte, die dann im Klassenzimmer zum Einsatz kamen. Einer der Mitschüler, Sohn einer bekannten Persönlichkeit des kulturellen Lebens, prahlte mit seinem Stilett und seinem Schlagring, was den anderen imponierte. Andere liefen mit Totenkopfringen herum. Es gab Tendenzen in Richtung Mobbing, von Seiten der Schule wurde nach der Aussage früherer Schüler aber nichts dagegen unternommen. Der Kronprinz war trotz seiner Lese- und Schreibschwäche nicht die Zielscheibe der anderen und gehörte eher zu den harten Kerlen als zu den Schwachen. Er war ein physisch und psychisch starker kleiner Junge, der gut in der neuen Umgebung zurechtkam. Seine Popularität steigerte sich, als er seine Kameraden auf Schloss Haga einlud. Der Hof organisierte die Abholung in einem alten Kombi mit Seitenteilen aus Holz. Im Park wurde dann Fußball gespielt, im Winter Schlittschuh gelaufen. Es gab heiße Schokolade und Butterbrote mit dicken Wurstscheiben. Prinzessin Sibylla wurde als »faire Tante« empfunden, die sich den Kleinen gegenüber ganz toll verhielt, sich offenherzig um sie kümmerte und auf ihre Art einzigartig war; so erinnerten sich einige der Kinder an sie.

Die Geschichts- und Schwedischstunden beinhalteten Dramen und lautes Lesen aus klassischen Werken. Jedes Jahr am

6. November hielt ein Schüler einen Vortrag über den ehrenhaften Tod des Heldenkönigs Gustaf II. Adolf in der Schlacht bei Lützen. Der Kronprinz trat bei den Theatervorstellungen zu den Schulabschlüssen als Birger Jarl und auch als Karl XII. auf. Zu Beginn eines jeden Schultags musste einer aus der Klasse das Morgengebet sprechen und Fräulein Broms sang gerne Psalmen und spielte Klavier. Als der Lehrer Henrik Ehrenkrona detailliert über die Schlacht bei Narva erzählte, war es in der Klasse mucksmäuschenstill.

Holzarbeit und Sport schienen den Kronprinzen am meisten zu interessieren. Er war ein guter Turner am Kasten und tat sich beim Auftritt der Klasse bei der sogenannten Ling-Woche in der Eriksdalschule hervor. Im Handarbeitsunterricht stellten die Schüler Schalen, Lampenfüße, kleine Tische, Boote und Flugzeuge her.

Die erste Schulzeit des Kronprinzen kann als ziemlich harmonisch beschrieben werden. Laut seiner Klassenkameradin Cecilia Ruben war er ein »frecher und cooler« Junge, sportlich und »ein kleiner Gauner«, ein glänzender Sportler und besser gekleidet als die anderen. Carl Hamilton sagt heute, dass der Kronprinz wohl keine leichte Position hatte, dass ihm alle Aufmerksamkeit zukam und dass er auf eine unnatürliche Art im Mittelpunkt stand. Und das nicht kraft seiner Persönlichkeit und definitiv nicht kraft seiner schulischen Leistung. Laut Hamilton hatte er »sicher viele Bedürfnisse, die nicht befriedigt wurden«. Eines dieser Bedürfnisse war sicher die Hilfe bei der Bekämpfung seiner Legasthenie. Die Lehrerschaft in Broms war dazu weder in der Lage noch wollte sie das Problem angehen. Einer der Verantwortlichen für die Ausbildung des Kronprinzen war der damalige Generaldirektor der obersten Schulbehörde, Nils Gustav Rosén. Er ließ eine Expertin auf dem Gebiet, die Schulrätin Alice Lindström die Angaben über die Legasthenie des Kronprinzen überprüfen, die sie später auch bestätigte. Rosén forderte, dass die Schule die notwendigen Maßnahmen ergreifen solle und als dies nicht geschah, drohte er damit, als Verantwortlicher für die Ausbildung des Kronprinzen zurück zu treten. Nur Prinz Bertil konnte ihn dazu bewegen, sein Amt nicht aufzugeben.

Im Herbst 1957 zog die Broms Schule in die Tysta Gatan weiter oben in Östermalm um. Das ehemalige Wohnhaus war 1919 erbaut worden und war imponierend. Der Eingang wirkte wie der eines Schlosses. Im Vergleich mit den alten Räumen war die Schule besser ausgestattet und die Pausen wurden jetzt im Gustaf Adolfs Park verbracht.

Der Umzug bestand aber nicht nur aus einer geografischen Veränderung. Plötzlich – eine offizielle Erklärung wurde den Kindern nicht gegeben – wurden die Mädchen und Jungen getrennt unterrichtet. »Bitte geht hierhinein« sagte Fräulein Broms zu den Mädchen und zeigte auf das Klassenzimmer der Klasse 5B. Die Jungen landeten in der 5A. Die Trennung war jetzt ein Faktum. Laut Carl Hamilton war das die einzige Klasse der Broms Schule, in der die Jungen und Mädchen zukünftig getrennt unterrichtet wurden. Es gab jedoch eine mögliche Erklärung – der Kronprinz sollte auf Begehren des Hofes ab jetzt keine Möglichkeit zu »Ablenkungen« in Form von Mädchen haben. In Anbetracht der Tatsache, dass es sich um einen kaum geschlechtsreifen elfjährigen Jungen handelte, war das eine eher unnötige Vorsichtsmaßnahme. Laut Cecilia Ruben hielt die Gruppe um den Kronprinzen eng zusammen und hatte kein Interesse an den Mädchen. In der Broms Schule fand der Kronprinz Freunde fürs Leben – Carli Kleman und Carl Johan Smith. Smith sollte eine wichtige Rolle im Kreis des werdenden Regenten spielen.

Die langjährige treue Dienerin der Königsfamilie, Ingrid »Nenne« Björnberg brachte den Kronprinzen jeden Tag zur Schule und holte ihn dort wieder ab. In ihren Memoiren schilderte sie, wie das ablaufen konnte. Carl Gustaf, der immer betonte, dass er ein »Kerl« sei und alles selber regeln könne, schämte sich lustiger Weise überhaupt nicht, von seinem Kindermädchen abgeholt zu werden. Der Hin- und Rückweg war gepflastert mit spannenden Erlebnissen – eine Wurst im Brötchen beim Wurstmann auf dem Norrmalmstorg, all die Straßenarbeiten, die vor sich gingen, seit die Stadt modernisiert und das U-Bahnnetz ausgebaut wurde. Carl Gustaf war fasziniert von Baggern, Lastwagen, Löchern in der Erde, Männern mit Spaten, Hacken und Bohrmaschinen – einfach vom alltäglichen Leben in einer Hauptstadt, die sich stark veränderte. Der Heimweg dauerte entsprechend lange.

Oft wurde er als der kleine Prinz erkannt, es kam aber auch vor, dass die Straßenarbeiter nicht wussten, wer er war und ihm dann zuriefen »Halt den Mund, blöder Kerl«, wenn er allzu neugierig war. Er hatte sich bestimmt an das Bekanntsein gewöhnt, fühlte sich aber am wohlsten, wenn er in der Menge untertauchen konnte und behandelt wurde wie jeder andere Junge auch. Da er der Thronerbe des Landes war, mussten eventuell auf ihn lauernde Gefahren auf jeden Fall vermieden werden. Seine Umgebung war ständig aufmerksam. Er konnte die Aufregung nicht verstehen, die entstand, wenn er sich nur am Kopf gestoßen hatte. »Das ist so eine Pusselei um mich, das ist doch blöd« soll er bei Gelegenheit gesagt haben. Alles was er tat wurde beobachtet und er verabscheute es, wenn er merkte, dass ihm die Leute schmeichelten. Auf der anderen Seite schätzte er jede Freundlichkeit und legte laut Björnberg eine rührende Dankbarkeit an den Tag, wenn sich jemand seiner annahm und Zeit mit ihm verbrachte.

»Manchmal war er wohl auch ein bisschen eifersüchtig auf seine Klassenkameraden – warum sollte nicht auch er sich ein paar Öre verdienen, indem er einen Botengang zum Milchladen machte oder zum Tabakhändler sprang, um eine Zeitung zu kaufen? Ich erklärte ihm, dass man seine Tüchtigkeit und Hilfsbereitschaft auch auf andere Weise zeigen könne – zum Beispiel, indem man zu allen freundlich ist und keine schlechte Laune bekommt, wenn man in einem Spiel unterbrochen wird. Aber ich glaube, dass er eine andere Antwort erwartet hat.«

Der Großvater, König Gustaf VI. Adolf, sollte den Thron eigentlich an seinen Sohn übergeben. Jetzt aber war es ein kleiner Grundschulknirps, sein Enkel, der der nächste Monarch des Landes werden würde. Die Ansprüche und Erwartungen, die ansonsten an Gustaf Adolf, den Vater des Kronprinzen, der 1947 bei einem Flugzeugunglück umgekommen war, gestellt worden wären, gingen nun auf einen kleinen Jungen über. Als er ein paar Wochen mit seinem Großvater auf Sofiero verbrachte, strengte er sich so an, um sich ordentlich aufzuführen, dass er mit starken Kopfschmerzen nach Stockholm zurückkehrte. Laut Björnberg hatte der Kronprinz öfter Kopfschmerzen, wenn er ins Kino oder in den Zirkus ging, sich also sehr stark auf etwas konzentrierte.

»In einem solchen Fall war er in einer anderen Welt und wenn man ihn dann nicht sachte und vorsichtig in die Wirklichkeit zurückholte, ging alles daneben und er konnte den Rest des Tages am Fenster stehen und düster hinausschauen, bis er die Balance zwischen sich und seiner Umwelt wieder gefunden hatte.«

Björnberg fand, dass der Kronprinz während der kommenden Jahre, Ende der 1950er und Anfang der 1960er, erfolgreich seine Schüchternheit überwand. Er war in der Lage, die kleinen offiziellen Aufträge zu erledigen – zum Beispiel die Ausgabe von Preisen und die Einweihung von Lill-Skansen, obwohl er meistens sehr ernst und verbissen aussah, solange er sich auf seinen Auftrag konzentrierte. Der Kontrast war deshalb groß, denn bei anderen Gelegenheiten konnte er herumalbern und hin und her flitzten und sich dabei kaputt lachen. Er konnte sich stundenlang beschäftigen und klagte nie darüber, nichts zu tun zu haben. Sein Zärtlichkeitsbedürfnis war riesengroß und seit seiner Säuglingszeit markant ausgeprägt. Er zögerte nicht, sich auf Björnbergs Schoß zu setzen und mit ihr zu schmusen. Er schien laut Björnberg unendlich viel Liebe in sich zu tragen und diese auf die ihm Nahestehenden zu übertragen.

»Natürlich wollte er am liebsten alles selber machen, zumindest tagsüber. Aber wenn die Nacht kam, war es sehr wichtig für ihn, dass ihn jemand zudeckte und umarmte. »Oh, Nenne« brach es bei einer solchen Gelegenheit einmal in einer regelrechten zärtlichen Explosion aus ihm heraus. Und dann fügte er mit einem Seufzer, der aus tiefstem Herzen zu kommen schien, hinzu: »Nenne ist die liebste Frau, die ich kenne!«

5 | SIGTUNA

Es ist sicher gut für den Jungen, für eine Zeit von all den Frauenzimmern hier zuhause wegzukommen. Ansonsten trägt er über kurz oder lang auch einen Rock.«

Das war sicher als Scherz gemeint, aber Ingrid Björnberg zeigte deutlich die Umstände auf, unter denen der zukünftige Monarch seine ganze Kindheit verbracht hatte. Carl Gustaf war auf Haga oder im Stockholmer Schloss ständig von Frauen und Mädchen – seiner Mutter, seiner Kinderfrau, seiner Gouvernante, seiner Großmutter und seinen vier Schwestern umgeben. Margaretha, Désirée, Birgitta und Christina hatten ihren Bruder wie eine Puppe umsorgt. »Für meine Schwestern und mich war der kleine Bruder Carl Gustaf Folke Hubertus ein fantastisches lebendes Spielzeug, weit besser und kostbarer, als alle Teddys und Puppen auf der ganzen Welt. Und er war wirklich ein wunderbares Baby, das wie alle anderen Babys neue Windeln brauchte und aus unergründlichen Anlässen quengelte oder lachte«, schrieb Prinzessin Birgitta in ihren Memoiren. Endlich entkam er der übermächtigen Frauenwelt im Schloss, der ständigen Anwesenheit seiner Schwestern und Gouvernanten. Nun musste er nicht mehr über Puppen und anderes, in der Welt der Schwestern wichtiges reden, sondern konnte mit Gleichgesinnten Gespräche über Technik und die Vor- und Nachteile verschiedener Automarken führen.

Es war nicht die Idee von Prinzessin Sibylla gewesen, ihren Sohn in der Sigtunastiftelsen Humanistiska Läroverk, SHL, also der Humanistischen Lehranstalt Sigtunastiftung, anzumelden, die ein paar Kilometer nördlich von Stockholm liegt. In den historischen Schilderungen scheint man sich einig darüber zu sein, dass es Gustaf VI. Adolf oder Prinz Bertil oder beide gemeinsam waren, die zusammen mit dem inneren Rat, der für die fortgesetzte Ausbildung des Kronprinzen zuständig war – also dem Landeshauptmann Allan Nordenstam, den Professoren Håkan Nial und Torgny Segerstedt, Admiral Stig Hansson Ericson sowie Generalleutnant Malcolm Murray – diesen Beschluss gefasst hatten. Sibylla soll dagegen gewesen sein, wollte ihren Sohn in der Nähe haben. Auch die Schwestern befürchteten, dass es ohne den Bruder sehr ruhig auf dem Schloss werden würde. Aber die Mutter hatte der männlich dominierten Entscheidung nichts entgegen zu setzen. Es war an der Zeit, dass Carl Gustaf Sport trieb und sich selbständig entwickelte und nicht zuletzt auf seine zukünftigen Aufgaben als Monarch vorbereitete. Es gab eventuell noch einen anderen Umstand, der zu dieser Entscheidung führte: Seit der Entstehung der Schule bis 1962 saß Birger Ekeberg als Vorsitzender in der Leitung. Er war von 1946 bis 1959 Reichsmarschall, also der höchste Beamte im königlichen Hofstaat gewesen und hatte eine ganze Reihe feiner Titel hinter sich – Justizminister, Richter am Obersten Gerichtshof, Präsident des Oberlandesgerichts Svea, Mitglied der Schwedischen Akademie und der Königlichen Wissenschaftsakademie.

Das Internat liegt wunderbar ins Grüne eingebettet und lässt den Blick über den Sigtunafjärden schweifen, wo er sich zur Bucht Håtunaviken im See Mälaren erstreckt. Die Schule umfasste zur Schulzeit des Kronprinzen die Klassen 1–4 der 5-jähren Schule und das 4-jährige Gymnasium. Sie bestand aus einem Gebäude des Gymnasiums, zehn Wohnhäusern für die Schüler (sechs für die

Jungen und vier für die Mädchen) sowie drei Wohnhäusern für die Lehrer und basierte auf christlich humanistischen Werten. Es war also keine unbedeutende kleine Einrichtung. Bei der Einweihung 1927 war eine imponierende Mischung aus christlichen Würdenträgern und hohen Vertretern der Gesellschaft zugegen, darunter der weltberühmte Theologe, der Erzbischof und Träger des Friedensnobelpreises Nathan Söderblom.

Die Gründer der SHL, Manfred Björkquist, Arvid Bruno und Oscar Ekman empfanden ihr Lebenswerk als »Berufung Gottes«. Außer auf den Ansatz, die Kinder ganz allgemein zu tugendhaften Mitbürgern zu erziehen, wurde das Studium der humanistischen Werte als besonders wichtig angesehen. In einer humanistischen Lehranstalt waren die Fächer, die sich direkt auf die geistige Seite des menschlichen Wesens bezogen, die die »Schüler ständig in Verbindung mit dem menschlichen Charakter, menschlichen Gedanken, Gefühlen und Lebensleistung bringen«, am wichtigsten. Die Schüler sollten wie in jeder anderen schwedischen Schule auch »das Evangelium und den christlichen Glauben in seinem historischen Kontext auf eine Weise, die sich zur Förderung ihrer religiösen und moralischen Entwicklung eignen kann«, in Empfang nehmen, wie es Arvid Bruno in seiner Einweihungsrede ausdrückte. Er brachte es auf den Punkt, indem er sagte, dass die SHL nicht im Besonderen geistlich geprägt sein solle, weil »nichts gefährlicher für eine Schule ist, als den Anspruch auf eine besondere Christlichkeit zu erheben: Das Etikett wird leicht falsch und es gibt viele irrigen Gedanken darüber, was es heißt, religiös zu sein. Die Schule aber sollte christlich sein.« Und sie sollte den Schülern eine demokratische und ethische Erziehung angedeihen lassen.

Die SHL unterschied sich dahingehend von gewöhnlichen Schulen, als dass sie Schule, Heim und »eine Feste fürs Leben« für die Schüler sein sollte. Und im Unterschied zu anderen Internaten strebte die SHL an, Schüler aus allen sozialen Schichten aufzunehmen. Es sollten nicht nur Kinder reicher Leute, sondern auch »Lernbegabte aus mittellosen Familien in Orten, an denen eine höhere Schule fehlte« aufgenommen werden, so schrieb die SHL an den König und die Schulbehörde. Es war sogar so, dass die Schule gezwungen war, das Schulgeld zu senken, um die breitgefächerte Schülerstruktur »ohne eine allzu starke Verschiebung zum Vorteil der finanziell besser Gestellten« beibehalten zu können. Die Frage, ob die Schule eine Schule für Kinder reicher Eltern war oder ihre Vorsätze wirklich lebte, verursachte, als die Schule um staatliche Zuschüsse bat, eine Debatte im Reichstag. »Die Stiftung ist eine typische Oberklasse-Schule«, so sah es der Sozialdemokrat Olof Olson, Kultusminister in drei verschiedenen Regierungen. Der legendäre Finanzminister Ernst Wigforss hob hervor, dass die Schule eine wichtige Aufgabe erfüllte, war sich aber nicht richtig sicher, ob es »nützlich wäre, Kinder aus armen Familien in eine Umgebung zu bringen, in der sie praktisch nicht zuhause seien«. Die SHL bekam am Ende die staatlichen Zuschüsse.

Der Sport wurde ein Eckstein im Unterricht. Nach Arvid Bruno gehörte die physische Erziehung zu den humanistischen Bildungsidealen. Er wusste, wie leicht sich ein sportlicher Junge in seiner neuen Schule wohlfühlen konnte. »Ein Junge aus einfachen Verhältnissen mit großer Begabung und gefestigtem Charakter hat seine Stellung im Kreis der Kameraden sicher, auf jeden Fall, wenn er zu der frischen Sorte gehört, die sich auf dem Sportplatz oder in der Bandymannschaft hervortun.« In der näheren Umgebung gab es die Möglichkeit, Orientierungsläufe zu machen und Ski zu fahren, auf dem Eis des Mälaren konnten Schlittschuhbahnen angelegt werden, der städtische Sportplatz in Sigtuna konnte genutzt werden und die Schule verfügte über eine neugebaute Gymnastikhalle.

Für den Kronprinz war es eine Erleichterung, dass sein alter Klassenkamerad von der Broms Schule, Carl Johan Smith auch auf die SHL wechselte. Im Frühjahr hatte König Gustaf VI. Adolf das Schülerwohnhaus Aludden besucht, in dem sein Enkel untergebracht werden würde. Die zukünftige Hausmutter des Kronprinzen, Margaretha Svinhufvud bestellte für das festliche Ereignis 50 der Lieblingskuchen des Königs. Und Anfang Mai, Carl Gustaf war gerade 13 Jahre alt geworden, fuhr der Kronprinz mit seiner Mutter Sibylla auf den Vorschlag von Prinz Bertil nach Sigtuna, damit sich der Kronprinz seine neue Schule anschauen konnte. Als er am Abend wieder in Stockholm war, konnte er schlecht einschlafen und sagte zu Ingrid Björnberg: »Ich muss an so viel denken, verstehst Du Nenne.« Björnberg nahm an, dass der Kronprinz so etwas wie eine Erwartungshaltung hatte. »Jetzt«, schrieb sie in ihren Memoiren, »sollte er endlich seine Freiheit ausprobieren können, nun konnte er endlich für sich selbst verantwortlich sein.«

Der Appell fand am 31. August in der Gymnastikhalle statt und der Kronprinz bekam ein einfaches Zimmer im Erdgeschoss des schön gelegenen Wohnhauses Aludden, das er mit dem Klassenkamerad von der Broms Schule, Carl Johan Smith, teilte. Die Wohnhäuser mit ihren Hausmüttern und -vätern waren eine schöne Sache. Die Aufgabe der einzelnen Lehrer war persönlichkeitsentwickelnd und beinhaltete nützliche pädagogische Erfahrungen, da sie ständig in Kontakt mit den Schülern waren, auch außerhalb des Unterrichts. Die Schüler wurden quasi rund um die Uhr betreut und hatten mit den Erwachsenen einen stimulierenden Umgang im Unterricht und in der Freizeit. In anderen Internaten hießen sie »Heimvorsteher«, aber in der SHL wollte der Rektor unterstreichen, dass die Schule ein »gutes Heim für die Schüler mit einem

Vater, einer Mutter und vielen Geschwistern« war. Die Hausmutter wurde besonders von den jüngsten Schülern als »stellvertretende Mutter« betrachtet.

Die Wohnhäuser hatten geräumige, aber nicht zu große Speiseräume und Wohnzimmer, die genau wie die einzelnen Zimmer für einen und zwei Schüler geschmackvoll und gemütlich eingerichtet waren. Der Geschmack und die Gemütlichkeit sind diskutabel, sie standen in scharfem Kontrast zu dem, was der Kronprinz gewöhnt war. Hier hatte er einen Schreibtisch mit einer Schublade, einen Stuhl, ein Bett aus den 1940er-Jahren ohne jeglichen Komfort, einen Schrank, der in der Mitte geteilt war und in dem er alle seine Kleider aufbewahrte, sowie einen Sekretär, in dem jeder Schüler zwei Schubladen hatte.

Im Erdgeschoss befanden sich Wasch- und Fußbecken, an denen sich die Schüler morgens die Zähne putzen und abends die Füße waschen sollten. Es gab ein Badezimmer mit Badewanne, die sich 19 Jungen, die Hausmutter und der Hausvater teilten. Baden musste man einmal in der Woche, die Duschen in der Gymnastikhalle funktionierten nicht immer. Vor dem Badezimmer befand sich ein Putzraum, in dem sich die Jungs die Schuhe ausziehen und Pantoffeln anziehen sollten, um anschließend die Schuhe oder Stiefel zu putzen.

Der Rektor Arvid Bruno wollte keine »Internatsdisziplin« wie sie auf anderen Schulen üblich war. Im Gegenteil, in der SHL sollten »die Schüler zur Selbstdisziplin erzogen werden, um den geschriebenen und ungeschriebenen ethischen Grundsätzen zu folgen, da diese die Grundlage jeder Gesellschaft sind. Desgleichen will die Lehranstalt den Schülern das Gefühl von Zusammengehörigkeit und gemeinschaftlicher Verantwortung verinnerlichen«, so hatte er es in seiner Einweihungsrede 1927 gesagt. Und in einer Gedenkschrift aus dem Jahr 1942 schrieb er: »Die harte Disziplin erschafft, solange der Zwang anhält, eine äußere Unterwerfung, weckt aber den Trotz und ist für denjenigen, der die Macht hat, kein Garant für einen Gehorsam außer Reichweite.« Das war mit anderen Worten ein Ort, an dem sich der werdende König mit seiner Lese- und Schreibschwäche einigermaßen sicher fühlen konnte.

Mit dem Zugang des Kronprinzen lastete auf der Schulleitung ein großer Druck, was sich unter anderem darin zeigte, dass die Lehrer der SHL konkurrenzlos gut waren. Die geografische Lage der Schule mit ihrer Nähe zu Stockholm und dem Flughafen Arlanda, der 1960 eröffnet wurde, waren verlockend. Auch die Schüler wussten, dass sie von den besten Lehrern des Landes unterrichtet wurden und waren stolz darauf. Die Schule stellte mehrere Oberstudienräte an und einige hatten Bücher herausgegeben, was als Qualitätsgarantie angesehen wurde. »Alle fanden, dass es toll war, sich in einer solch exponierten und privilegierten Situation zu befinden. Wir verstanden, dass das unsere Aufmerksamkeit erforderlich machte, das gab uns eine Sonderstellung«, sagte Anders Gufman, einer der Klassenkameraden des Kronprinzen.

Deshalb ist es auch verwunderlich, dass die Schule so locker damit umging, dass der werdende Staatschef des Landes hier die Schulbank drückte. Sie hatte nicht nur die Verantwortung für seine Ausbildung, sondern auch für sein Wohlbefinden. Aber in den Protokollen wird er nur sporadisch erwähnt, unter anderem sein Übertritt in das vierjährige Realgymnasium und das Datum seines Abiturs. Es schien keinen offiziellen »Prinzenalarm« in Bezug auf eine besondere Anrede und Umgangsformen sowie seine Sicherheit gegeben zu haben. Die einzige Bewachung, die es um Aludden, das durch die Landstraße und eine schöne Allee, die von dem Haus bis fast an den Mälarsee führte, getrennt von den übrigen Schulgebäuden lag, war der alte Wachtmeister Artur Svedman, der dann und wann mit einer Taschenlampe eine Runde im Dunkeln drehte. Die Erklärung ist einfach und sicher typisch für das damalige Schweden. Es war klargestellt worden, dass der Kronprinz von den anderen Schülern als Ihresgleichen behandelt werden sollte. Es sollte keine besondere Rücksicht auf was auch immer genommen werden. Diese Aufgabe beinhaltete jedoch ein Problem. Carl Gustaf Folke Hubertus Bernadotte war nun wirklich nicht irgendjemand und nun sollte man sieben Jahre lang so tun, als ob er das wäre. Sein Hausvater im ersten Jahr, der Biologie- und Geografielehrer Torbjörn Pedersén versuchte, dem Kronprinz ein so normal wie möglich gestaltetes Jungendasein zu ermöglichen. »Das hat er vorher wohl kaum gehabt. Hier hatte er die Chance, sich unter den anderen Jungen zurecht zu finden«, sagte Pedersén.

Der Zimmerkamerad Carl Banér wurde ihm neben Carl Johan Smith eine große Stütze. Sie hatten gemeinsame Interessen und streunten zusammen durch den Wald und suchten vorgeschichtliche Stätten, die angeblich in der Nähe von Billby, vier Kilometer von Sigtuna zu finden waren. Es war wohl Glück, dass er nicht ganz auf sich alleine gestellt war. Die erste Zeit nach dem Verlassen der geschützten Umgebung im Schloss Haga und Stockholm empfand er als unerhört anstrengend. Bald aber würde er entdecken, dass die Freiheit viel größer war als zuhause.

Der Kronprinz wurde bei seiner Ankunft in Sigtuna natürlich von einer großen Schar Pressefotografen begleitet. Die Schuluniform trug er an diesem Tag nicht, denn sie wurde in diesem Internat nur zu festlichen Anlässen getragen. In der SHL war nur gepflegte Kleidung vorgeschrieben, die Mädchen durften allerdings bis zum ersten Schnee keine langen Hosen tragen. Die Lehrer wurden mit fantasievollen Kosenamen bedacht, wie beispielsweise »Der Bart« (Pedersén), »Motor-Jesus« (der Klassenlehrer des Kronprinzen, der ordinierte Physiklehrer Olof Storm), »Schmatz« (der neue Rektor Arne Munthe, der beim Reden immer schmatzte), »Die Fackel« (Folke Åkerblom, Schwedisch und Geschichte, der immer rot wurde, wenn er böse wurde).

Die Schüler wurden in »Interne«, die im Internat wohnten und »Externe«, die zuhause schliefen, aufgeteilt. Es gab »Stipendiaten« oder »Freilebende«, das waren diejenigen, deren Eltern nicht genug Geld hatten, das Schulgeld ganz oder überhaupt zu bezahlen oder die aus Orten kamen, an denen es eine solche Schule überhaupt nicht gab. Es gab noch eine vierte Kategorie, zu der Schüler der ersten oder zweiten Kategorie gehörten, deren Eltern aber als »Auslandsschweden« bezeichnet wurden. Der Vater arbeitete oft in einer schwedischen Firma im Ausland oder war in einer Botschaft angestellt. In der Schülerliste fanden sich die exotischsten Herkunftsorte, wie Karachi in Pakistan, Pointe Noire im damaligen Kongo, Anchorage in Alaska, Bombay in Indien, Caracas in Venezuela, Mexiko City, Bangkok im damaligen Siam, Beirut im Libanon und Bogotá in Kolumbien. Aus Schweden selbst kamen die Schüler beispielsweise aus Hjo in der Provinz Skaraborg, Storvik in der Provinz Gävleborg und Arnäs in der Provinz Västernorrland.

Der Rektor Arne Munthe war seit 1948 der Nachfolger von Arvid Bruno und ein Verwandter des berühmten Arztes und Schriftstellers Axel Munthe. Arne Munthe hatte sich auf verschiedenen Gebieten einen Namen gemacht. Er war ein erfolgreicher humanistischer Forscher und gehörte einem angesehenen Beamtengeschlecht mit kulturellem Interesse an, das sich intensiv an der Kulturdebatte und den politischen Gegenwartsfragen beteiligte. Er soll sich frühzeitig von den europäischen totalitären Regimen der 1930er-Jahre distanziert haben und war am Ende des Zweiten Weltkrieges einer der Initiatoren der politischen Partei Radikala landsförening, die aus Protest gegen die Nachgiebigkeit Schwedens gegenüber Deutschlands entstanden war. Das muss in dem

Umfang, in dem Munthe sich darüber bewusst war, in schmerzhaftem Kontrast zu den ganz anders gearteten Aktivitäten eines der Hausväter gestanden haben. Der Sportlehrer und Kapitän Sven »der Kaperer« Sondén war Mitglied in der Reichsvereinigung Schweden-Deutschland gewesen. Diese wurde 1937 gegründet und hatte das Ziel, für eine »gerechte Beurteilung des neuen Deutschlands« zu wirken und dessen Aufrüstung finanziell zu unterstützen. Die zwei bekanntesten Mitglieder der Organisation waren Sven Hedin und Carl Milles.

Munthe hatte ein besonderes Interesse an dem Kronprinzen und seinen Kameraden. »Er war neben Esaias Tegnér einer der hervorragendsten Redner Schwedens. Und er nahm sich einer Klasse 12-Jähriger an und unterrichtete uns in Geschichte. Er hätte sich uns kleinen Jungs nie gewidmet, wenn nicht Carl Gustaf da gewesen wäre« sagte Anders Grufman. »Er kreierte eine fantastische Stimmung als Prinzessin Sybilla zur Einschulung und den jeweiligen Enden der Schuljahre anwesend war. Es gelang ihm in seinen Reden, die Schüler, Eltern und Lehrer gleichermaßen zu fesseln. Wir fühlten uns wie Auserwählte. Er vermittelte uns das Gefühl, für uns selbst und andere verantwortlich zu sein und dass wir an etwas Großem teilhaben, nämlich der Entwicklung der Menschheit. Wir hatten im Leben den wichtigen Auftrag, den Menschen im Menschen zu sehen und keine Unterschiede von Volk zu Volk zu machen. Munthe predigte die klassenlose Gesellschaft.« Das beinhaltete laut Grufman, dass der Kronprinz wirklich wie jeder andere behandelt wurde und dass die anderen stolz darauf waren. Er machte seine Hausaufgaben bei einem Fräulein Ericsson, durfte mit Carl Banér Vögel beobachten, durfte ohne einen Bewacher alleine mit dem Fahrrad in die Stadt fahren und sich von seinem wöchentlichen Taschengeld von 10 Kronen eine Wurst oder ein Eis kaufen. Und er durfte seine Freunde in ganz normalen schwedischen Häusern besuchen. »Er war ein bescheidener und loyaler Schüler im Haus Aludden. Er wollte so leben wie die anderen und wäre enttäuscht gewesen, wenn für ihn irgendetwas Besonderes veranstaltet worden wäre.«

Das Ganze war ein Experiment, ein sozialer Prozess, der so vorher noch nie dagewesen war. Man nimmt einen zukünftigen König und setzt ihn mitten in eine einigermaßen repräsentative Auswahl von schwedischen Schülern. Einige hatten nicht das Geld für neue Schuhe, die anderen kamen aus den besten Kreisen. Und was geschieht? Die Krone war natürlich nicht auf seinem Kopf zu sehen, aber war irgendwie doch schon da. Seine königliche Person war von einer Aura umgeben, aber hier wurde ihm die Chance gegeben, er selbst zu sein, mit anderen auf ganz natürliche Weise umzugehen und sich selbst als völlig normal zu betrachten.

Nichts deutet darauf hin, dass etwas schief ging. Er nutzte seine Herkunft nicht aus. Die Schulkameraden teilten sich dagegen in zwei Gruppen, in die, die mit ihm umgehen konnten (das war die Mehrheit) und die, die das nicht konnten. »Diejenigen, die nicht nett und menschlich mit ihm umgehen konnten und in seiner Gegenwart nicht sie selbst waren, hielten sich außen vor. Carl Gustaf suchte auffallend oft die Nähe von Schülern aus einfachen Verhältnissen. Er musste sich nie Freunde suchen, um Karriere zu machen, er wählte die aus, mit denen er reden konnte. Es gab einen gewissen Druck von den Schülern, die aus adeligen Verhältnissen kamen. Sie hielten zusammen und zu ihm, weil sie die Ambition hatten, eine gesonderte Stellung zu erreichen. Carl Gustaf wollte das nicht und hatte kein ersichtliches Interesse am Umgang mit der Gruppe« sagte Anders Grufman. »Einige bestanden darauf, das »Grafenspiel« zu spielen, kamen in der Gruppe aber nie richtig an. Diejenigen, die es auf diese Art versuchten, ging schnell unter.«

Der Kronprinz schien hier eine soziale Besonderheit ausgeprägt zu haben, die er über die Jahre nicht verloren hat, nämlich die Fähigkeit, Falschheit oder Schmeicheleien von Ehrlichkeit unterscheiden zu können. Manchmal konnte er verlegen sein und manchmal stand er bei Gesprächen außen vor, was aber auch so wirken konnte, als wäre er vorsichtig und nachdenklich. Auf diese Weise ging er, bewusst oder unbewusst, keine sozialen Risiken ein. In einem Interview im *Idun-Veckojournalen*, das 1964 zum 18. Geburtstag Carl Gustafs mit dem Rektor Arne Munthe geführt wurde, sagte er dem Reporter Stig Ahlgren, dass der Kronprinz seinem Vater in Bezug auf seine Wortkargheit ähnele, er immer auf der Hut und sich seiner Verantwortung bewusst sei.

Der Hausvater Torbjörn Pedersén hat nie Anzeichen gesehen, der Kronprinz sei gemobbt worden. »Das lag wohl an seiner Persönlichkeit. Er machte keinen Hehl aus sich selbst. Er hatte viel Humor und war sehr ambitioniert.« Die Jungen hatten nach der Schule eine bestimmte Zeit für ihre Hausaufgaben und wurden danach von Pedersén und der Hausmutter Margaretha Svinhufvud abgefragt. Einige brauchten das nicht und Pedersén kann sich nicht erinnern, dass er den Kronprinzen jemals abgefragt hätte. Er bekam pro Woche eine Stunde Unterricht, der sich auf seine Legasthenie bezog und war selbst dafür verantwortlich, dorthin zu radeln. Nicht einmal bei den Klassenarbeiten hatte der Kronprinz Schwierigkeiten, soweit Pedersén das beurteilen konnte.

Der Kronprinz zog über kurz oder lang in das Wohnhaus Herrgården ein, in dem sich adelige Namen wie von Essen, von Horn und von Sydow tummelten. Der Kronprinz, der nun »Tjabo« oder »Tjabbe« genannt wurde, setzte seine guten Leistungen im Gymnasium und im Sport fort, traf hier im Haus aber auf Kameraden, die eher aus der kulturellen Ecke als aus der Bandyecke, dem Sport, dem er so zugetan war, kamen.

Christina »Titti« Wachtmeister war wahnsinnig süß, fanden die Jungs. Es ging wie ein Lauffeuer durch das Internat, als sie dort ankam. Sie war die Tochter des schwedischen Diplomaten und späteren Botschafters in Washington Graf Wilhelm Wachtmeister und seiner Frau, der Künstlerin Ulla Wachtmeister. Titti war zwei Jahre jünger als der Kronprinz und war deshalb zwei Klassen unter ihm. Langsam aber sicher wurde sie als seine angebliche Freundin ausgemacht. Diese Ehre wurde aber auch anderen Mädchen zuteil, die sich zu dem bildschönen Kronprinzen, dem ein sicherer Mädchengeschmack nachgesagt wurde, hingezogen fühlten. Seine Freunde hatten keine Chance gegen ihn. »Wir bekamen mit, welches Mädchen er auserkoren hatte und hatten dann keine Chance mehr. Es gab viele wirklich süße Mädchen und wir waren dauernd verknallt. Aber wenn wir in Anwesenheit des Prinzen versuchten, ein Mädchen zum Schultanz einzuladen, bekamen wir einen Korb. Er war von einem Magnetfeld umgeben«, sagte Anders Grufman. Die Möglichkeiten eines intimeren Umgangs zwischen den Geschlechtern waren jedoch begrenzt. »Wir konnten nirgendwo hingehen, sondern mussten herumlaufen und Händchen halten.«

Einer der Lehrer hatte jedoch gesehen, dass auf der Storgatan in Sigtuna ein Mädchen an der Hand eines Jungen ging und das konnte so nicht toleriert werden. Vor der ganzen Klasse wurde dieses Geschehen als warnendes Beispiel besprochen. »Die Schule hatte eine strenge Moralauffassung«, sagte die Klassenkameradin Cathrine Hedborg. Die Lehrer kontrollierten das soziale Leben der Schüler. Der Hausvater im Haus Herrgården, Sven »der Bulle« Lindestad, gehörte zu denen, die am Abend umherliefen, um nach eventuellen Sündern Ausschau zu halten. Das hinderte die Jungen jedoch nicht daran, aus dem Haus zu schleichen, nachdem die Hauseltern eingeschlafen waren und an den Strand oder in das Bootshaus zu gehen.

Aber hinter der Strenge gab es einen ausgeprägten Gerechtigkeitssinn, wie es Hedborg empfand. »Sie waren interessiert und engagiert und besuchten uns in unseren Wohnhäusern. Sie kümmerten sich um uns.« Das Trinken von Alkohol führte, wenn es in einem Besäufnis endete und entdeckt wurde, zu einem Verweis von der Schule. Es gab Regeln und die mussten strikt eingehalten werden. Das heimliche Rauchen wurde nicht so streng geahndet und wurde den älteren Schülern an bestimmten Plätzen und zu bestimmten Zeiten sogar erlaubt. Nur nicht im Haus.

Der Druck der Presse war ständig zu spüren, die Klatschpresse wollte immer über den Alltag und auf jeden Fall über die verschiedenen Freundinnen des Kronprinzen schreiben. Vielleicht lag es an der Nähe zur Hauptstadt, dass des Öfteren Fotografen auf der Lauer lagen, als wenn der Kronprinz wie sein Vater und dessen Brüder in Lundsberg in den tiefen Wäldern von Värmland zur Schule gegangen wäre. Die SHL war außerdem eine offenere Lehranstalt als andere Internate und das lag daran, dass viele der Schüler Externe waren, dort also nicht schliefen. Aber so offen war sie dann doch nicht, denn viele Schüler erinnerten sich später an eine von der Außenwelt ziemlich abgeschiedene Schule. Es entwickelte sich das Gefühl »Wir hier drinnen« und »Die da draußen«. »Wir lebten ziemlich isoliert und geschützt vor der bösen Welt. Es gab viel Schlimmes da draußen und wir wurden ermahnt, uns davon fern zu halten, was die lobenswerte Botschaft etwas schwierig machte«, sagte Anders Grufman. Cathrine Hedborg spricht von Einengung. »Die Möglichkeiten, sich vorsichtig an die Welt der Erwachsenen heranzutasten, gab es ganz einfach nicht.«

In einer Beziehung entsprach die SHL dem Klischee einer Internatsschule. Der Kronprinz scheint nicht gemobbt worden zu sein, aber andere Mitschüler wurden regelrecht bedroht. Per Kollberg, der auch auf die Broms Schule gegangen war, empfand die acht Jahre in Sigtuna als wäre er interniert worden, ohne ein Verbrechen begangen zu haben. Sein Vater war Diplomat und seine Eltern verbrachten einen Großteil seiner Schulzeit im Ausland, so dass er sie nur ein paar Mal im Jahr sah. Als Neuankömmling in der Schule wurde er, genau wie der Kronprinz, im Wohnhaus Aludden untergebracht und wurde von den älteren Schülern zu Botengängen gezwungen. Kollberg wurde als dick angesehen und sprach schlecht Schwedisch, da er einen Teil seiner Kindheit in der Schweiz verbracht hatte. Die Strafe in Aludden sah so aus, dass ihm aufgelauert, dass er im Winter knallhart mit Schnee abgeseift, dass ihm Hagebutten in die Kleidung gerieben und dass er geschlagen wurde. Er musste es auch ertragen, dass ihm die Älteren ein Messer zwischen die Füße warfen. »Das waren wirklich gute Messerwerfer«. Ein normales Internatsleben wurde auf diese Weise zu einem physischen Erlebnis. Bei den Hauseltern zu petzen war undenkbar. Kollberg nahm deshalb dem Mobbing gegenüber eine äußerst pragmatische Haltung ein, er hielt es ganz einfach aus, um zu überleben. Bis zu dem Tag, an dem er, mittlerweile 15-Jährig, seinen Plagegeistern androhte, zurück zu schlagen. Er begann zu trainieren, um abzunehmen, fand Freunde und ging mit einem Mädchen der Schule.

Gleichzeitig war Kollberg dem Kronprinz eine Stütze, da er ein guter Kamerad war, mit dem der zukünftige König zurechtkam. Was ihn laut Kollberg ausmachte, war die Tatsache, dass er sich nicht abhob. »Hätten wir nicht gewusst, dass er der Kronprinz ist, dann hätten wir das nie bemerkt. Aber es gab immer eine kleine Clique um ihn herum, die ihn vor allzu aufdringlichen Menschen schützte.« Dieser Schutz kam dem Kronprinzen auch zugute, wenn er sich heimlich mit einem Mädchen traf. Die Freunde sagten dann, dass der Kronprinz »mit Calle unterwegs« sei.

Aber es ist auch klar, dass die sieben Jahre, die der Kronprinz auf der Schule verbrachte, nicht vergingen, ohne dass er einmal eine besondere Behandlung erhielt. Der Hausvater in Herrgården, der Deutsch- und Spanischlehrer Sven Lindestad, war von Anfang an ein ganz besonderer Mentor für Carl Gustaf. Er hatte vom Königshof den bezahlten Auftrag erhalten, die Hausaufgaben und andere schulische Angelegenheiten des Kronprinzen zu überwachen. »Als energischer Mann der Sprache und überhaupt als engagierte, einfache, natürliche und mitreißende Persönlichkeit war Lindestad genau der Richtige für die Aufgabe, die er auf eine für alle Beteiligten zufriedenstellende Art und Weise bis zum Schulende des Kronprinzen ausführte. Die beiden entwickelten sogar eine persönliche Freundschaft, die später auch auf Königin Silvia übertragen wurde. Der Auftrag lautete auch, den Kronprinzen auf Reisen zu begleiten, unter anderem zwei Jahre vor dem Abitur 1964 nach England. Es ging darum, den Kronprinzen vor der immer mehr zunehmenden Neugierde zu schützen. In diesem Fall erwies sich »der Bulle« als sehr erfinderisch.«

Die Sonderbehandlung war auch eher subtiler Natur. Der Kronprinz musste nicht auf Biegen und Brechen ein gutes Zeugnis bekommen, denn seine Zukunft war sowieso gesichert. Seine Kameraden bemerkten, wie er mit der Legasthenie kämpfte. Besonders große Schwierigkeiten bereiteten ihm die Naturwissenschaften, vor allem die Mathematik, die er laut Anders Grufman nie durchschaute. Aber da das Abiturzeugnis überhaupt keinen Einfluss auf seine Karriere haben würde, konnte sich der Kronprinz auf die Bereiche konzentrieren, die ihm mehr lagen und vielleicht seine individuelle Entwicklung förderten. Es waren die nicht zum Unterricht gehörenden Dinge: Segeln, Jagen und Sportschießen. Er gewann eine Schulmeisterschaft und vertrat die SHL bei größeren landesweiten Wettkämpfen. Er trainierte mit einem

Mausergewehr auf einem Schießstand außerhalb von Sigtuna –
200 Meter, 15 Schuss. 1965 war er dann Schülerverantwortlicher
in der Segelsektion und nahm oft mit dem Schulkamerad Douglas
von Sydow als zweitem Mann an Wettkämpfen teil. Motoren hatten es ihm angetan und er fieberte immer den Fahrstunden mit
dem Lehrer Lars Berglöf entgegen.

Die Zeitung *Expressen* besuchte 1963 die Schule und sprach
mit den Lehrern und Kameraden des Kronprinzen. Die Befragten
waren überraschend offenherzig, wenn man daran denkt, dass es
sich dabei um den zukünftigen Staatschef des Landes handelte.
Der Reporter Gösta Ollén begann mit der Feststellung, dass der
Kronprinz »ein ganz normaler Junge ist, der durch seine Geburt zu
einem lebenslangen Job gezwungen wird, obwohl niemand weiß,
ob er die Begabung und die Lust dazu hat.« Ollén schrieb auch,
dass es ziemlich gut für Carl Gustaf Bernadotte laufe, obwohl er
beim Wechsel von der Broms Schule nach Sigtuna ein Jahr verloren habe und anstatt in der dritten in der zweiten Klasse der Realschule begonnen habe. »Wegen der Legasthenie und um ihm einen
ruhigeren Start zu ermöglichen, kam er in die zweite Klasse. Die
Experten der Lehranstalt halfen ihm und den anderen Mitschü-
lern, die das gleiche Problem haben. Jetzt ist die Legasthenie weg«,
behauptete Ollén überzeugt.

Falls die Interviewten korrekt zitiert wurden, sagte der Gymnas-
tikdirektor Bo Gärtze: »Er hat mit Schwedisch einen guten Job gemacht. Schwedisch ist nun eines seiner besten Fächer«. Rektor Arne
Munthe meinte, dass »sich der Kronprinz bestens in der Schule und
Umgebung angepasst und sich stark entwickelt hat. Er ist bescheiden und tüchtig.« Der Schmiedelehrer weiß, dass »er äußerst sorg-
fältig ist und einen ausgeprägten Sinn fürs Detail hat«. Bergström
scheint das treffsicherste Urteil abzugeben: »Eigentlich ist es schade
um ihn. Er lebt in einer komfortablen Hölle. Ein netter Junge.«

Am Freitag, dem 22. April 1966 drängten sich die Abiturienten an die Fenster im obersten Stockwerk der Schule und hängten lustige rote kugelförmige Stoffquasten in Richtung des Schulhofs, auf dem die Familien standen und mit ihren Plakaten warteten. Das Abitur des Kronprinzen war ein Weltereignis, das einen Passierschein für den Schulhof erforderlich machte. Unter der Aufsicht des Fregattenkapitäns Bertil Erkhammar standen Journalisten aus insgesamt siebzehn Ländern auf der Pressetribüne. Der Kronprinz war am Vormittag von seinen Lehrern und Zensoren auseinander genommen worden und jetzt sollten 53 Schüler wie die Kühe auf die Weide entlassen werden.

Um 16.00 Uhr kam die Königsfamilie in ihren Autos an. Gustaf VI., der gerade in Brüssel gewesen war, trug einen schwarzen Paletot, Prinzessin Sibylla einen Nerzmantel, ein blaues Seidenkleid und einen hellblauen Blumenhut, Prinz Bertil war vorteilhaft braungebrannt und Prinzessin Christina trug ihre Studentenmütze. Zuletzt kam Prinzessin Désirée mit ihrem Mann, Freiherr Niclas Silfverschiöld. Schneidige Polizisten sorgten dafür, dass sie sich ohne Probleme auf dem Schulhof bewegen konnten. Der König sah seinen Enkel da oben am Fenster des Zeichensaals und lächelte.

»Freitag, der 22. April 1966 wird als ein echter Gedenktag in die Annalen der ehrenvollen Geschichte der Sigtunastiftelsen eingehen. Auf ein Neues ist eine vierte Klasse soweit, ihr Reifezeugnis abzulegen und in dieser Schar befindet sich auch der Kronprinz Schwedens, Carl Gustaf. Sigtuna zeigte sich von seiner besten Seite: die Sonne schien, die Flaggen wurden gehisst und die Manfred Björkquist Allee und die Stora gatan waren wunderlicherweise vom Müll befreit. Neugierige Touristen und Fotografen platzierten sich schon am Vormittag strategisch günstig«, schrieb die Schulzeitung *Suum Ciuque* und setzte fort: »Schlag vier wendeten sich alle Blicke und Kameras von den glücklichen Gesichtern der Abiturienten ab und zwei schwarzen Limousinen zu, die vor der Eingangstreppe standen. Es war Seine Majestät der König mit seiner Familie. Das größte Schild auf dem Schulhof, auf dem als kleiner Schulscherz ein Bild von »Tjabbe« zu sehen war, wies den königlichen Gästen den Weg zu ihren Plätzen.«

Johlend warfen die Abiturienten ihre alten Mützen in die Luft und setzten die Studentenmützen, die gut zu den weinroten Sakkos und Strickjacken passten, auf und liefen hintereinander durch den Säulengang und dann die Midgårdstreppe hinunter zu ihren Angehörigen, die Ballons und Plakate hielten. Das Plakat der Königsfamilie zeigte den Kronprinzen, wie er als Kind ein Motorboot steuert. Der Reporter von *Dagens Nyheter* unterschrieb mit dem Namen Butter, weil ein seriöser Reporter zur damaligen Zeit bei einem solchen albernen Auftrag ungerne unter seinem eigenen Namen schrieb. Er schrieb: »Nach dem ganzen Hochleben lassen war die Mutter Prinzessin Sibylla die erste, der es gelang, zum Kronprinzen vorzudringen. Sie umarmte und küsste ihn und lächelte genauso wie es all die anderen glücklichen Mütter in so einem Moment tun. Der König tätschelte den Jungen ein wenig ungeschickt – unter Männern küsst man sich selbst an einem solchen Tag ungern«.

Am Abend versammelten sich das Personal, die Studenten und Angehörigen zum großen Abschlussessen. Die Gymnastikhalle war dafür mit langen Tischen ausstaffiert und mit Kerzen, Blumen und Birken geschmückt worden. Das Dekorationskommitee mit Fräulein Margaretha Svinhufvud an der Spitze hatte laut *Suum Ciuque* sein Bestes gegeben und der Saal erstrahlte so, dass er seinen hohen Gästen alle Ehre machte. Um 18 Uhr stand das Rektorat auf der Treppe hinter dem roten Teppich und begrüßte die Königsfamilie. »Das war eine erneute Sternstunde für die Pressefotografen, die auch über den Einzug der Studenten anhielt. Überall klickte und blitzte es. Begehrte Motive waren natürlich der König und seine gutaussehende Tischdame, die Gastgeberin Fräulein Kjederquist. Der Rektor Hillman wurde am Tisch von den Prinzessinnen Sibylla und Christina eingerahmt, ein schöner Anblick. Aber am meisten waren die Studenten mit dem Kronprinzen an der Spitze dem Fotodauerfeuer ausgesetzt«, schrieb die Zeitung und fügte hinzu, dass das Essen traditionsgemäß aus einer Champignonsuppe, Lachs und Eistorte bestand.

Direktor Munthe hielt seine Rede an die Studenten und hörte sich die Antwortrede von einem der besten Freunde des Kronprinzen, Fredrik »Frippe« Palmstierna an. Dessen Bruder, der spätere Bankdirektor Jakob Palmstierna, war auch auf dieser Schule gewesen. Zuletzt sprach der König, dankte der Schule und wünschte den Studenten eine leuchtende und hoffnungsvolle Zukunft.

»Der Ernst und die Spannung wurden nun von Verspieltheit und ungezügelter Freude abgelöst, zumindest nach dem ersten Tanz, dem traditionellen Wiener Walzer, der für manche Kavaliere etwas wie »Zuerst die Pflicht« bedeutete. Dann tanzten ›Tjabbe‹ und Ebba Curman von Pressefotografen umringt ein Solo, dann wurden ›sieben hübsche Mädchen und sieben schöne Jungen wanderten in einem grünen Wäldchen oder schlichen sich ins Gebüsch‹ und all die anderen Volksspiele gespielt, bis schließlich die Polonaise den offiziellen Teil der Feier des ereignisreichen und denkwürden Abiturjahrgangs 1966 beendete.«

Der schriftliche Jahresrapport der Schule SHL für 1965–1966 beinhaltete unter anderem eine Aufstellung der Büchersammlung, des Unterrichtsmaterials, der Geschenke und der Spenden. Es wurde als wichtig erachtet, dass die Nachwelt erfährt, dass zwei Tonbänder (über den Laser und die Mondlandung), vier Gasflaschen mit Brennern und acht elektrische Aggregate für den Physik- und Chemieunterricht und weitere Dinge für die audiovisuelle Abteilung angeschafft wurden. Kein Wort darüber, dass die Schule nach sieben Jahren den zukünftigen Monarchen des Landes ausgespuckt hatte.

Die Abendzeitungen kamen in den Besitz des Zeugnisses des Kronprinzen und es zeigte sich, dass er das Abitur mit knapper Not bestanden hatte. Das Ungenügend in Mathe wurde von einem AB, sieben Ba, drei B und einem B? in den anderen Fächern gerettet. Die fünf Zensoren wagten es nicht, den zukünftigen König durchfallen zu lassen, aber sein Mathematiklehrer Professor Gustav Hössjer konnte seine schriftliche Antwort auf die schwierigen Rechenaufgaben nicht durchgehen lassen. »Ich schaute mir die Arbeit des Prinzen an und da war nichts zu machen. Es musste ein Ungenügend sein. Aber die Rechnungen waren nicht besonders schwierig und deshalb war es schade, dass er es nicht schaffte. Ich weiß, dass er hart um die Mathematik gekämpft hat«, sagte Hössjer laut der Zeitung *Aftonbladet*, die auch bei Professor Carl H. Lindroth angerufen hatte, der zwei Jahre zuvor als Zensor in Sigtuna geprüft hatte. »Ich kenne die Motivation hinter dem Zeugnis nicht. Aber ich glaube nicht, dass unsere Zensorgruppe den Kronprinz hätte durchkommen lassen sollen.«

6 | DIE WELTUMSEGELUNG

Die alte Marinestadt Karlskrona lag in dichtem Nebel, als das Boot HMS *Älvsnabben* um halb Elf am Morgen des 10. November 1966 die Anker lichtete. Auf dem Kai befehligte der Chef der Kriegsbasis Süd, Kommandeur Hans Gottfridsson, ein kräftiges »Achtung!« und das Musikkorps spielte den *Parademarsch der königlichen Flotte* und selbstverständlich auch das *Königslied*. Der Ehrenzug schulterte die Gewehre, während das Minenboot durch die Hafeneinfahrt auslief.

Es war ein groß angelegtes Ereignis. Dem Auslaufen ging ein traditionelles Gebet, das mit der Anwesenheit der Flaggenwache und des Musikkorps etwas feierlicher als gewöhnlich ausfiel, in der Kirche Amiralitetskyrkan voraus. Außer der Besatzung der *Älvsnabben* waren Repräsentanten des Militärs, Angehörige und auch die Öffentlichkeit anwesend. Der Gottesdienst endete mit dem Kriegergebet, worauf die Flaggenwache zu den Tönen des prächtig dargebotenen *Königslieds* aus der Kirche auszog. Die Besatzung marschierte zum Schiff zurück, auf dem dann den Angehörigen und anderen geladenen Gästen Kaffee angeboten wurde. Während die Gäste das Schiff verließen, marschierte das Musikkorps und der Ehrenzug von der Kriegsschule zu Karlskrona zu dem Schiff und spielte Marschmusik, bis die Besatzung die Leinen löste.

Es war die zweite große Fahrt der *Älvsnabben,* die Umstände waren jedoch andere als zuvor. Der frühere Auftrag lautete, die schwedischen Gesandtschaften und Botschaften rund um die Welt zu inspizieren. Jetzt war der Auftrag erweitert worden. Das Flottenfahrzeug sollte durch die Fahrt die Handelsbeziehungen mit den besuchten Ländern verbessern, was so viel bedeutete, dass die vom Staat finanzierte militärische Flotte Werbung für die schwedische Wirtschaft machen sollte, und zwar gratis. An Bord gab es Werbematerial von den Konzernen AGA, Alfa-Laval, ASEA, Astra, Atlas-Copco, Bofors, KF, Pharmacia, SAAB, Scania-Vabis, Pripps, SKF, Svenska Tobaks AB und Svenska Tändsticks AB. In jedem Hafen sollten eingeladene Handelsrepräsentanten mit einem Essen und einer Cocktailparty verwöhnt werden und der wichtigste Offiziersanwärter der *Älvsnabben* sollte dabei in der Kunst unterwiesen werden, die Industrie seines Heimatlandes im Ausland anzupreisen, ein Wissen, das ihm in seinem späteren Leben als Staatschef nicht schaden könnte.

Desweiteren gehörte zu dem Auftrag, dass nach der Instruktion Seiner Königlichen Majestät »die schwedische Kriegsflagge gezeigt und das Wissen über Schweden verbreitet wird, und dass die Repräsentanten des Reiches in den besuchten Ländern hierdurch indirekt unterstützt werden und die Stellung der schwedischen Untertanen in den jeweiligen Ländern dadurch gestärkt wird.«

Als die große Fahrt für 1966–1967 geplant wurde, existierte der alte Wunsch, auch nach Australien, Neuseeland und in andere, weit abgelegene Länder zu fahren. Es war von Anfang an klar, dass es eine Weltumsegelung werden würde. Jetzt sollte die *Älvsnabben* – fast 100 Meter lang, 14 Meter breit und mit 6 Kanonen, 4 Wasserbomben und 380 Minen bestückt, die vierte Weltumsegelung der Flotte überhaupt durchführen. Das wäre der erste Besuch in Australien seit 115 Jahren und Neuseeland würde überhaupt zum ersten Mal angesteuert. Der Fregattenkapitän Lennart Lindgren war mit seinem weißen Hemd, den schwarzen Schulterklappen, goldenen Rangabzeichen, weißen Shorts, weißem Koppel mit

Goldschloss, weißen Kniestrümpfen und weißen Halbschuhen ein durchaus schnittiger Chef. Die Besatzung zählte 284 Mann, von denen 97 Anwärter, also die jungen Männer waren, die bald ihre Militärzeit als Offiziere beenden würden. Einer von ihnen war der Kronprinz, der bald Admiral werden sollte, was eher eine Ehrenbezeichnung als ein Beweis für seine vollendete Ausbildung war. Ihm war nicht überraschend die Nummer K1 zugeteilt worden, wodurch er sich ein wenig von den anderen Kadetten absetzte. Er hätte genauso gut »Nummer 1« genannt werden können, was er im Grunde auch wurde, denn die alternative Bezeichnung seiner Person lautete wie die eines britischen Spions: »001«. Wie in seiner Schulzeit sollte der Kronprinz auch beim Militär wie jeder andere behandelt werden, was aber auch hier nicht so ganz klappte. Die *Älvsnabben* hatte Stockholm ein paar Tage zuvor verlassen und der Kronprinz, der nun die große weite Welt entdecken sollte, war von seiner Mutter, Prinzessin Sibylla, verabschiedet worden. Aber er stand nicht ganz alleine da, denn genau wie in der Broms Schule und in Sigtuna hatte er einen alten Freund an seiner Seite, den Grafen Hans-Eric von der Groeben, den er in Sigtuna kennengelernt hatte. Ein paar Offiziere hatten vor der Abreise mit dem Grafen gesprochen und ihn gebeten, den Kronprinzen zu unterstützen und im Zweifelsfall als Mittler zu fungieren.

Kapitän Jan Bring, einer der an Bord des Minenbootes befindlichen Kadettenoffiziere, hatte König Gustaf VI. Adolf und Prinzessin Sibylla bereits vor dem Abitur des Kronprinzen im Stockholmer Schloss getroffen. Der König gab klar und deutlich zu verstehen, dass sein Enkel nicht wie einige seiner Vorfahren als Marineoffizier dienen, sondern »als der zukünftige König betrachtet werden und niemals wirklich als Offizier dienen und daher eine allgemeine Orientierung bekommen und die Fähigkeit erlangen soll, vor die Truppe zu treten, was wichtiger als Fachwissen ist.«

Bring war auch nach Sigtuna gefahren, um dem Kronprinzen einen kurzen Besuch abzustatten. Er führte ein längeres Gespräch mit dem Direktor Arne Munthe, um sich über die Qualitäten Carl Gustafs zu informieren. Munthe hatte erzählt, dass er an Legasthenie litt, dass seine Aussprache nach Aussage einiger Lehrer etwas undeutlich und er ganz allgemein in der ersten Zeit an der Schule ein eher ruhiger und zurückgezogener Typ gewesen sei. Die leicht gehemmte Sprechweise sollte sich auf der großen Fahrt in kleinen Schritten zum Besseren wenden.

Von Sigtuna war der Kronprinz umgehend in die königliche Seekriegsschule auf Schloss Näsby in Täby nördlich von Stockholm zu einer Vorausbildung geschickt worden. Hier wurde das Auftreten in Uniform, die historische Abfolge bedeutender Kriegsmänner, die Navigation und das Signalisieren gelernt, bevor es auf dem Schoner *HMS Falken*, einem Schulschiff der Marine, für einen Monat auf See ging. Das war wirklich eine Prüfung – das schlechte Wetter auf der Nordsee und im Skagerrak, das Schlafen in der Hängematte, die Seekrankheit. Wie alle anderen musste der Kronprinz als erste Prüfung gut 30 Meter hoch auf den Vordermast klettern. Er bestand den Test und war dann Toppgast und für das Toppsegel verantwortlich, was er unter allen Bedingungen mit Bravur erledigte. Die wesentlich stabilere *Älvsnabben* bot da schon mehr Komfort.

Die Wochen vor der großen Fahrt hatte der Kronprinz mit seinen Kurskameraden in Karlskrona verbracht und das Nachtleben der Stadt ausgiebig erforscht. Sie feierten mit den Mädchen und der sowieso schon gut aussehende Kronprinz war jetzt in seiner schnieken Marineuniform noch unwiderstehlicher.

Er freute sich wie die anderen auch auf die Reise, denn es lag eine spannende Zeit vor ihnen. Sie würden die Welt zu Wasser und zu Lande kennenlernen, Tunis, Alexandria, Port Said, Colombo, Fremantle, Hobart, Sydney, Wellington, Pago Pago, Honolulu, San Francisco, Puntarenas und Dublin, bevor sie im Mai des darauffolgenden Jahres zurückkehren würden. Er würde Orte sehen, von denen Gleichaltrige in Stockholm nur träumen konnten – die Biskaya, die damalige Vereinigte Arabische Republik, das Great Basses Reef vor dem damaligen Ceylon, die Kokosinseln vor Australien, Blind Bay in Neuseeland, die Samoainseln, Costa Rica und die Bahamas. Sie würden durch den Nord-Ostseekanal, den Suezkanal und den Panamakanal fahren.

Es war kein direkt schönes Boot, das mit einer Höchstgeschwindigkeit von 14 Knoten außerdem noch langsam war. »Seine Außenlinie hätte viel schöner sein können und die Geschwindigkeit höher. Aber diejenigen, die eine Reise auf ihm gemacht haben, wissen, dass es genau das richtige Boot für die Grundausbildung der Anwärter ist. Es ist eng an Bord [sic], aber die Minensucher bieten mehr Platz für die Lektionen und den Vorrat als andere Boote. Die *Älvsnabben* ist außerdem billig im Unterhalt. Auf zwölf Winterexpeditionen war ihre Silhouette zu sehen, meistens in europäischen und amerikanischen Gewässern. Die *Älvsnabben* ist heute mindestens genauso bekannt wie die *Fylgia* zu ihrer Zeit«, schrieb der Fregattenkapitän Rolf Nilsson später in seinen Erinnerungen über die große Fahrt.

Die erste Zeit an Bord war geprägt von einer gegenseitigen abwartenden Haltung. Der Kronprinz landete in einer Art Vakuum und tat sich schwer, Kontakt zu den anderen aufzunehmen. Niemand wagte sich richtig an ihn heran, bis er schließlich selbst das Eis brechen musste. Aber der Pressesprecher des Kronprinzen bei der Marine und Carl Gustafs zukünftiger Adjutant, der Fregattenkapitän Bertil Erkhammar, sagte in einem Interview, dass der Kronprinz »die Sorgen über Bord geworfen hat und auf natürliche Weise Kontakt aufnimmt«. Der Fregattenkapitän Rolf Nilsson fügte hinzu, dass die gleichaltrigen Kameraden den Kronprinzen natürlich als Seine Königliche Hoheit ansehen würden und ihre Neugierde nicht überwinden könnten.

Es war auf vielerlei Art eine fantastische Reise, reich an Geschehnissen, die wie geschaffen für spätere Anekdoten waren, in denen der Kronprinz oft im Mittelpunkt stand. Langweilige repräsentative Aufträge an Land, bei denen er wichtige hohe Tiere, die scharf auf ein Foto mit dem Kronprinzen waren, besuchen musste, wechselten sich mit waschechten Barbesuchen in den Häfen ab. Der Wandel vollzog sich innerhalb weniger Stunden. Am Nachmittag war er in vollem Ornat mit Präsidenten, Botschaftern und Wirtschaftsbonzen zugange und am Abend dann als anonymer Matrose in gestreifter Uniform in irgendeiner Bar in nicht immer den sichersten Stadtvierteln. Einmal verlor er nach einem solchen Barbesuch seine am Hemd angebrachten Medaillen, die ihm sein Großvater geschenkt hatte. Die Kameraden gingen den ganzen Abend noch einmal durch, um herauszufinden, wo sie gewesen waren. Schlussendlich fanden sich die Gegenstände wieder ein. In Nassau auf den Bahamas wurde einmal so viel getrunken, dass der Kapitän sich unruhig fragte, ob sie das harte Morgenprogramm überhaupt schaffen würden, vor allem der Kronprinz, der wieder eine Einladung an Land vor sich hatte. In Puntarenas in Costa Rica stellte der Präsident seinen luxuriösen Privatzug zur Verfügung, in Waikiki Beach in Honolulu auf Hawaii bekam der Kronprinz und seine Entourage ein Hotelzimmer angeboten. Es gibt Fotos, die damals via Satellit versendet wurden und auf denen der Kronprinz mit dem Surfkönig Duke Kahanamoku und surfenden Mädchen am Strand zu sehen ist.

»Der Empfang in Honolulu entsprach der Tradition. Hula-Hula-Mädchen in Baströcken und mit herrlich duftenden Girlanden führten ihre Tänze auf und hielten Schilder, auf denen ›Aloha‹ stand. Die Stadt wirkte industrialisierter als wir es uns vorgestellt hatten, aber vom Paradies war immer noch etwas übrig. Die Voraussetzungen für den Tourismus sind gegeben, das kann man wohl unterstreichen. Es gab viele, die anstatt am Strand von Waikiki zwischen schönen Amerikanerinnen zu liegen, die hawaiianischen Inseln erkundeten«, schrieb Rolf Nilsson. Vor der Ankunft in San Francisco versammelte sich ein Begrüßungskomitee, dem der schwedische Botschafter angehörte, in der Fishermans Wharf. Es dauerte aber so lange, bis die *Älvsnabben* mit ihren schwachen Motoren gegen die starke Strömung ankam, dass das Komitee und das Orchester schließlich wieder gingen.

Das Feiern der jungen Männer wurde von den Vorgesetzten solange akzeptiert, wie sie ihren Dienst versehen konnten. Für die Kameraden des Kronprinzen war es wichtig, Schlägereien und anderweitige Unfälle zu vermeiden. Die Gang bestand aus vier Männern um den Kronprinzen herum, die es gewohnt waren, dafür zu sorgen, dass ihm nichts geschah. Wenn die *Älvsnabben* im Hafen lag und der werdende Monarch in fremden Städten und miesen Vierteln unterwegs war, war das die einzige Form einer Bewachung: seine Kameraden.

Der Fregattenkapitän Lindgren musste sich einfach darauf verlassen, dass die Jungs ihre Aufgabe erfüllten. Für den Kronprinzen war es sicher lustiger, eine Party am Strand zu feiern, als in Ägypten von Präsident Nasser empfangen zu werden. Dass Carl Gustaf irgendwann den Thron besteigen würde, war bei den Kameraden kein Thema, denn die hatten sich längst an ihn gewöhnt und betrachteten ihn als Ihresgleichen. Es ging darum, so viel Spaß wie möglich zu haben. Auf diese Weise gehörte der Kronprinz der »verdünnten Generation« an, so nannten sich seine adligen Kameraden. Es waren die ersten von Schwedens feinen Familien, die sich mit gleichaltrigen Schul- und Lehrgangskameraden aus einfachen Familien »vermischten«.

Der Chef der *Älvsnabben* Lennart Lindgren schrieb dem Chef der Seekriegsschule, dem Kommandeur Wille Edenberg genaueres über die Entwicklung des Kronprinzen an Bord. Am 8. Dezember 1966 schrieb er vom Roten Meer: »Dem Prinzen geht es ausgezeichnet. Er ist nach Auffassung von Swedlund [*Sten, Kadettenoffizier, später 20 Jahre lang der Adjutant des zukünftigen Königs, Anmerkung des Autors*] und Bring jetzt viel freier und offener. Er wirkt immer fröhlich und fügt sich willig den besonderen Belastungen, die ich ihm hie und da in Form von Präsentationen auf Partys oder in Form der Abarbeitung von Presseterminen an Bord auferlegen muss. Im Gegenzug nahm ich ihn nach Luxor und Assuan mit, denn er wollte unbedingt dorthin.«

Und am 7. Januar 1967 schrieb er aus dem Indischen Ozean, zwölf Stunden nach dem Ablegen in Fremantle:

Ich habe überhaupt kein Problem mit dem Prinzen. Ich zitiere hier aus einem Brief, den ich neulich an Prinz Bertil geschrieben habe: »Es ist auch meine große Hoffnung, dass sich der Kronprinz auch im nächsten Jahr seiner maritimen Ausbildung so wohl fühlt. Ich glaube, dass sie ihm sehr gut tut. Hier an Bord ist er ausgeglichen und glücklich, fühlt sich wohl mit seinen Kameraden, ist ein guter Seemann, verrichtet alle praktischen Arbeiten mit Humor, packt zu und fühlt sich am sichersten, wenn er einfach einer der vielen Anwärter ist. Als Viertelaspirant fühlt er eine große Verantwortung und führt seine Pflichten sehr gut aus.« Dass er dann vielleicht nicht ganz so viel Interesse für den theoretischen Teil aufbringt, wie es wünschenswert wäre, ist eine Sache für sich. Bring hat mit ihm gesprochen und es ist ja wichtig, dass er in Anbetracht der Möglichkeit, der Ausbildung weiter folgen zu können, nicht hinterher hängt. Er ist aber nicht der Einzige, der hier im praktischen Lehrgang die Theorie langweilig und anstrengend findet.

Der Kadett-Offizier Jan Bring schrieb im März an Edenberg: »K1 ist im Übrigen froh und positiv und führt die vielen Repräsentationsaufgaben gut aus. Die sind viel zahlreicher als ich eigentlich möchte, aber es ist schwer, solche Auftritte abzusagen. Im Unterricht kommt er recht gut mit, außer in der Gezeitenlehre, die nur aus Berechnungen besteht. Da haben wir ja schon einen Präzedenzfall mit einem Nichtbestanden und kommen so um eine rote Markierung herum.«

Im April wurde der Kronprinz 21 Jahre alt und nach dem Gesetz mündig. Die Planung für die Feier an Bord wurde gemeinsam vom Fregattenkapitän, dem Chef der Seekriegsschule und dem königlichen Hof übernommen. Edenberg hatte mit dem neuen Reichsmarschall Stig Hansson Ericson gesprochen und rapportierte am 8. März Lennart Lindgren, als die *Älvsnabben* in San Francisco lag:

Habe von Stig Hansson gerade Bescheid bekommen, dass der Geburtstag des Prinzen auf seinen eigenen Wunsch hin *an Bord* im Kreis der Kameraden gefeiert wird. Von der Familie kommt keiner, egal was die Presse schreibt. Der König kommt für die Kosten auf. Du wirst beauftragt, die Feier, an der am besten auch der Fregattenkapitän, die Offiziere und der Rest der Besatzung teilnehmen sollen, zu planen, wobei sich die Planung nach dem Tagesplan richten muss. »Extra« Essen, ein Glas Wein oder Bier, extra Kaffee und extra Kuchen sind wohl vonnöten. Frühstück, Mittagessen, Kaffee oder Abendessen [sic] – bestimmen das Programm und Du. Stig Hansson möchte gerne ungefähr Mitte April wissen, wie es aussieht – passt dann, von Nassau einen Brief zu schicken (Kopie an mich).

Am 31. März war über den Ablauf der Geburtstagsfeier für den Kronprinzen immer noch nicht entschieden. Es war, als ob dieses Ereignis der Leitung der Marine Probleme bereitete, weil der Kronprinz ja eigentlich nicht anders als die anderen behandelt werden sollte. Der Chef der Seekriegsschule schrieb an den Fregattenkapitän:

> Das Königshaus diskutiert laut dem 1. Hofmarschall immer noch über die Geburtstagsfeier des Kronprinzen. Bis auf Weiteres gelten die gegebenen Direktiven zum Fest an Bord. Im Fall, dass die Herrschaft Ambler und Prinzessin Christina zur gleichen Zeit Dublin besuchen sollten, hat Stig Hansson ihnen geraten, den Prinzen vor oder nach seinem Geburtstag zu treffen. Er und ich sind uns darüber einig, dass der Ablauf unter Rücksichtnahme auf das Programm in Dublin dem Kronprinzen und Dir überlassen werden soll. Es wäre von großer Wichtigkeit, Eure Pläne so schnell wie möglich Stig Hansson (und mir) mitzuteilen.

Am 30. April lag die *Älvsnabben* in Dublin vor Anker und die Geburtstagsfeier verlief nicht so trocken, wie der Briefwechsel zwischen dem Fregattenkapitän, der Seekriegsschule und dem Hof vermuten ließ. Im Gegenteil, es gab Champagner und Kaviar, als die Offiziere den Kronprinzen, seine Schwester Margaretha und ihren Mann John Ambler zum Essen luden. Der Schiffskoch hatte eine große Torte gebacken und unter den Geschenken befand sich eine messingbeschlagene Mahagonikiste, die der Zimmermann der *Älvsnabben* angefertigt hatte. Der Kronprinz wurde in die

Fischervereinigung Lough Ennels als Mitglied auf Lebenszeit aufgenommen, nachdem ihm am Tag vorher in einem Binnensee der Fang einer ein Kilogramm schweren Forelle gelungen war. Der schwedische Botschafter hatte danach zu einer Cocktailparty, auf der auch Prominente aus Dublin anwesend waren, geladen.

Bei der nachfolgenden Pressekonferenz fragte ein Journalist, ob sich der Kronprinz mit Prinzessin Anne, der Tochter von Königin Elisabeth II., verheiraten wolle. Er umging die Frage, indem er sagte: »Ich habe zuhause keine Freundin. Ich wäre froh, wenn ich eine hätte.« Ein Chronist des britischen *Independent* nannte ihn »Europas Prince Charming«.

Aber es war nicht alles Friede Freude Eierkuchen an Bord der *Älvsnabben*, so wie man sich Jahre später gerne daran erinnert. Einer der geschicktesten Seemänner war nach der Hundswache am 9. März auf der Fahrt nach San Francisco verschwunden. Das Boot wurde abgesucht, aber er war nicht zu finden. Der Seebereich, in dem er möglicherweise hätte über Bord gehen können, wurde am helllichten Tag mit der Unterstützung eines amerikanischen Flugzeugs der Küstenwache abgesucht, doch er wurde nicht gefunden. Bei Einbruch der Dunkelheit musste der stellvertretende Schiffsführer – Lindgren hatte sich in Wellington einer Nierensteinoperation unterzogen – die weitere Suche einstellen. Niemand konnte das Verschwinden erklären.

Der Gesundheitszustand der Besatzung war wechselhaft. Sechs Verletzungen wurden an das Reichsversicherungsamt gemeldet: eine Hand-, eine Fuß-, zwei Knie-, eine Ohren- und eine Zahnverletzung. Die Handverletzung ereignete sich während eines Sturmes im tasmanischen Meer. Ein Anwärter hatte aus Versehen ein Marmeladenglas mit der Hand zerdrückt und sich dabei zwei Sehnen durchtrennt. Einem der Wehrpflichtigen wurden in Dublin von einem »Mods« drei Frontzähne ausgeschlagen. Beim Tanzen ergaben sich zwei Knieverletzungen und einer hatte sich beim Surfen auf Hawaii verletzt. In Colombo wurde ein Wehrpflichtiger von einem Hund ins Gesicht gebissen und dann gegen Tollwut geimpft.

In den ersten sechs Wochen hatte eine Erkältungswelle gewütet, was dazu führte, dass die Krankenabteilung immer gut gefüllt war. Nach dem Besuch in Alexandria erkrankten 20 Mann an Durchfall und nach dem Besuch in Colombo wiesen 50, 60 Mann gastrointestinale Symptome und Fieber auf. Während der fast 16 Tage auf See zwischen Ceylon und Australien brach eine Magen-Darm-Infektion aus und gleichzeitig musste das Wasser rationiert werden, weshalb sich die Männer mit Salzwasser waschen mussten. Der Fregattenkapitän forderte daraufhin lautstark, dass die *Älvsnabben* endlich mit einer Wasserentsalzungsanlage ausgerüstet werden sollte. Halsinfektionen aufgrund des ständigen Wetterwechsels, Erkältungen, Halsgeschwüre, Bronchitis, Nierensteinprobleme und Hautinfektionen in der Leistengegend, in den Achselhöhlen und an den Füssen waren weitere Plagen. »Im Hinblick auf moderne Anforderungen ist die Hygiene nicht zufriedenstellend. Die Messen sind eng und mit ihren vielen kleinen Ecken, in denen sich der Schmutz sammelt, nicht leicht zu reinigen. In den Tropen ist die Hitze besonders bei feuchtem Wetter in den Messen meist unerträglich. Die Luftumwälzung reicht nicht aus, vor allem in den vorderen Messen, in denen die Luftzufuhr bei schwerer See geschlossen werden muss«, so hieß es im Abschlussbericht von 1967.

Interessanterweise hatte das Boot weniger Probleme mit Kakerlaken, was der Totalsanierung und Ausräucherung der *Älvsnabben* vor der Abfahrt zugeschrieben wurde. Außerdem überwanden die meisten Männer die Seekrankheit, gegen eine Sache waren sie jedoch nicht ausreichend geschützt und das waren venerische Krankheiten. Die Bootsleitung hatte von Februar bis April jeden Sonntag einen Aufklärungsunterricht gehalten, um die jungen Männer in die Bereiche »Liebe und Ehe«, »Sexuelle Gemeinschaft«, »Schwangerschaft und Babypflege«, »Haushaltswirtschaft«, »Familienprobleme« und »Die Ehe und die Gesellschaft« einzuführen. Der Unterricht wurde schon auf früheren Fahrten gehalten und auch auf dieser Reise schienen sich die Männer dafür zu interessieren. Trotzdem konnten sie sich ihrem Alter entsprechend nicht immer zurückhalten und das hatte Konsequenzen. Das hier war das Kontrastprogramm zum Aufklärungsunterricht, das Thema »Familienproblem« einmal ausgenommen:

»Insgesamt wurden 22 Fälle von Gonorrhö diagnostiziert, von denen sich circa 14 Ansteckungen auf den mit vielen und leicht zugänglichen Bordellen bestückten Hafen von Puntarenas zurückführen lassen. Die Behandlung mit Conacillin war erfolgreich und es wurden keine Komplikationen registriert. Es kam zu keinen anderen Geschlechtskrankheiten. Nach der Ankunft in Schweden müssen alle Gonorrhö-Fälle nachkontrolliert werden. Die Besatzung wurde zu Anfang der Reise mehr als ausreichend über Geschlechtskrankheiten und deren Prophylaxe unterrichtet. Es wurde ein medizinischer Aufklärungsfilm über venerische Krankheiten gezeigt. Auf der Reise wurde explizit auf die ›suspekten‹ Häfen hingewiesen. In jeder Messe wurden Kondome und Salben ausgegeben, aber trotz Ratschlägen und Warnungen haben doch einige bei der Prophylaxe geschludert«, so schreibt der Marinearzt.

Mit der Disziplin an Bord war es mal so und mal so, aber ernsthafte Probleme gab es nie. Es wurden zwei Disziplinarstrafen verhängt, eine wegen Flucht beim Auslaufen der *Älvsnabben* aus Fremantle und eine für das Übergeben von Briefen. Verweise wurden hauptsächlich für zu spätes Antreten nach dem Urlaub, Dienstvergehen (verspätetes Aufstehen) und Verstöße gegen die Kleiderverordnung erteilt. Fünf Verweise wurden wegen Trunkenheit der gemäßigten Art erteilt. Der Kronprinz verbesserte die Statistik kaum. In einem Fall faulenzte er als Rudergänger und kam mit der *Älvsnabben* vom vorgegebenen Kurs ab und ein anderes Mal wurde er dafür bestraft, dass er beim Appell nicht stillgestanden hatte.

Die Besatzung für die große Fahrt war handverlesen, weshalb die Anzahl der Verweise als überraschend groß angesehen wurde. Im Abschlussbericht hieß es, dass der Grund wahrscheinlich in der hohen Anforderung einer so langen Abwesenheit, bei der der Wunsch nach »Entspannung« in den Häfen aufkomme, zu suchen sei und dass in der Freizeit mehr Konfrontationspotenzial zwischen den Offizieren und den Mannschaften entstünde, als es bei einem Aufenthalt in Schweden der Fall wäre. Außerdem würden die ungewohnten Umstände in anderen Ländern ihren Teil dazu beitragen. Aber, so schrieb der Fregattenkapitän Emil Charpentier in seiner Zusammenfassung: »Trotz allem gibt es Männer an Bord, die lieber eine Strafe in Kauf nehmen, als eine ›geplante‹ Verspätung zu unterlassen.

Die *Älvsnabben* lief am 6. Mai nach 177 Tagen auf See, nach 5500 Meilen, fünf Erdteilen und 17 fremden Häfen endlich in der Kriegsbasis an der Westküste Schwedens ein. Nach der Abnahme des Bootes durch den Chef der Marine auf offener See zwischen Marstrand und Vinga setzte das Boot seine Fahrt an Lilla Billingen vorbei in die Mündung nach Göteborg fort, wo die Heimkehrer militärisch begrüßt wurden. Auf dem Kai standen auch Prinzessin Sibylla und ihre Tochter Désirée mit ihrem Mann Niclas Silfverschiöld und winkten. Die Zeitungen, die versucht hatten, die Reise minutiös zu verfolgen – manchmal waren sie live dabei – konnten jetzt aufatmend schreiben, dass der Kronprinz sich an die

Fragen der Presse gewöhnt zu haben schien. »Was ist die dümmste Frage, die ihnen gestellt wurde?« fragte ein junger Reporter. »Die, die ich gerade gestellt bekommen habe« antwortete der Kronprinz und bekam spontan Applaus. Ein anderer Reporter wollte wissen, warum er nicht am Aufklärungsunterricht teilgenommen habe. »Warum? Ich fand nicht, dass das notwendig war« antwortete er. Er ließ dann verlauten, dass ihm San Francisco am besten gefallen habe und dass es auf Honolulu die schönsten Mädchen gebe. Die Fragen beantwortete er in rascher Folge:

»Was macht man in der Freizeit auf der *Älvsnabben*?«

»Freizeit? Es gibt keine Freizeit an Bord. Aber Freiwachen. Und auf denen beschäftigt man sich dann: reden, lesen, Karten spielen.«

»Poker?«

»Ja, warum nicht? Poker, Canasta.«

»War es schwer, in den Kreis der Kameraden reinzukommen?«

»Am Anfang waren wir wohl alle ein wenig reserviert, das ging aber schnell vorbei.«

Die Jungen, die fast alle direkt nach dem Abitur angeheuert hatten, stiegen nun als Männer an Land. Vorher hatten sie sich recht »bürschchenhaft« gefühlt, wie es einer von ihnen ausdrückte, aber jetzt hatten sie eine Weltreise hinter sich und keiner konnte es mehr mit ihnen aufnehmen. Die *Älvsnabben* hatten sie in Matrosenuniform bestiegen und nun verließen sie sie mit Schirmmütze und konnten sich Offizier nennen.

Der Fregattenkapitän Lennart Lindgren rundete seinen Eindruck vom Kronprinzen ab:

»Das Streben danach, ihn als ganz normalen Anwärter zu sehen, ist auf See in Gänze erfüllt worden. Nachdem sich die erste Neugierde gelegt hatte, hat die Besatzung ihn wie jeden anderen behandelt.«

7 | DER EINGEBETTETE PRINZ

Das Bild des Kronprinzen in einfachem Grün, in schlabbrigem Militärhemd und mit der Schnupftabaksdose in der Hand bei einer Pause während einer Kompanieübung im Wald war nicht ganz so schön, wie das Bild des frisch gebackenen Marineoffiziers. Aber der Kronprinz musste eben nicht nur in der prestigeträchtigen Marine, sondern auch in den anderen Waffengattungen ausgebildet werden. In schnellem Takt arbeitete er sich durch alle Verteidigungsbereiche und bekam in Rekordzeit die Dienstgrade zusammen, für die seine Kameraden Jahre dienen mussten. Aber so war das ja auch vorgesehen. Der gewöhnliche Rekrut wurde gründlich und zeitraubend ausgebildet, für den Kronprinz hingegen reichte es, sich ›zu orientieren‹. Der Militärdienst war eine stark abgespeckte Variante der Offiziersausbildung und der Kronprinz musste bloß die halbe Zeit für die Lehrgänge investieren.

Ein Beispiel für die Sonderbehandlung war die Prüfung an der Seekriegsschule. Carl Gustaf durchlief alle praktischen und theoretischen Prüfungen, die aber nie korrigiert und deren Fragebögen am Ende verbrannt wurden. Ihm wurde auch das ansonsten obligatorische Gespräch mit einem Psychologen erspart. Es gab einfach keinen Anlass dafür, der Mann würde König werden, unabhängig von seiner Eignung, besonderen Eigenschaften und Familienverhältnissen.

Der Reporter der Zeitung *Idun-Veckojournalen*, Jackie Lindeberg, ging mit ein paar Reportagen Mitte der 1960er-Jahre der speziellen Ausbildung und der ganz neuen PR-Maschinerie, die für den zukünftigen Monarchen in Gang gesetzt wurde, auf den Grund. Die intensive Überwachung des unsicheren Kronprinzen durch die Medien, die sahen was er tat und was er ließ, war etwas bis dahin Ungekanntes und Neues. Es war, als ob eine neue Zeit einen Thronerben ausgespuckt hätte, der nun gezwungen wurde, sich mit einer ganz neuen Welt, die ganze andere Werte vertrat, als die, in der sein Großvater Gustaf VI. Adolf zum Monarchen ausgebildet wurde, auseinander zu setzen. Eine neue Zeit erfordert einen moderneren Umgang mit der Umwelt. Im Frühjahr 1966 wurde der Kronprinz, egal wo er sich gerade befand, dauernd interviewt. Ihm wurden viele Fragen zu seinem militärischen Ausbildungsprogramm gestellt. Wenn das Königshaus gut mit der Abend- und der Wochenpresse auskommen wollte, dann war es notwendig, dass der Hof offener auftrat.

Als erste sichtbare Maßnahme überließ es der Hof der Presseabteilung der Marine, den Kontakt zwischen dem Kronprinzen und der Presse bezüglich seiner militärischen Ausbildung herzustellen. Im Klartext bedeutet das, dass der Kontaktmann der Presse der 26 Jahre ältere Fregattenkapitän Bertil Erkhammar war, wenn es um das militärische und zivile Leben des Kronprinzen ging. Seine Abteilung hatte schon Erfahrungen beim Ausrichten von Staatsbesuchen und Hochzeiten der Prinzessinnen gesammelt. Die Presseabteilung der Marine war so renommiert, dass der Vorgänger von Erkhammar, Hans Blenner, von Volvo als Pressesprecher übernommen wurde.

Im Frühjahr 1966 war der Hof der Meinung, dass es angemessen sei, wenn der junge Mann die Landschaft kennenlernen würde, deren Herzog er war. Nach dem, was die Zeitungen schrieben, war der Kronprinz erfolgreich, er zeigte sich von einer neuen Seite. »Endlich sprach er und war ein beweglicher Interviewpartner.« Der Kronprinz hatte sich die Veränderung selbst gewünscht, da er keine Lust mehr auf Teleobjektive und Versteckspielen hatte. In Sigtuna hatte er in einer vergleichbaren Situation einmal gesagt, dass »ich eine öffentliche Person bin und mich daran gewöhnt habe« und trat danach entgegenkommender auf. Die Öffnung nach außen war jedoch nicht nur die Idee des Kronprinzen. Bertil Erkhammar hatte ihn mehrfach ermahnt, seinen Aufgaben so natürlich wie möglich nachzukommen und »zu versuchen, fröhlich zu wirken«. Erkhammar hatte in einem eine Stunde währenden Gespräch mit der Mutter des Kronprinzen die Strategie abgesprochen, die bei den zukünftigen Presseauftritten zu verfolgen wäre. »Prinzessin Sibylla und ihre Kinder hatten früher unter der allzu großen Aufdringlichkeit der Presseleute gelitten und jetzt hoffte sie, dass der Umgang mit der Presse in Zukunft auf etwas natürlichere Weise ablaufen würde«, sagte Erkhammar.

Aber nicht einmal der erfahrene Fregattenkapitän konnte vermeiden, rhetorisch zu werden, als er gefragt wurde, wie er seine Rolle als der PR-Mann des Kronprinzen persönlich verstehe: »Meine private Einstellung ist die, dass der Kronprinz wie jeder andere schwedische Bürger behandelt werden soll. Die Mauer aus Missverständnissen, die um ihn errichtet wurde, muss eingerissen werden. Viele glauben, dass der Kronprinz durch Verordnungen, Hindernisse und spezielle Anordnungen geschützt wird. So ist das aber nicht! Durch eine falsch verstandene Loyalität stellten sich seine Kameraden oft in den Weg, um ihn zu schützen. Das hat dazu geführt, dass die Menschen glauben, dass er besonders bewacht oder anders ausgedrückt ferngesteuert würde.« Ein Kronprinz der wie jeder andere Mitbürger ist – eine Gleichung, die kaum aufgehen kann. Und wie viele Kameraden des Kronprinzen hatten einen durch Steuergelder finanzierten PR-Strategen?

Im folgenden Jahr publizierte Jackie Lindeberg eine Reportage unter der Überschrift »Bekommt der Kronprinz die richtige Ausbildung?« und nannte darin den springenden Punkt. Während seiner Zeit auf der *Älvsnabben* musste der Kronprinz wie jeder andere spülen, den Boden schrubben, das Fallreep zum Gummifloß, das den Zielroboter birgt, aussetzen und alleine den Aufzug für die Minen in Gang setzen. Die Kameraden hatten betont, dass Carl Gustaf all das *aus freien Stücken* und noch viel mehr getan habe. »Und das ist das wirkliche Dilemma des Kronprinzen: immer wird er als der genannt, der auf Zack ist, obwohl die anderen das genauso sind. Es liegt in der Natur der Sache, dass dies auf jeden Fall eine Distanz in dem Raum schafft, in dem er sich bewegt. Es gibt nichts, was der Kronprinz mehr verabscheut, als wenn Resultate unterschiedlicher Art offengelegt werden, Resultate, an denen er aktiv mitgewirkt hat«, schrieb Lindeberg. Alleine die Tatsache, dass er während seines Studiums in Uppsala nur in Fächer wie Staatswissenschaften, Volkswirtschaft und Geschichte hineinschnuppern sollte und nicht einmal Prüfungen ablegen musste, zeigte, dass eine formelle minimale Erwartung an das Kompetenzniveau des zukünftigen Monarchen gar nicht erst gestellt wurde. Er sollte an der Universität studieren, ja, aber er musste sich im Gegensatz zu seinen Kommilitonen nicht um die Prüfungen kümmern. Wenn der Kronprinz sich später einmal wie die anderen um einen qualifizierten Job bewerben müsste, hätte er nicht viel in seinem Lebenslauf stehen, das ihm im Vergleich zum Vorteil gereichen würde. Aber, so konstatierte Lindeberg, der Konkurrenzdruck auf den König war nicht wirklich groß.

Der Artikel wurde am 18. August 1967 mitten in der militärischen Ausbildung des Kronprinzen veröffentlicht. Ein paar Monate vorher hatte er die *Älvsnabben* verlassen und hatte jetzt ein paar hervorragende Charakterzüge vorzuweisen, wie die *Idun-*

Veckojournalen schrieb. Der Kronprinz wurde als furchtlos, ungezwungen und routiniert beschrieben. Die Anstrengungen des Hofes und der Angehörigen, »das natürliche Image des Thronfolgers zu formen«, wurde im Großen und Ganzen als geglückt betrachtet. Carl Gustaf würde wahrscheinlich ein »demokratischer« König, der mit allen Menschen umgehen könne. Er war beharrlich, eigensinnig und hatte die Kompetenz, mit seinem guten Urteilsvermögen eigene Beschlüsse zu treffen. Aber immer noch war er eine Persönlichkeit, der die eigene Note fehlte. Seine Beziehung zu seiner Umgebung war fast »fotografischer« Natur. Es gab nicht viele Menschen, die seine Ansichten kannten. »Aufwartungen polieren sein Profil zu einer ehrfürchtigen Sinnlosigkeit. Alle Versuche, herauszubekommen, wer er eigentlich ist, stoßen innerhalb des Hofs auf Widerstand. Offiziell dürfen nur nette Urteile ausgesprochen werden. Der Intellekt des angehenden Königs wird als akzeptabel angesehen. Ihm fehlt ein bestimmtes Verständnis in allgemeingültigen Themen; Verständnis, das – klar ausgedrückt – in keinster Weise der Stellung des Monarchen schaden könnte« schrieb Lindeberg und fügte hinzu:

> Carl Gustaf sitzt wo er sitzt: auf einem Thron, der sich auf eine Tradition stützt – in unseren Zeiten auf eine geschickte PR-Strategie. Die Menschen bleiben mit einem Abstand von fünf Schritten stehen, verbeugen sich und wissen kaum, warum man sich vor diesem schwedischen Wehrpflichtigen verbeugt. Er ist freundlich, gut erzogen, zuvorkommend. Tritt taktvoll auf. Hat einen ausgeprägten Sinn für Recht und Unrecht. Zieht keine Vorteile aus seiner Stellung, ist sich derselben aber bewusst. Sorgfältig nimmt er an dem vorbereiteten Programm teil und folgt ihm bis zum Schluss. Erkundigt sich immer, wer zu halboffiziellen Ereignissen kommt und weiß im Vorfeld schon, worüber er mit ihnen Kon-

versation betreibt. Auch wenn ihn bestimmte Details langweilen, verzieht er keine Miene. Praktisch. Wenig Interesse an theoretischen Fragen. Hat Probleme mit dem Schreiben und Schwierigkeiten, sich schriftlich auszudrücken. Beim Reden besser (das schreiben andere über ihn). Die Neigung, leise und unartikuliert zu sprechen, verschwindet langsam, am meisten durch eine »natürliche Entwicklung«. Gefällt ihm seine Rolle? Er kennt keine andere. Seine ganze Erziehung war darauf ausgerichtet, dass er König werden würde. Er hat nie ernsthaft über eine andere Lebensaufgabe nachgedacht.

Seit einigen Jahren kümmerte sich ein innerer Stab darum, einen »Mann« aus dem zukünftigen Monarchen zu machen, was beinhaltete, dass er in allen möglichen Zusammenhängen Gesellschaft geleistet bekam, die in etwa ein Mittelding zwischen Gleichaltrigen und Hoffunktionären darstellte. Einige dieser Personen waren eine Generation älter als Carl Gustaf und übernahmen eine Art Vaterrolle für ihn. Der Chef dieses Stabes war Graf Gösta Lewenhaupt, der Vater Carl Adams, der ein guter Freund des Kronprinzen war. Lewenhaupt war Direktor der schwedischen IBM und fuhr einen Jaguar. Er hatte die Schwestern des Kronprinzen unter anderem in die USA begleitet und war seit Ende der 1950er-Jahre der Kammerherr von Prinzessin Sibylla. Den Kronprinzen und seine Freunde lud er immer wieder zur Fasanenjagd ein. Lewenhaupt hatte Ende der 1940er-Jahre Umgang mit Prinz Bertil und Lilian Craig. Zusammen mit der Schauspielerin Sickan Carlsson, der Künstlerin Wibeke Beck-Friis, dem NK-Chef Ragnar Sachs, dem Bankier Marcus Wallenberg, dem Reeder Bo Axelson Johnson und dem Baron Carl De Geer hatten sie ein großes Interesse an Geschäften und freudigen Umgang miteinander. Sie liebten es, Schwänke und Komödien zu spielen, die manchmal extra von Kar de Mumma geschrieben wurden. Die Schwänke waren teuer und es wurde nicht gespart, um möglichst großartige kleine Stücke aufzuführen. Einmal wurden zum Beispiel kleinwüchsige Menschen gemietet, die eine komplette Modelleisenbahn in Gang hielten, die dann von Miniatursturzbombern beschossen wurde.

Der Adjutant des Königs Gustaf VI. Adolf, Major Hans Skiöldebrand, war dem Kronprinzen drei Jahre zur Seite gestellt und auf Reisen nach Irland und Schottland zu einem seiner besten Vertrauten geworden. Er betrachtete seine Rolle als eine Mischung aus älterem Freund, Leibwächter und Ratgeber. Von anderen Menschen wurde er sogar als eine Art Vater für Carl Gustaf, der ihn bewundert haben soll, angesehen. Sie gingen gemeinsam ins Kino, zum Eishockey, liefen in Storlien Ski und schwammen vor dem Schloss Solliden. »Es musste ihm immer jemand auf den Fersen sein. Er ist doch unser Thronfolger. Es können unangenehme Situation entstehen, aufdringliche Menschen, Beinahe-Unfälle. Manchmal ist ein Ratschlag vonnöten. Mein Dienst als Adjutant des Kronprinzen ist spannend, er ist ein gewinnender und netter Kerl«, sagte Skiöldebrand der Zeitung *Expressen* im Februar 1964.

Baron Hans Beck-Friis war der Korpschef bei den Pfadfindern gewesen, denen Carl Gustaf angehörte, als er kleiner war. Er hatte damals viel Spaß an Sport im Freien, vor allem dem Tourenschlittschuh laufen. Friis war heiter, sparsam und bescheiden in den meisten Dingen und aß gerne Wurst mit Rote Beete. Er fuhr einen alten Lloyd, bis er auseinanderbrach und kaufte dann einen Volkswagen.

Der Diplomkaufmann Lennart Ekelund arbeitete in der Kreditbearbeitungsabteilung der Kreditbank und war als ein bescheidener, gesetzter und sauber gekleideter Mann bekannt, der manchmal auf Schloss Solliden mit dem Kronprinzen Wasserski fuhr. Aber eigentlich war er doch nicht so gesetzt, denn er machte

Hochsprung, joggte, badete im Winter im eisigen Wasser und ging in die Sauna. »Er singt am Morgen in der Dusche, isst gerne Tartar und Krabben als Imbiss am Abend und mag Schokolade mit Schlagsahne« schrieb die *Expressen*.

Schließlich gehörte noch der Oberstleutnant Harald Smith der Gruppe an. Er war der Vater des alten Schulfreundes des Kronprinzen, Carl Johan. Smith wohnte auf Lidingö, wohin der Kronprinz oft eingeladen wurde. Der Oberstleutnant war auch ein sportlicher Typ, er segelte, lief Ski und ihm wurde ein großer Einfluss auf den zukünftigen Monarchen nachgesagt.

Man kann mit Fug und Recht sagen, dass der junge Thronerbe schon seit langem in eine Gruppe namhafter Mentoren eingebettet lag, die alle das Beste für ihn wollten und die ihn auf jegliche erdenkliche Weise auf seine zukünftigen Aufgaben vorbereiteten. Er hatte sicher bessere Voraussetzungen, den Aufgaben gerecht zu werden, als sie sein eigener Vater gehabt hätte. Carl Gustaf war im schwedischen Sozialstaat geboren worden und aufgewachsen. Sein Vater entstammte einer klassischen aristokratischen Gesellschaft, die im Verschwinden begriffen war. Die Tatsache, dass seine offizielle Umgebung nur aus älteren Menschen bestand, hatte andererseits zur Folge, dass es keinen einzigen gleichaltrigen Funktionär am Hof gab, mit dem er hätte sprechen können.

Als er am 21. August 1967 in der Luftwaffenschule F20 in Uppsala, wo er ein Jahr später sein Studium beginnen sollte, einrückte, hatte der Hof schon abgeklärt, dass die Einbettung weiter funktionierte. Die Zielsetzung war, dass der Kronprinz solange wie möglich dem Ausbildungsplan der anderen Flieger folgen sollte. Ansonsten hatte der Chef der Schule, Oberst Olson relativ freie Hand, seine Ausbildung zu planen. Weil es unpraktisch und zu formell wäre, den Kronprinzen ständig mit »Eure königliche

Hoheit« anzusprechen, ließ der Hof mitteilen, dass als Anrede
»Prinz« ausreichend sei.

Olson wurde vor der Einberufung von Prinzessin Sibylla ins
Stockholmer Schloss eingeladen, um bei einem informellen Mittagessen Auskunft über die Ausbildung der Luftwaffe zu erteilen.
Sibylla wandte sich an den Oberst: »Herr Oberst, kümmern Sie
sich um meinen Jungen. Er ist der Einzige, den ich habe.« Damit
dem Kronprinzen der Einstieg in den Kreis der Kameraden
erleichtert würde, wurde ihm einer der Flieger zur Seite gestellt.
Gleichzeitig wurde einer der jüngsten Ausbilder, Leutnant Peter
Forsman, ausgewählt, um für die Detailplanung zuständig zu sein,
denn der Kronprinz konnte nicht immer an der Ausbildung der
Flieger teilnehmen. Um den Hunger der Massenmedien zu stillen,
ordnete der Oberst schon recht früh eine Pressekonferenz an, die
der Kronprinz galant hinter sich brachte. Danach hatte er für den
Rest seiner Ausbildung im Großen und Ganzen seine Ruhe vor der
Presse.

Bevor der Kronprinz seine Studien in Uppsala aufnahm, wurde
noch eine andere Gruppe von Würdenträgern ausersehen, seiner
Ausbildung zum König den Feinschliff zu geben. Die Gruppe
wurde von dem damals 64-jährigen Generalleutnant Malcolm
Murray geleitet. Er hatte in genau den Gebieten, die dem jungen
Thronfolger zusagten, eine gediegene Vergangenheit hinter sich.
Murray liebte den Sport in all seinen Facetten, Skifahren und Ori-
entierungsläufe ganz besonders und er war Chef des Pfadfinder-
korps in Stockholm gewesen. Er hatte im Zweiten Weltkrieg auf
Seiten der Finnen gegen die Russen gekämpft und war bei der
Rückeroberung von Hangö dabei, was in den Kreisen der Anti-
bolschewisten hoch angesehen wurde. Außerdem war er Adjutant
Gustaf Adolfs, dem Vater des Kronprinzen, und nach dessen Tod
Prinzessin Sibylla eine große Stütze gewesen.

Murray wurde nun Chef des neu gebildeten Hofstaats des Kronprinzen. Freiherr Stig Ramel, Direktor der Exportvereinigung, sollte den Kronprinzen in Fragen der Wirtschaft und Gesellschaft unterrichten. Der erste Hofintendant Carl-Eric Ekstrand sollte ihm die Hofverwaltung erklären. Das vierte Mitglied der Gruppe war Professor Torgny Segerstedt, der Rektor Magnifikus an den Universität von Uppsala.

Die Wohnung in dem bürgerlichen Stadtteil Luthagen war keine kleine Studentenbude. Vier Zimmer mit Küche auf 118 m², dazu ein Balkon. Sie lag im fünften Stockwerk eines Neubaus in der Luthagsesplanaden 12b und wurde mit Möbeln aus der königlichen Hausratskammer eingerichtet. Eine eigene Haushälterin gab es obendrein, es war Majken Holmquist, die kochen und die Wohnung in Ordnung halten sollte.

Der Kronprinz zog im September 1968 ein. Ein wohl unschlagbarer Kontrast, der werdende Monarch mitten unter radikalen Studenten, ein Jahr, das in die Geschichte eingehen würde. Der Prager Frühling, eigentlich ein Reformprogramm u. a. für die Pressefreiheit und die Demokratie in der kommunistischen Tschechoslowakei, war ein paar Monate vorher von den Truppen des Warschauer Paktes niedergeschlagen worden. Universitäten in den USA, Deutschland und Frankreich wurden aus Protest gegen das Bildungssystem von Studenten besetzt. In Berlin forderte die junge Generation, dass die ältere endlich über die Nazizeit sprach. Die jungen Menschen forderten eine sozialistische Gesellschaft, deren Symbole die freie Sexualität und lange Haare waren. Der Protest erreichte auch Schweden und griff auf die Universitäten in Lund und Stockholm über, wo die Studentenhäuser besetzt wurden. 1968 war das Jahr, in dem jegliche Form von Autorität in Frage gestellt wurde. Dazu gehörte natürlich auch ein altes Königshaus. Eine recht junge Befragung hat ergeben, dass damals jeder dritte Student dafür war, dass Schweden zu einer Republik würde. Der Hof hatte dem Kronprinzen verboten, in irgendeiner Weise über die schwedische Staatsform zu diskutieren, um ihn vor unnötigen Kontroversen zu schützen. Seine Ankunft in Uppsala verlief ruhig, es gab keine Demonstrationen, die eine Republik deklamierten. Der Einzug des zukünftigen Monarchen an der Universität sorgte für ein wenig Reibung.

Damit er sich in der neuen Umgebung nicht ganz alleine fühlte, hatte der Hof bestimmt, dass er die Wohnung teils mit seinem Adjutanten, Kapitän Magnus Olsson und teils mit Michael Odevall, der ein Jahr vor dem Kronprinzen sein Abitur in Sigtuna gemacht hatte und jetzt Jura studierte, teilte. Odevalls jüngerer Bruder Christian hatte vor 10 Jahren gemeinsam mit dem Kronprinzen im Haus Aludden in der SHL in Sigtuna gewohnt. Durch die Anmietung der Wohnung für ein Jahr wurde außerdem vermieden, dass der Thronerbe die jedes Jahr im Herbst entstehende lange Warteliste belastete. Der Hof umging auf diese Weise weitere Diskussionen.

Selbstverständlich wurde sein akademischer Start von der Presse, dem Hörfunk und dem Fernsehen verfolgt. Es wurde ausführlich berichtet, wie er wohnte, was er studierte und in welcher Studentenverbindung er Mitglied war. Er entschied sich für die Verbindung *Stockholms Nation*, weil er dort mehrere Freunde hatte. Die Verbindung *Norrlands Nation* wäre auch eine Möglichkeit gewesen, da er ja der Herzog von Jämtland war, aber es war ganz gut, dass er dort nicht Mitglied war, weil der Künstler und *Republikane*r Yngve Gamlin, der sich zum Präsidenten von Jämtlands ›Freiheitsbewegung‹ ausgerufen hatte, dort wirkte. Die Bewegung war 1963 eher scherzhaft gegründet worden, bekam aber im Laufe der Jahre eine immer politischere Ausrichtung, die sich gegen die Landflucht im Norden und eine Jämtland-feindliche Wirtschaftspolitik wandte. Damit sollte der Kronprinz tunlichst nicht in Berührung kommen. Eine kleine Provokation für seine radikaleren Kommilitonen war die Tatsache, dass er ganz zu Anfang des Semesters einen Tag frei bekam, um sein Offiziersexamen in der Seekriegsschule abzulegen und Fähnrich der Marine zu werden.

Der Kronprinz belegte die ganz normalen Seminare in den Studienfächern Geschichte, Soziologie und Staatswissenschaft, da kein Sonderprogramm für ihn zusammengestellt worden war. Unter Rücksichtnahme auf die doch begrenzt zur Verfügung stehende Studienzeit wurden die Seminare ausgewählt, von denen man der Meinung war, dass sie besonders wichtig für den zukünftigen Staatschef sein würden. Das Ziel bestand darin, die Struktur und Entwicklung der schwedischen Gesellschaft von möglichst allen Seiten zu beleuchten. Dazu gehörten Besuche in staatlichen und kommunalen Einrichtungen und Behörden, in Firmen, in Schulen und in den Medien.

Der Kronprinz nahm an Seminaren wie »Die soziologische Betrachtung der schwedischen Gesellschaftsstruktur« teil und las Bücher wie *The Cultural Background of Personality*, das der berühmte amerikanische Anthropologe Ralph Linton geschrieben hatte. Auf diese Weise sollte er ein wenig akademisches Hintergrundwissen darüber, wie Kultur und Gesellschaft den Menschen prägen, erhalten.

Die Anwesenheit des Kronprinzen erzeugte eine gewisse Spannung unter den Studenten. Es war für diejenigen, die gegen die Monarchie waren, eben nicht selbstverständlich, an Seminaren teilzunehmen, in denen auch der zukünftige König saß. Um Probleme in diese Richtung zu vermeiden, gab die Universität frühzeitig bekannt, welche Seminare er belegt hatte.

»Wir wurden von den Studenten, die wissen wollten, inwieweit der Inhalt der Seminare für ihn modifiziert worden sei, regelrecht

überfallen. Als sich die Studenten einschrieben, legten wir für diejenigen, die Bedenken hatten, schriftlich aus, an welchen Seminaren Carl Gustaf teilnehmen würde. Die Auswahl der Teilnehmer
wurde ausgelost« sagte die Zeichen- und Handarbeitslehrerin
Sonja Calais von Stokkom, die der universitären Planungsgruppe,
die sich um die Studien des Kronprinzen kümmerte, angehörte.
»Es gab aber nur einen Studenten, der links eingestellt war. Er
erzählte, dass er auf der Militärakademie gewesen sei und dass Carl
Gustaf eingeladen worden wäre, um die Zeugnisse auszugeben.
Daraufhin hatte er seine Anwesenheit verweigert und offen gesagt,
dass er Gegner der Monarchie sei.«

Sonja Calais von Stokkom erinnert sich daran, dass der Kronprinz ein ganz normaler Student, vielleicht ein bisschen fleißiger
als der Durchschnitt war, was sie dahingehend deutete, dass er aufgrund seiner Lese- und Schreibschwäche gezwungen war, mehr
Zeit zu investieren. Als die Studenten eine frei wählbare Arbeit
über Gesellschaftsfragen schreiben sollten, schrieb der Kronprinz
über die schwedische Rechtsberatung und wie sie funktionierte.
Die Presse war natürlich anwesend und wollte eine Kopie der
Arbeit haben, aber die Universität ließ das Öffentlichkeitsprinzip
außer Acht und gab die Arbeit dem Verfasser zurück.

Der Professor für Finanzrecht, Sven-Olof Lodin unterrichtete
den Kronprinzen im Sommersemester 1969 in Steuerrecht. In seiner Studentengruppe gab es ein paar, die im Jahr vorher für die
sogenannten Båstadkrawalle verantwortlich waren und die Davis
Cup Spiele zwischen Schweden und dem rassistischen Rhodesien
gestoppt hatten. Das radikale Profil der Gruppe hätte ein Problem
für den Professor werden können, das Ganze ging aber glimpflich
ab. »Der Kronprinz wurde wie jeder in der Gruppe behandelt,
man gab sich untereinander Zigaretten aus und bezahlte eine
Runde Kaffee, wenn man an der Reihe war. Das war sicher sehr

nützlich für den jungen und sehr schüchternen Thronfolger, der einen solchen Umgang scheinbar noch nicht erlebt hatte. Wie viel er vom Steuerrecht und der Steuerökonomie mitnahm, weiß ich nicht. Einmal wurde es brenzlig, als in einem Seminar über steuerfreie Subjekte, also hauptsächlich verschiedene Arten von Stiftungen, auch über die Steuerfreiheit der königlichen Familie und das dahinter stehende Motiv diskutiert wurde. Es wurde heftig debattiert, aber selbst das lief gut ab«, schreibt Lodin in seinem Buch *Professorn som blev näringslivtorped*.

Im Frühjahr 1969 bekam der Thronfolger in seiner Wohnung in Luthagsesplanaden Besuch von der fleißigen Zeitung *Vecko Journalen*. Der Adjutant war der Kapitän des Grenadierregiments in Örebro, Einar Lyth, der später auch dem Stab Seiner Majestät des Königs angehören sollte. Er war bei dem Interview dabei, um einzuspringen, falls der Kronprinz Hilfe bräuchte. Der Reporter Stefan Andhé stellte eine Reihe von ungewöhnlich guten Fragen und bekam darauf auch ungewöhnliche Antworten:

Was ist die wichtigste Eigenschaft eines Monarchen?
Dass er mit der Zeit geht. Wie mein Großvater. Er ist modern.
Wartet der Prinz mit seiner Vermählung bis nach der Thronbesteigung, wenn er die volle Freiheit der Partnerwahl hat?
Die volle Freiheit hat man nie. Es gibt immer eine Mutter, die auch einverstanden sein soll.
Aber findet der Prinz es richtig, dass er seine künftige Frau nicht ganz frei wählen kann?
Gleich und Gleich gesellt sich gern. Das meint das Grundgesetz. Dann muss ich das auch meinen.
Aber kann man wie ein Grundgesetz fühlen?
Nein.

Wie fühlt es sich an, Thronfolger zu sein?

Man fragt sich immer, wie es laufen wird, wenn man in einen anderen Beruf wechselt. Das ist dermaßen groß … man zweifelt. Es geht ja nur darum, das zu tun, was die Menschen fordern.

Was die Menschen fordern, ja. Aber ist es nicht schwer, sich dafür zu opfern? Immer das tun zu müssen, was die Menschen fordern? Hat der Prinz nie Lust gehabt, auf den Thron zu verzichten?

Nein, niemals. König zu sein, das ist ja wie … eine Familientradition. Ich weiß nicht, ob es ein Opfer ist. Ich bin dahingehend erzogen worden und sehe gerade nach vorne. Es ist schwer, abtrünnig zu werden. Es ist meine Pflicht, auf dem Thron zu sitzen, bis das Volk mich nicht mehr dort haben will. Ich bleibe also so lange im Amt, bis ich verabschiedet werde.

Aber spielt der Prinz nicht manchmal mit dem Gedanken, wie es wäre, wenn er die freie Wahl hätte?

Luftschlösser kann man immer bauen.

Falls die Volksmehrheit eines Tages eine Republik mit dem Prinzen als repräsentativem Präsidenten wünschen würde, was würde der Prinz dann antworten?

Ich würde ja sagen. Genau dazu bin ich ja erzogen worden. Es müsste dann nur noch der Name des Amtes geändert werden.

Hat der Prinz Kontakt zu Linksradikalen?

In meinem Freundeskreis ist keiner dabei. Die *suchen* nicht gerade den Umgang mit mir, wie Sie sich vielleicht vorstellen können. Aber ich diskutiere oft mit ihnen.

Adjutant Lyth befand es an dieser Stelle für gut, darauf hinzuweisen, dass der Kronprinz Herbert Marcuse, den deutschen Philosophen, der für die sexuelle Befreiung plädierte und dessen Buch *Der eindimensionale Mensch* großen Einfluss auf die Studentenrevolten gehabt haben soll, gelesen hatte.

Die Studentenrevolten, die Forderung nach Einflussnahme?
Ich mag diejenigen, die progressiv sind und etwas Neues schaffen wollen.
Ist es möglich, progressiv und gleichzeitig Thronfolger zu sein?
Ich meine, ich will ja keine Revolution machen.« Lacht. »Ich will das Wort progressiv nicht verwenden. Es ist ein so gefährliches Wort.
Wenn der Prinz nicht Prinz wäre, wo würde er wohnen wollen?
Ich möchte nicht im Ausland leben, wenn ich nicht dazu gezwungen werde. Ich mag den Geruch Schwedens.

Carl Gustaf war auf dem Weg, den schwedischen Thron zu besteigen. Sein Großvater war seit 29 Jahren König und würde bald 87 Jahre alt werden. Es würde nicht mehr lange dauern, bis es zu einem Thronwechsel kommen würde. Aber dieses Mal sollte es anders sein. Auf den Pressefotos konnten die Menschen einen jungen Mann sehen, der sich nicht mit seinen Zigaretten versteckte und dessen Frauengeschichten von der Presse ausgeschlachtet wurden. Das Schulzeugnis war so lala und besondere Eigenschaften, die ihm als König gut zu Gesicht stehen würden, waren noch nicht entdeckt worden. Er hatte auch keine seinen Charakter ausformenden Interessen. Kurz gesagt war er ein ziemlich normaler 23-Jähriger, der innerhalb der nächsten Jahre seinem Großvater auf den Thron folgen sollte. Es gab Zweifel an seiner Fähigkeit, König zu sein. Die Republikaner und die politischen Parteien, allen voran aber die Sozialdemokraten, in deren Parteiprogramm die Abschaffung der Monarchie stand, nahmen Witterung auf.

Das Land, dessen Luft er so gerne roch, war im Begriff, ihn loszuwerden, noch bevor er den Thron bestiegen hatte.

8 | SOMMERTAGE IN TOREKOV

Das Hotel Kattegat hatte seine besten Tage schon gesehen und brachte nicht mehr viel ein. Das Badeleben in dem kleinen Fischerort hatte sich im Laufe der 1960er-Jahre verändert und der Hotelbesitzer war der Meinung, dass das Haus Kattegat im sich veränderten Tourismusgeschäft nicht mehr mithalten könnte. Die Menschen gingen nicht mehr so oft zum Essen wie früher.

Das Hotel lag im Ort an der früher gepflasterten Straße Storgatan und war seit 1896 in Betrieb. In den 1940er- und 1950er-Jahren hatte es seine Blütezeit, als es jeden Tag, außer am Montag, gut gefüllt war, weil das Trio um Svend Asmussen und das Stan Morton Quintett zum Tanz aufspielten. Sonntags wurden Konzerte gegeben. Segel-, Golf- und Tennisvereine gaben Bälle, der Ruf Torekovs als bester Familienbadeort an der Westküste festigte sich und die Zahl der gastierenden Offiziere, Ärzte, Juristen, Direktoren und Kaufmänner und auch des Adels stieg an.

Jetzt, zu Anfang der 1970er-Jahre, waren die Zeiten also nicht mehr die Besten. Die zwanzig ernsten Herren, die am 15. August eincheckten, waren nicht allein wegen der guten Seeluft angereist, sondern wollten in den letzten warmen Spätsommertagen über die Zukunft des Landes beraten. Dass die Wahl auf genau dieses Hotel gefallen war, war eigentlich nicht merkwürdig, da zur damaligen Zeit Treffen an verschiedenen Orten im Land abgehalten wurden. Es war immer noch Sommer und Torekov lag wie gesagt am Meer.

Valter Åman war überrascht, als ihn der Staatsminister Tage Erlander vier Jahre zuvor fragte, ob er den neuen Grundgesetzausschuss leiten wolle, der dort weiter machen sollte, wo die abgelehnte Untersuchung von Rickard Sandler aufgehört hatte. Die alte Regierungsform von 1809 wurde als veraltet betrachtet, unter anderem, weil sie von einer nicht mehr aktuellen Machtteilung ausging.

Åman, ein alter Journalist, Gewerkschafter, Beamter und Politiker war fünf Jahre lang Landeshauptmann im Bezirk Örebro gewesen, als ihn die Bitte von Erlander erreichte. Åman war weder Staatswissenschaftler noch Jurist und hatte nicht einmal in seinen Jahren im Reichstag in einem Konstitutionsausschuss gesessen, weshalb er anfänglich zweifelte. Er war aber kein Republikaner und ahnte, dass es das war, was den Staatsminister dazu bewogen hatte, die Wahl auf ihn fallen zu lassen.

Åman hatte zugesagt und als die Gruppe in Torekov ankam, war schon fast geklärt, wie die Regeln für die Arbeit des Reichstags und das Wahlsystem ausgeformt würden. Das Ganze wurde 1967 in einem Zwischenbericht vorgestellt. Die Frage, wie die Regierungsbildung vor sich gehen sollte und welche Rolle der Staatschef, also der König, im neuen modernen Schweden spielen sollte, war noch offen. Diese heikle Frage sollte jetzt in Torekov beantwortet werden. Eins war sicher: Der Grundgesetzausschuss würde weder eine Republik noch eine unveränderte Monarchie vorschlagen. Es musste also ein Kompromiss gefunden werden, um beide Lager zufrieden zu stellen, also die Verfechter der alten Monarchie und die Verfechter einer Abschaffung der Erbmonarchie, die im Grunde eine Staatsform wünschten, in der der König in der Politik keine Rolle mehr spielte.

Kronprinz Carl Gustaf hatte zu dieser Zeit seine postakademische Karriere angetreten und war auf dem Weg, den Thron zu besteigen. Im Fernsehen hatte er im Oktober 1969, kurz nachdem der in Bezug auf die Monarchie bedeutend radikalere Olof Palme Staatsminister geworden war, ein beachtetes Interview gegeben.

Der Reporter Lars-Erik Örtegren stellte ein paar Fragen, die sich direkt auf die Zukunft des Kronprinzen als König bezogen.

Wenn jetzt die Sozialdemokraten damit durchkommen, dass der König in Zukunft nicht mehr für die Auswahl des Regierungschefs verantwortlich ist, dann wird diese Aufgabe vom Reichstagspräsidenten übernommen. Das bedeutet eine beträchtliche Reduzierung der königlichen Verantwortung. Ist das eine Befreiung?

Wir sind hier wieder bei politischen Fragen, die ich nur schwer beantworten kann. Aber ich kann sagen, dass das ein … Das steht ja im Grundgesetz, wie es geschehen soll und bis jetzt kann ich mich dem nur fügen. Ich kann das ja nicht so oder so machen.

Falls die Monarchie hier im Land abgeschafft werden würde, was nicht zu vermuten ist, was würde der Kronprinz dann tun?

Das ist eine Frage, die für mich nicht aktuell ist, die ist schon ein paar Mal gestellt worden. Ich habe mich ja nie anderen Dingen gewidmet, es war eine Linie, eine gerade Linie, die die ganze Zeit in diese Richtung geführt hat. Aber ich habe ja verschiedene Interessen, die ich vielleicht verfolgen würde. Ich habe ja den Vorteil, dass ich das Gut Stenhammar verwalten kann. Das ist ein Landwirtschaftsbetrieb und das interessiert mich ja sehr und da gibt es jede Menge Probleme, das sind ja viele Probleme, merke ich, auf die man da stößt.

Der König hat ja eine gute Verbindung zu Staatsminister Tage Erlander gehabt, jetzt ist Olof Palme Staatsminister. Kennen Sie einander?

Wir kennen uns nicht direkt, wir haben uns ja mehrere Male zum Abendessen getroffen, aber ich denke, dass wir ganz gut miteinander auskommen können, weil er ja ein alter Humanist ist wie ich, wir haben ja im gleichen Heim gewohnt.

Möglicherweise treibt die Regierung Palme die Forderung nach einer Republik kräftig voran?
In der letzten Zeit ist viel darüber geschrieben worden. Es gibt ja viele Menschen, die die Monarchie für eine veraltete Institution halten. Aber ich finde und ich merke, dass sie hier in Schweden wunderbar geführt wurde und es hat ja nie Störungen gegeben, sondern es läuft besser als in anderen Ländern und die meisten sind sich ja einig darüber, dass sie weiter bestehen bleibt.

Am Tag nach dem Interview berichtete die Zeitung *Expressen*, dass laut einer Befragung 75 Prozent des schwedischen Volkes weiter einen König an der Spitze des Landes sehen wollen und 17 Prozent eine Republik vorziehen würden.

Carl Gustaf hatte als Gastgeber an der Seite seines Großvaters des Königs ein Abendessen im Stockholmer Schloss gegeben, er hatte seine Studien im Hauptquartier der Vereinten Nationen in New York abgeschlossen und war für seinen außerordentlichen Fleiß gelobt worden. Er sagte, dass er seine Schüchternheit nun überwunden habe und hoffe, genauso beliebt zu werden wie sein Großvater. Sein Debut als stellvertretender König hatte er hinter sich und seinen Großvater glänzend vertreten, wenn er auf Reisen war. Er hatte bei einer von der Zeitung *Aftonbladet* angeordneten Befragung klar gemacht, dass ihm bewusst war, dass viele niedrig entlohnte Menschen in sehr knappen Verhältnissen leben, anderen brennenden politischen Fragen war er aber aus dem Weg gegangen. Und er hatte als stellvertretender Vorsitzender bei der Versammlung des Außenausschusses, dessen erste Aufgabe es gewesen war, die schwedische Delegation in den Vereinten Nationen zu instruieren und über den Eintritt Chinas in die Weltgemeinschaft zu debattieren, debütiert.

In Torekov versammelten sich jetzt die zwanzig Männer im Hotel Kattegat. Einer war der neue Reichstagsabgeordnete Bertil Fiskesjö von der Zentrumspartei. Er erinnert sich, dass die einzige Frage, die lange diskutiert wurde, die Monarchie war.

> Es gab Gruppierungen, die jetzt der Meinung waren, dass wir die Republik ausrufen sollten. Bücher von zum Beispiel Vilhelm Moberg und Gunnar Fredriksson verkauften sich gut und die Sozialdemokraten hatten und haben ja seit 1911 die Forderung nach einer Republik in ihrem Programm verankert. Ich kann mich aber nicht daran erinnern, dass während der Ermittlung einer der Sozialdemokraten diese Forderung formuliert hat. Der König war beliebt und Gunnar Sträng hatte auf einem Parteitag gesagt: »Man soll die Hosen nie freiwillig ausziehen«. Dagegen standen die Sozialdemokraten dafür ein, dass der König entblättert werden sollte, wie es genannt wurde, was bedeutete, dass er aller seiner politischen Funktionen beraubt werden sollte. Die Volkspartei und die Zentrumspartei waren der gleichen Meinung.

Die Voraussetzungen für einen Erfolg des Grundgesetzausschusses war der wirkliche Willen, eine Einigkeit zu erzielen. Dieser Wille zur Einigkeit, so schreibt Valter Åman in seinen Memoiren *Repor i färgen,* drückte sich in einer beidseitigen Loyalität aus, die von einer »gesetzten Ruhe« in Bezug auf den Ablauf der Arbeit geprägt war: »Selbstverständlich hatte ich Angst, dass auch wir scheitern würden und gestaltete den Arbeitsprozess deswegen so, dass wir jeden Abschnitt unserer Arbeit von den jeweiligen Parteivorsitzenden und, nach der eigenen Wahl der Mitglieder, auch in den Reichstagsgruppen absegnen ließen.«

Der Repräsentant der Moderaten, Allen Hernelius, stellte sich gegen die Ansicht der übrigen Gruppen, den König seiner politischen Ämter zu entheben, und forderte, dass der Monarch genau wie in Norwegen und Dänemark Staatsminister formell ernennen dürfe. Außerdem würde er das Dokument unterschreiben, wenn die Gesetzte vom Reichstag angenommen worden wären. Åman gelang es, ihn davon zu überzeugen, sich in dieser delikaten Frage der Mehrheit anzuschließen. »Von sozialdemokratischer Seite war klar, dass die Forderung nach einer Republik schon aufgegeben wurde. Ich selbst war davon überzeugt, dass ein Durchsetzen im Reichstag in der Forderung nach einer Volksabstimmung resultieren würde, der wir Demokraten uns nicht hätten entziehen können und die wir verloren hätten.« In einem Gespräch mit Hernelius gab Åman zu bedenken, dass sich eine Volksabstimmung nach den sozialdemokratischen Zugeständnissen im Grundgesetzausschuss nicht auf die Frage für oder gegen die Monarchie, sondern für oder gegen die veränderte Monarchie, die jetzt als Vorschlag im Ausschuss lag, beziehen würde. »Ich glaube, dass Allan sich im Geiste von altertümlichen Monarchisten umgeben sah, die nach seinem (etwas schütteren) Skalp trachteten, aber trotzdem einsah, was Per Albin Hansson einmal ausgesprochen hat: Die Demokratie ist am Ende vielleicht der Kompromiss!«

Eigentlich wurden alle Diskussionen über die Stellung des Monarchen von der eigenen Einstellung des alten Königs erleichtert. Gustaf VI. Adolf hatte laut Åman während seiner Amtszeit deutlich markiert, dass sich der Monarch nicht in die Politik einmischt. »Man kann behaupten, dass der Monarch selbst durch seine Akzeptanz der Volksherrschaft den Weg gewiesen hat.«

Hernelius, der laut Fiskesjö persönlich sicher nichts gegen den Vorschlag der Majorität hatte, gab nach, forderte aber, dass er das bei den Moderaten verankern müsse. Das nahm einen ganzen Tag in Anspruch, was aber nichts machte, denn das Wetter war schön und der Wind hatte sich gelegt. Während Hernelius mit seinen Parteifreunden in Stockholm telefonierte, gingen die anderen am Strand spazieren, sonnten sich und schwammen im Meer. Der Kammersekretär des Reichstags und Experte in dem Grundgesetzausschuss, der damals 49-Jährige Sune K. Johansson, wurde so eifrig, dass er weit aufs Meer hinaus in Richtung Hallands Väderö schwamm.

Am Abend kam Hernelius mit dem Bescheid zurück, der Vorschlag sei angenommen worden. Wie er das geschafft hatte, erzählte er dem bohrenden Fiskesjö nicht.

Am 20. August, nach vier intensiven Tagen voller Diskussionen und Überlegungen, erklärte Åman die Arbeit für beendet. Im Protokoll wurde der Vorschlag und der Aufgabenbereich des werdenden Königs Carl Gustaf so formuliert:

Der König ist der Staatschef des Reiches. Eine Zusammenkunft zwischen dem Staatschef und der Regierung findet mindestens einmal im Jahr statt. Der Staatschef ist der Vorsitzende und die Regierung teilt ihre aktuellen Beschlüsse und Maßnahmen mit. Es obliegt dem Staatsminister, den Staatschef bezüglich der Angelegenheiten des Reiches ständig auf dem Laufenden zu halten. Bei einem Regierungswechsel findet eine besondere Zusammenkunft mit dem Staatschef statt. Der Staatschef ist der Vorsitzende des Außenausschusses. Bei der Eröffnung des Reichstags ist der Staatschef anwesend und erklärt anstelle des Reichstagspräsidenten den Reichstag für eröffnet.

Diese Arbeitsbeschreibung gilt also nicht für den jetzigen Monarchen, der selbst bei den Republikanern so populär war, dass ihn niemand dadurch verletzen möchte, dass ihm noch während seiner Amtszeit seine Ämter genommen werden. Sie tritt erst beim Thronwechsel in Kraft, der auf den vom Reichstag angenommenen Vorschlag der Grundgesetzänderung folgt. Man muss also nicht die nächste Wahl mit einer nachfolgenden Abstimmung im

Reichstag abwarten, die sonst an der Ordnung wäre, wenn ein Grundgesetz geändert werden soll.

Es gab eine Frage, die in Torekov nicht diskutiert wurde, zu der der Grundgesetzausschuss dennoch Stellung beziehen sollte. Es ging um die Immunität des Staatschefs. »Die hatte etwas Pikantes an sich, seit unser jetziger König [Gustaf VI. Adolf, Anmerkung des Autors] einmal beim Autofahren aufgefallen ist. Allan Hernelius wollte die Straffreiheit des Königs aufrecht erhalten und er setzte sich gegen den Grundgesetzausschuss durch, der dem König-Staatschef keine Sonderregelung zukommen lassen wollte. Unter dem Gesichtspunkt, dass der König und seine Familie immer und überall beobachtet werden, hat die Frage eher eine prinzipielle als eine reelle Bedeutung«, schrieb Valter Åman.

Am 2. März 1972 legte der Grundgesetzausschuss seine Bedenken vor, die im Großen und Ganzen vom Reichstag angenommen wurden. Die neue Regierungsform trat damit zum 1. Januar 1975 in Kraft, ein Jahr bevor der Thron an Carl Gustaf ging. Er hatte einen Großteil seiner Macht und Aufgaben, die sein Großvater noch erfüllen musste, verloren. Der schwedische König musste nun keine Regierungsbeschlüsse mehr unterschreiben, er war nicht länger Oberbefehlshaber, er eröffnete nicht mehr nach der alten Zeremonie den Reichstag und war nicht länger der Vorsitzende beim Zusammentreffen der Regierung.

Der Kompromiss von Torekov wurde mit der Zeit das heiligste Relikt der schwedischen Politik. So sehr auch das rotgrüne Bündnis in den verschiedenen Parteiprogrammen die Monarchie in ihrer heutigen Form abschaffen wollte, so ist doch niemand wirklich bereit, in der Praxis an der die Parteigrenzen übergreifenden Übereinkunft, die 1971 in den heißen Tagen an der Westküste von

Skåne getroffen wurden, zu rütteln. Sie wird als so unantastbar angesehen, dass nicht einmal der letzte Grundgesetzausschuss, der 2004 von der demokratischen Regierung einberufen wurde, die Frage danach aufnimmt. Es steht klar und deutlich in der Direktive, dass »der Auftrag also nicht die grundlegenden Prinzipien der Staatsform, die in den einleitenden Beschlüssen zur Regierungsform festgelegt sind, und auch nicht die Tatsache, dass Schweden eine Monarchie ist, einschließt«.

Man kann sich die Frage stellen, warum der Kompromiss von Torekov nicht angetastet werden darf. Seither sind fast 40 Jahre vergangen und die Zeiten haben sich geändert. Thage G. Peterson, der große alte Mann der schwedischen Politik und fast 30 Jahre lang sozialdemokratischer Reichstagsabgeordneter, Industrie-, Justiz- und Verteidigungsminister, Reichstagspräsident usw. sagt, dass die politischen Parteien immer bereit waren, den Kompromiss aufrecht zu erhalten. »Das ist eine wichtige Frage, denn sie berührt die Regeln eines demokratischen Umgangs. Es geht darum, sich über die demokratischen Spielregeln einig zu sein, eine Grundfrage für eine Demokratie. Ein heiliger Teil des Grundgesetzes.« Rüttelt man also an dem Kompromiss von Torekov, rüttelt man auch an den demokratischen Spielregeln und das darf nicht sein.

Anders Björck, über 30 Jahre lang Reichstagsabgeordneter der Moderaten, früherer Verteidigungsminister und Landeshauptmann in Uppsala, sagte, dass diejenigen, die in Torekov dabei waren, den Zweiten Weltkrieg und einige sogar den Ersten Weltkrieg miterlebt hatten. Deswegen wussten sie, dass in Kriegszeiten das Staatsoberhaupt ein wichtige Rolle spielt und dass diese Betrachtungsweise im August 1971 mit in die Entscheidungen einbezogen wurde.

»Falls man anfangen würde, am Kompromiss von Torekov zu rütteln, würde viel ins Rollen kommen. Es gäbe so viel anderes im schwedischen Modell, das in Frage gestellt würde. Den Schutz des Eigentums, die unternehmerische Freiheit und eine Menge anderer bürgerlicher Kernfragen. Fällt der eine, fällt der andere. Es wäre, als wenn man einen Krieg erklärt. Letztendlich geht es um die Stabilität der Gesellschaft. Wer das ändern möchte, trägt eine sehr große Verantwortung«, sagte Björck.

Die wichtige Arbeit im Außenausschuss, dessen Vorstand der Staatschef nach der alten Übereinkunft war, bekam jetzt einen neutralen Vorstand. Das verlieh dem Posten eine gewisse Würde und Festlichkeit. Die Protokolle wurden wortwörtlich von einem Stenografen stenografiert, es wird also jedes gesprochene Wort notiert. Wird ein Mitglied ausfällig und flucht, lässt sich das für alle Zeiten nachschlagen. In Anwesenheit des Staatschefs geht es ruhiger zu, es liegt weniger Spannung in der Luft und die Seriosität steigt.

Der Staatschef kann auf das Begehren des Staatsministers – und das ist der springende Punkt – eine Schweigepflicht einfordern. Normalerweise gilt die sogenannte Außen-Schweigepflicht bis zu 40 Jahre lang, weil damit die Diskussionen im Hinblick auf das Verhältnis Schwedens zu anderen Ländern geschützt werden. Der Ausschuss, der schon 1921 eingeführt wurde, ist nämlich das politische Beratungsorgan zwischen der Regierung oder dem Reichstag in gewichtigen außenpolitischen Fragen. Für gewöhnlich werden dort außer in Kriegszeiten oder der Gefahr eines Krieges keine Beschlüsse gefasst. Es ist also wichtig, dass es nicht zu Missverständnissen über das, was bei den Tagungen des Ausschusses geäußert wird, kommen kann.

Der Kompromiss von Torekov hatte auch Konsequenzen für die Rede des Königs zur festlichen Eröffnung des Reichstags, die bis 1975 Thronrede genannt wurde und die von der Regierung geschrieben wurde, da diese das Reich formal betrachtet regiert und der König, auch formal betrachtet, die Regierung ernennt. Seine Person und sein Name wurden nun nicht länger mit Beschlüssen und Verfahren politischer Natur verknüpft. Der Entwurf der Thronrede wurde deshalb zwischen dem Hof und der Regierungskanzlei hin und her geschickt und genauestens gelesen. Weder die Vorlage des Grundgesetzausschusses noch die Grundgesetzvorlage der Regierung gaben exakt an, was die Eröffnungsrede beinhalten sollte. Es war nur klar, dass die Rede keine Aussagen politischer Natur beinhalten durfte.

Als Thage G. Peterson zum Reichstagspräsidenten gewählt wurde, bekam er zu hören, dass die Rede des Königs für die Eröffnung zu lang sei und dass er sich in die Politik einmischen würde. Als Carl XVI. Gustaf zum ersten Mal der neuen Regierungsform entsprechend den Reichstag eröffnete, schaffte er das in weniger als einer Minute. Seine Reden wurden mit den Jahren dann länger. 1988 umfasste die Rede 34 Zeilen im Reichstagsprotokoll, im ersten Jahr waren es gerade einmal 5 gewesen. Ein kleines Wort wie »sollte« konnte, wenn es zum Beispiel um die Verteidigungspolitik ging, zu intensiven Diskussionen zwischen dem Reichstagspräsidenten und dem Reichsmarschall führen.

Der König versah seine Aufgaben als Vorsitzender des Außenausschusses im Übrigen gut. Sein erster Auftritt als Vorsitzender war 1973 und schon da konnte man die Veränderung bemerken. Carl Gustaf wurde als spontaner als sein Großvater empfunden und drückte sich informeller aus, wodurch das Gesprächsklima verbessert wurde, sagte der frühere Außenhandelsminister, der Sozialdemokrat Mats Hellström. Der frühere Kabinettssekretär im Außenministerium Sverker Åström hatte sich gemerkt, dass der König Angst davor hatte, sich falsch auszudrücken und erinnert sich daran, dass der König am Ende eines seiner ersten Treffen im

Außenausschuss sagte: »Dann haben wir den Beschluss gefasst«, ohne daran zu denken, dass der Außenausschuss niemals Beschlüsse fasst. »Er ist ganz einfach nicht so begabt. Sobald er sich öffentlich äußert, ist das vom Hof und dem Außenministerium genauestens vorbereitet worden.« Den Sozialdemokraten war während ihrer Zeit an der Macht sehr daran gelegen, anständig mit dem König umzugehen, was sich in einer milden Nachsichtigkeit äußerte. Einer von ihnen, Thage G. Peterson, erinnert sich aber an einen »perfekten« Vorsitzenden. Mit großer Objektivität führte er die Tagungen des Ausschusses durch, sagte nie etwas Unpassendes und war jedes Mal gut informiert.

Anders Björck hatte den König als unerhört vorsichtigen Vorsitzenden erlebt. Er habe sein Konzept nie verloren und war sich bewusst darüber, dass er seiner Rolle gemäß absolut unparteiisch sein musste. Auf der anderen Seite hat er immer vermieden, das Volk zu verärgern und deshalb nicht gewagt, sein Engagement zu zeigen. Björck hat nur einmal erlebt, dass der König die Fassung verloren hat und das geschah, als seine Tochter, die mit in der Versammlung saß, um das Wort bat. Der König sah erst ratlos aus und sagte dann stolz »Die Kronprinzessin hat um das Wort gebeten.« Der König als Privatmensch kommt laut Björck bei kleineren Anlässen wie beim Kaffee und bei Gesellschaften mehr zu seinem Recht. Zum 125-jährigen Jubiläum des Herrenklubs Nya Sällskapet im Jahr 1999 erschien er im Anzug und wurde von den Mitgliedern im Frack empfangen. Er sammelte sich schnell und zeigte eine gewisse Coolness, die er in offiziellen Zusammenhängen ganz selten vorgebracht habe: »Meine Herren, ich bitte um Verzeihung. Sie sind richtig gekleidet, nicht ich.« Kunstpause. »Aber auf der anderen Seite – ich bin der König und der König ist immer richtig gekleidet!«

9 | DER SAUNABESUCH IN ANDERSTORP UND ANDERE WOCHENTAGSBETRACHTUNGEN

Gustaf VI. Adolf wurde am 25. September 1973 begraben. Die quälend lange Wartezeit, bis der alte König verstarb, und das geduldige Aushalten sämtlicher folgender Zeremonien auf dem Schloss, bei denen der neue Monarch all die alten Eide schwören musste, waren nun vorbei. Der Beerdigungsgottesdienst in der Kirche Storkyrkan und die Beerdigung auf dem Friedhof im Park von Haga waren so überfüllt, dass selbst der Reichspolizeichef, Carl Persson, Schwierigkeiten hatte, durch die Absperrungen zu kommen.

All das war jetzt vorbei und das alte Schweden war buchstäblich begraben worden. Mit einem Monarchen, der nicht mehr von Gottes Gnaden kam und seinem Land ein moderner König sein sollte, brachen neue Zeiten an. Der Wahlspruch war von Menschen seiner Umgebung erdacht worden, nicht vom König selbst. Prinzessin Christina würde viel später erzählen, wie sie mit ihrem Bruder während der monatelangen Wartezeit in Helsingborg über die Wortwahl und den Inhalt des Wahlspruchs nachgedacht hatte, es waren aber noch andere Menschen involviert. Eines Abends versammelte sich kurz nach der Beerdigung des alten Königs eine Gruppe im Haus von Nils Wachtmeister, dem Bruder Tom Wachtmeisters, einem Neuling in dem Kreis, der die Ausbildung des Kronprinzen geplant hatte. Jetzt war er zum ersten Hofmarschall befördert worden und sein Auftrag lautete, den neuen König in allen Belangen zu unterstützen. Sie saßen zu fünft oder sechst zusammen – der jüngere Bruder Ian Wachtmeister war auch dabei – und spielten mit den Worten, die historisch werden würden. »För Sverige i tiden. Wir dachten, dass das toll klang« erinnert sich Ian Wachtmeister. »Ein junger Mann, der König wird, was soll er sagen? Wir kannten den Wortlaut von vielen königlichen Wahlsprüchen und fanden unseren Vorschlag sehr modern.«

Die Zeit nach dem Tod des alten Königs war geprägt von alter und neuer Routine. Der König pflegte seinen privaten Umgang, auch wenn seine Freunde der Meinung waren, dass er nach der Thronbesteigung erst einmal nicht mehr auftauchte. Er nahm seine ihm nun auferlegten Pflichten wahr und wurde immer von Leibwächtern begleitet, eine Maßnahme, die nach dem Befehl des Reichspolizeichefs »bis auf Weiteres« galt.

Wie sah der Alltag des neuen Monarchen aus? Die Leibwächter Ola Selin, Sixten Jonsson und Karl Gustav Jansson, die ihn seit Herbst 1973 begleiteten, rapportierten der Sicherheitsabteilung A 21 jede Woche:

9. Oktober, 18.45 Uhr, der König verließ das Schloss im Auto und fuhr auf ein privates Abendessen in Östermalm. Gegen 1 Uhr morgens zurück.

16. Oktober, 16.30 Uhr. Abfahrt vom Schloss zum Training in der königl. Tennishalle. Um 19 Uhr zurück ins Schloss.

17. Oktober, 13 Uhr, der König verließ zusammen mit Hofmarschall Wachtmeister, Statthalter Wohlfahrt und Intendant Jägerskiöld das Schloss. Sie fuhren im Auto zum Schloss Tullgarn in Södermanland und beschäftigten sich dort mit Verwaltungsfragen. Am Abend war der König zum Essen bei einem guten Freund in Östermalm und gegen 1 Uhr zurück im Schloss.

23. Oktober, 17.30 Uhr, der König verließ in seinem Privatwagen das Schloss. Er fuhr zur königl. Tennishalle und spielte mit einem guten Freund Squash. Um 20 Uhr war er zurück im Schloss. Es sollte erwähnt werden, dass ein paar Journalisten von *Expressen* versuchten, sich dem König zu nähern, um eine Reportage zu machen. Der Fotograf Jan Delden machte ein paar Fotos, bis ihm klar wurde, dass der König das nicht wollte. Daraufhin verließen sie die Halle.

28. Oktober, 19.55 Uhr, der König kam am Dala Airport an. Begleitet von Hofmarschall Tom Wachtmeister und Adjutant Oberstleutnant Åke Lundin. Der König war von AB Stora Kopparberg zu einer Industriebesichtigung eingeladen. Während des Besuchs wohnte der König in dem Bezirk, in dem die Direktorenwohnungen liegen, in einer gesonderten Immobilie. Der Hofmarschall wohnte in der gleichen Villa. Der abgesperrte Bezirk wurde rund um die Uhr von der Kriminalpolizei aus Falun überwacht. Es fuhr immer ein Streifenwagen mit zwei uniformierten Polizisten vor dem Wagen, der zum Transport des Königs von Stora Kopparberg gestellt wurde. Die Plätze, die der König besuchte, wurden von der lokalen Polizei bewacht. Das geplante Programm konnte mit kleineren Zeitverschiebungen durchgeführt werden, musste aber wie unten beschrieben, am 30. Oktober geändert werden, weil sich der König schnell nach Stockholm zu einer Staatsratssitzung begeben musste.

16.10 Uhr, der König wurde mit dem Adjutanten in einem Extra-Flugzeug von Dala Airport zum Flughafen von Bromma geflogen. Das Flugzeug landete um 16.45 Uhr. Er wurde direkt zum Schloss gefahren, wo um 17.30 Uhr die Sondersitzung begann. Nach der Sitzung wurde der König wieder nach Bromma gefahren und flog von dort um 18.30 Uhr mit dem gleichen Flugzeug ab. Das Flugzeug landete um 19.10 Uhr auf dem Dala Airport, von wo der König im Auto von Stora Kopparberg in die Villa in Falun gebracht wurde. Das Flugzeug wurde vom Personal der Abteilung A 32 während des Aufenthalts in Norrköping vor der Abreise nach Dalarna durchsucht. Die Bewachung wurde während der Wartezeit des Flugzeugs auf dem Dala Airport von Rps/säk aus Falun übernommen, in Bromma wurde es vom Personal der Abteilung A 21 bewacht. Es ist zu erwähnen, dass der Fahrer des Autos, in dem der König und der Hofmarschall saßen, am 31. Oktober auf der Fahrt nach Söderfors ein riskantes Überholmanöver machte. Er setzte zum Überholen eines s. g. Lastwagens an, hatte aber Gegenverkehr, der Überholvorgang wurde daraufhin zum Glück abgebrochen und es kam zu keinem Unfall. Das wurde später in der Lokalpresse erwähnt.

7. November, 17 Uhr, der König begab sich in einem Motorboot von Saltsjöbaden auf eine kleinere Insel in der Umgebung von Bulleröfjärden. Er hatte zwei Freunde dabei. Sie übernachteten in einer auf der Insel gelegenen Sporthütte und verbrachten den nächsten Morgen mit der Jagd. Am 8. Nov. verließen sie die Insel Alskärskobben um 13 Uhr, um an die Brücke Dalarö zu fahren. Dort übernahm der König sein eigenes Motorboot und fuhr in Gesellschaft von u. a. seinem Adjutanten nach Torö, wo das Boot des Königs in die Werft ging. Der König wurde von seinem Chauffeur von Torö abgeholt und kam um 18.30 Uhr im Schloss an.

10. Nov., zwischen 12.00 und 15.15 Uhr, der König ritt mit dem Adjutanten und zwei anderen Personen in Norra Djurgården aus. Es kam zu einem Unglück, bei dem einer der beiden anderen Per-

sonen aus dem Sattel geworfen wurde und sich am Kopf verletzte. Wir fuhren sofort zum Seraphinenlazarett und setzten danach den Bewachungsauftrag fort. Um 16.00 Uhr empfing der König die Broby Landwehr bei der Wachablösung am Schloss.

11. Nov., der König nahm am Gottesdienst in der Schlosskapelle teil. Dann fuhr er auf den Friedhof von Haga und wurde danach direkt in die königl. Tennishalle gefahren und sah sich das Finale der Stockholm Open an. Um 16.30 Uhr war er wieder im Schloss. Über das Malheur auf dem Ausritt, das nicht dem König widerfuhr, hinaus kam es zu keinen anderen Zwischenfällen.

17. November, gegen 12 Uhr, der König verließ mit einem Freund Tyresö Strand und fuhr nach Danderyd. Um 13.30 Uhr kam er am Schießplatz Rinkeby in Danderyd an und widmete sich mit mehreren Kameraden dem Tontaubenschießen. Um 15.30 Uhr verließ er den Schießplatz, um über das Schloss nach Tyresö zu fahren. Um 17.30 kam er in Tyresö Strand an. Der König übernachtete dort bei einem guten Freund.

18. November, gegen 13 Uhr, der König verließ in Gesellschaft eines Freundes Tyresö Strand und wurde zum Schloss gefahren. Um 14.30 Uhr verließen sie das Schloss und fuhren im Auto zum Schloss Haga, wo dann mit weiteren Freunden des Königs Croquet gespielt wurde. Gegen 18 Uhr war der König wieder im Schloss. Um 18.45 Uhr verließ der König das Schloss und fuhr in seinem Auto zu guten Freunden im Vanadisvägen, wo er zum Abendessen eingeladen war. Um 23.30 Uhr verließ der König den Vanadisvägen und fuhr direkt ins Schloss. Es kam zu keinen Zwischenfällen.

19. November, 16.30 Uhr, der König verließ das Schloss in seinem Auto. Er wurde von seinem Adjutant begleitet und fuhr in die königl. Tennishalle, um Squash zu spielen. Um 18.30 Uhr war er wieder im Schloss, verließ es um 18.50 Uhr wieder, um in Prinz Bertils Haus, der Villa Solbacken auf Djurgården, zu fahren, wo er mit Königin Ingrid von Dänemark und Prinzessin Christina um 19 Uhr zum Abendessen eingeladen war. Gegen Mitternacht verließ der König die Villa Solbacken und war um 00.15 Uhr wieder auf dem Schloss.

26. November, 18.40 Uhr, der König und Prinzessin Christina fuhren im Auto vom Schloss ab und kamen um 18.50 Uhr in der Musikakademie auf Blasieholmen an. Der König und die Prinzessin nahmen an einer Festlichkeit teil, die bis 21.00 Uhr dauerte und begaben sich dann wieder auf das Schloss. Es kam zu keinen Zwischenfällen.

Ola Selin war der Lieblingsleibwächter des Königs. Der Alltag Selins und des Königs sah folgendermaßen aus. Die Zeitung *Se*, die Schwedens provinzielle und leicht erotische Antwort auf die amerikanische Zeitschrift *Life magazine* war, veröffentlichte 1974 eine umfangreiche Bildreportage über »Mister X«, wie der Reporter Ulf Persson Selin nannte. Persson und der Fotograf Björn Larsson waren dem »Schatten des Königs« eine Zeit lang gefolgt. Die Reportage stieß dem Reichspolizeichef Carl Persson schwer auf. Selin wurde, indem er sich in einer Skandalzeitung geäußert hatte, des Verrats an seinem heiklen und wichtigen Auftrag bezichtigt und sollte dafür gefeuert werden. Aber der König kam ihm zu Hilfe. Durch seinen Adjutanten ließ er mitteilen, dass er seinen Leibwächter behalten wollte. Und so blieb Selin.

Das Leben mit dem König war aber viel ereignisreicher, als die wöchentlichen Berichte an den Chef vermuten lassen. Auf einem Fest auf der Insel Ingarö draußen im Schärengarten vor Stockholm hatte die Königs-Gang Spiele erfunden, die nach der Beurteilung der Leibwächter für ihr Schutzobjekt, den König, richtig lebensgefährlich werden konnten. Aber was sollten sie machen? Wenn der König auf einem Speedway-Motorrad mit hoher Geschwindigkeit auf Zeit fuhr, konnten die Leibwächter nur zuschauen. Der König fuhr aber ganz vernünftig und war nüchtern. Schlimmer seine Freunde. Einer von ihnen brach sich bei dem Rennen das Bein und Ola Selin sah ihn später mit dem Bein im Gips im Kaufhaus NK. Selin und seine Kollegen waren kurz davor, bei dem Rennen auf Ingarö einzugreifen. Sie hatte überlegt »Wie sollen wir das machen? Sollen wir abbrechen?« aber weil ihre Chefs es dem guten Urteilsvermögen der Leibwächter überließen, die Situation einzuschätzen, unterließen sie es, das Rennen abzubrechen. Wenn es nicht direkt lebensgefährlich für den König würde, dann wollten sie ein Auge zudrücken. Zum Job der Leibwächter gehörte es auch, Gesetzesverstöße wie zum Beispiel das Fahren unter Alkohol zu tolerieren. Sie hatten einen Ehrenkodex, der beinhaltete, dass sie nicht einmal gegen die Freunde des Königs vorgehen würden.

Ansonsten ging es absolut exakt zu, wenn es um die Sicherheit des Staatschefs des Landes ging. Bei öffentlichen Ereignissen wie Abendessen und Konferenzen wurde er nie an einem Fenster, sondern immer in der Nähe eines Ausgangs platziert, sodass sie ihn schnell hätten herausholen können, falls das notwendig wäre. Ola Selin war der Meinung, dass die Sicherheitsabteilung der Reichspolizei im Vorhinein die Gästelisten der Abendessen kontrollieren sollte. Es könnte sich jemand unter den Gästen befinden, der sich gegen die Monarchie ausgesprochen hatte und eventuell eine

Szene machen würde. Selin hatte es schwer, mit diesen Ansichten Gehör zu finden.

Vor der Eriksgata – Selin sollte in seiner Dienstzeit an insgesamt zwölf teilnehmen – fuhren die Leibwächter ein paar Wochen vorher dorthin und inspizierten die ganze Strecke, die der König fahren würde. Sie wollten die Sicherheit überprüfen und eventuelle alternative Fahrstrecken vorschlagen. Während der Eriksgata im September 1974 ging bei der Polizei in Årjäng eine Bombendrohung ein und Ola Selin sah zu, dass der Programmablauf des Königs schnell geändert wurde. Bei Industriebesuchen – Selin fand, dass der König ein bewundernswertes Vermögen habe, bei diesen Besuchen interessiert auszusehen – trafen sich die Leibwächter immer vor dem Besuch des Königs mit der Firmenleitung, um eventuelle Sicherheitsrisiken auszumerzen. Das funktionierte aber nicht immer. Bei einem Besuch der Heilanstalt Rosenhill in Hagfors blieb die gesamte Gesellschaft im Aufzug stecken – der König, die Leibwächter, der Landtagsvorsitzende, Journalisten und Fotografen. Selin fasste den findigen Beschluss, die Luke im Dach des Aufzugs zu öffnen und auf den Fahrkorb zu klettern und konnte dadurch das Problem lösen.

Vor der Einweihung der Gallerian bekam die Polizei 1976 eine anonyme Mitteilung, dass der König beim Eintritt in das neue Einkaufszentrum erschossen werden sollte. Selin und seine Kollegen saßen im Auto hinter dem Mercedes, in dem der König, sein Adjutant und der Chauffeur saßen, und hatten jetzt zwei Minuten Zeit, einen Beschluss zu fassen: Sollte die Drohung ernst genommen und die Teilnahme des Königs abgesagt werden oder sollten sie die Drohung unbeachtet lassen? Selin entschloss sich zu letzterer Variante und sagte dem König nichts davon. Sie betraten mit entsicherten Dienstwaffen, Selin hatte eine kleine Walter 6,5, das Gebäude und es passierte nichts. Nach diesem Tag sah das Reichspolizeiamt ein, dass sie ein gepanzertes Auto brauchten. Es war ein speziell ausgerüsteter Saab, der mehrere Tonnen wog und das reinste James-Bond-Auto war. Es hatte kugelsichere Scheiben aus 35 mm dickem Emmaboda-Glas und 4 mm dicke kaltgewalzte Platten in den Seiten. Auf Knopfdruck konnte sogar eine Rauchwolke erzeugt werden.

Es gab aber auch ganz andere Dinge, vor denen der König geschützt werden musste. Die Leibwächter sahen all die Revue passierenden Damen ganz aus der Nähe. Eine von ihnen begleitete den König zwei Jahre lang auf Feste bei guten Freunden, in die königliche Residenz Solliden auf Öland und ins Schloss Stenhammar. Das ganze lief heimlich ab und sie musste sich so gut es ging verstecken, wenn die beiden im Porsche des Königs unterwegs waren. Die Freunde des Königs hatten einmal ein Essen in Storlien organisiert. Der König wohnte in einer Sporthütte neben dem Hotel, in dem die Leibwächter logierten. Am Abend hatten die Freunde eine Überraschung parat – die Damen kamen nur in Pelzen gekleidet und zogen diese zum Essen aus. Eine der Frauen war Titti Wachtmeister, die alte Liebe des Königs und Schulkameradin aus Sigtuna. Sie wurde nach diesem Auftritt »Abendoffen« genannt. Die Leibwächter fanden diese Spiele kindisch, verstanden aber, dass es die Art des Adels war, ihren König zu unterhalten. War man Mitglied in der Gang des Königs, dann wollte man so weitermachen.

Es kam vor, dass Ola Selin eine unerwartete Rolle im königlichen Zusammenhang zugeteilt bekam, oder wie er es selbst ausdrückte »wir Leibwächter wurden auf den Pott gesetzt«. Auf einem Fest auf Solliden wurde er ein paar Jahre später von der frisch gebackenen Königin Silvia überredet, vor den Freunden des Königspaares zu singen. Einer der Gäste, Bo Merner, der später dadurch bekannt wurde, dass er die sozialdemokratische A-Presse kaufte, hatte ein Klavier in den Garten gestellt und spielte darauf. Die Königin fragte »Kann Ola nicht etwas singen?« und Selin antwortete »Wenn die Königin das möchte, ja. Unter der Bedingung, dass ich später auch das Lied *Land, du välsignade* singen darf«. Selin konnte sich nicht vorstellen, dass einer der Gäste wusste, wie verdammt gut er singen konnte, deswegen fand er den Gedanken richtig cool, die Gäste derart zu überraschen. Zusammen mit Merners Frau trug er erst *Hjärtats saga* vor und dann stimmte er die alte Paradenummer von Jussi Björling an, bei der den nicht mehr nüchternen adligen Gäste die Tränen kamen. Selin bekam einen riesen Applaus und vermutete, dass der alte Chauffeur der Eltern des Königs, Ernst Alvegård, der Königin von seiner Begabung erzählt hatte.

1975 war der König in Anderstorp, um dort die Formel 1 beim schwedischen Grand Prix zu sehen. Die schwedischen Piloten Ronnie Pettersson und Reine Wizell fuhren auch und Lill-Babs war vor Ort und begrüßte den König und seinen Adjutanten. Die Leibwächter Ola Selin und Sixten Jonsson waren bei einer tief gläubigen Familie, die Mitglieder der Pfingstkirche waren, einquartiert. Der König und der Adjutant wohnten quer gegenüber bei einer anderen Familie der Pfingstkirche. Am Abend fand ein Essen bei einem der Unternehmer des Ortes statt, an dem außer der Entourage des Königs auch Ronnie Pettersson mit seiner Frau, Sven »Smokey« Åsberg, der Begründer von Anderstorp Raceway sowie zwei Frauen aus Göteborg, die extra als »Gesellschaft« eingeladen waren, teilnahmen. Das Abendessen fand im Keller statt und die Leibwächter waren natürlich dabei. Die zwei fremden Frauen beunruhigten sie ein wenig, aber dagegen ließ sich nichts machen. Es wurde ein feuchter Abend und es war beschlossen worden, dass sie alle nur mit einem Laken bekleidet um den Tisch saßen. Die Leibwächter waren unschlüssig, schließlich behielt Jonsson die Kleider an und Selin saß mit seinem Schulterhalfter und in Unterhose da.

Nach dem Essen versammelten sich alle Gäste im Relax-Bereich der Villa, in dem es ein Schwimmbad und eine Sauna gab. Ronnie Pettersson war mit seiner Frau bereits gegangen und die anderen wollten baden und in die Sauna gehen. Der Adjutant sprang in Kleidern ins Wasser und war so angetrunken, dass er von den Leibwächtern nach Hause gebracht, ausgezogen und ins Bett gesteckt wurde. Dann zurück zum König in die Villa. »Wir müssen mit in die Sauna« sagte Selin zu seinem Kollegen. »Ich geh da nicht rein« antwortete Jonsson. Selin saß dann mit dem König, Sven »Smokey« Åsberg, der wie immer eine Zigarre im Mund hatte und einer der beiden Frauen in der Sauna. Jonsson hielt draußen die Stellung. Selin war der Meinung, dass er sich überall nützlich machen könnte und bewunderte jetzt das totale Desinteresse des Königs gegenüber den Avancen der Frau. Falls der König auf die Frau eingegangen wäre, hätte Selin sie gestoppt, auch wenn sie nett und hübsch war.

Es war das erste Mal, dass Selin mit Halfter in der Sauna saß und seine Dienstwaffe wurde so heiß, dass er sich fast daran verbrannte. Er bat Åsberg, die Zigarre auszumachen, was er dann auch tat. Der Abend war damit vorbei und am nächsten Tag reisten der König, sein Adjutant und die Leibwächter zurück nach Stockholm. Sie schrieben kein Wort über den denkwürdigen Abend in Anderstorp, denn sie wussten, dass die Karriere des Adjutanten beendet wäre, wenn herauskäme, unter welchen Umständen er seinen Posten verlassen hatte. Übrigens gewann der Österreicher Niki Lauda im Ferrari den Formel-1-Lauf.

Für die Leibwächter war es nicht leicht, mit derlei Situationen umzugehen. Jedes Mal, wenn bei Anders Lettström, Anders »Aje«

Philipson, Carl Adam »Noppe« Lewenhaupt oder einem anderen aus dem engen Kreis eine Party lief, passierten Dinge, über die die Leibwächter nicht reden und schreiben konnten. Aber die Götter wissen, dass Selin überlegt hatte, den Saunagang in Anderstorp abzubrechen oder zumindest die Gesellschaftsdame daran zu hindern, teilzunehmen. Er hielt gar nichts von solchen Faxen, weil er sie für nihilistisch hielt, verstand aber auch, dass die Gastgeber der Meinung waren, dem König durch einen solchen Exzess einen Gefallen zu tun.

Als Gustaf VI. Adolf starb, übernahm Carl Gustaf einen der alten Adjutanten des Königs, den Informationschef im Stab der Luftwaffe, Ulf Björkman, der auch für den Pressedienst des Hofes beim Thronwechsel 1973 zuständig war. Er kam über einen kurzen Zeitraum recht nahe an den neuen König heran und lernte andere Seiten des Monarchen kennen.

Es gab Dinge, die der 23 Jahre ältere Björkman nur schwer aushielt, kleine Details, denen im größeren Zusammenhang vielleicht nicht so viel Bedeutung beigemessen wurde, die aber zu Reibungen zwischen zwei nicht gleichaltrigen Männern, die zusammen arbeiten sollten, obwohl keiner von beiden darum gebeten hatte, führten.

Der König gab ihm beispielsweise nie über die Abendessen Bescheid und Björkman konnte zwischen den König und die Köchin geraten. »Wie sieht es heute Abend aus?« fragte sie beim Frühstück und der König antwortete »Es sind nur wir und wir essen zuhause«, ging dann aber mit Freunden aus. Oder umgekehrt: Der König sagte, dass er nicht zuhause essen würde, kam abends jedoch mit seinen Freunden an, die alle essen wollten. Den Zorn der Köchin zog sich der Adjutant zu. Björkman versuchte, Ordnung in das Chaos zu bringen, aber der König war noch jung und unverheiratet und hatte seine eigenen Pläne.

Ein anderes Detail war die Zugeknöpftheit des Königs gegenüber Kindern, die mit Flaggen winkten und dem König Blumen reichen wollten. Er aber ging an ihnen vorbei. Das wurde bei der Eriksgata in Jämtland besonders deutlich. Das Volk stand am Wegesrand und wartete in der Hoffnung, dass der König sie bemerken würde, am Fähranleger auf Frösö, aber er blieb im Auto sitzen. »Er hätte aussteigen und die Blumenbuketts entgegennehmen und sich wie ein gewöhnlicher Mensch benehmen können. Bei dem alten König war ich es gewohnt, dass er immer winkte, zurückgrüßte und das Auto anhalten ließ und manchmal ausstieg, um zu grüßen« sagte Björkman. »Vor dem Volk auftreten zu können ist wichtig, um nicht als griesgrämig zu gelten.« Eine andere Angewohnheit des Königs bestand darin, lange auf privaten Feiern zu bleiben. Wenn er am nächsten Tag ausländische Botschafter akkreditieren sollte, bestellte Björkman ein Auto, um den Monarchen schon um Mitternacht abzuholen. »Lass den Teufel warten«, ließ der König mitteilen und setzte die Party bis vier oder fünf Uhr morgens fort. Björkman versuchte den König dazu zu bekommen, bestimmte Tage auszuwählen, weil es nicht sehr angenehm für den Adjutanten war, bei den Audienzen mit dabei zu sein, wenn der König nach Alkohol roch. Für die Botschafter, besonders Muslime, war das noch unangenehmer.

Björkman nahm auch wahr, wie der König mit Frauen umging. Er mochte es, von schönen Frauen umgeben zu sein. Björkman bekam mit, wie das Verhältnis mit einer recht bekannten Dame weiterging, nachdem der König Silvia getroffen und deren Porträt auf seinem Nachttisch im Schlafzimmer des Schlosses aufgestellt hatte. Das Verhältnis verlief dann im Sande, weil der Kontakt zu Silvia immer ernsthafter wurde.

Eines Tages wollte der König einkaufen gehen. Björkman hatte das Gerücht aufgeschnappt, dass der König bei den sogenannten

»Boutiquemädchen« in der Hauptstadt herumlief. Jetzt brauchte er einen neuen Skianzug und nahm seinen Adjutanten im Porsche mit. Aber sie gingen nicht in die üblichen Geschäfte wie das Idrottsmagasin. Der König ging stattdessen in Modebutiken und fand am Schluss einen gelben Overall. »Ja, der passt gut zu ihren Zähnen« witzelte Björkman, der König dagegen fand das nicht so witzig, aber das Personal lachte.

Björkman wohnte in einem Zimmer im Schloss, das nicht viel größer als eine Mädchenkammer war. Wenn der König Freunde zu Besuch hatte, war der Adjutant dabei und holte Flaschen und Gläser und zog sich dann in sein Zimmer zurück. »Ich war 20 Minuten dabei und sie haben mich kaum gegrüßt.« Die Freunde des Königs, die nicht arbeiten mussten, wurden von Björkman, der es nicht mochte, wenn der König von ihnen zu Dummheiten und nächtlichen Sitzungen mit den »Boutiquemädchen« angestiftet wurde, »Parasiten« genannt.

1974 wurden die Adjutanten des Königs mit Dienstwaffen und Tränengas ausgerüstet. Björkman musste die kleine 5 mm »Frauenzimmerpistole« seines Vorgängers übernehmen. Wenn er im Dienst war, trug er sie in der Jackentasche bei sich, sonst lag sie im Tresor des Schlosses. Die Waffe wurde aber nie benutzt. Björkman und der König, das wurde immer deutlicher, passten nicht zusammen. Björkman musste gehen, nach dreizehn Jahren im Dienst erst des alten und dann des neuen Königs.

Den letzten Abend seines Dienstes verbrachten die beiden alleine im Stockholmer Schloss. Sie saßen in der Küche und aßen, nahmen ein paar Bier und verhielten sich wie Männer. In seinem Buch *Kungens adjutant* schildert er den Abschied: »Mir schwoll der Kamm und als wir uns für die Nacht verabschieden wollten, brachte ich das heraus, was ich immer mal loswerden wollte. Es ging um ein paar Sachen, die der König getan beziehungsweise nicht getan hatte, und die mir jetzt über die Lippen kamen. An der Schwelle zum Schlafzimmer des Königs redete ich lange, ausführlich und gut. Der König hörte ruhig zu und sah mich an. ›Haben Sie noch mehr zu sagen?‹ ›Nein, Eure Majestät.‹ Die Schlafzimmertür wurde mir vor der Nase zugeschlagen. In dieser Nacht war ich einsam.«

Björkman geht in seinem Buch nicht auf Details ein, aber die Dinge, die ihn am König gestört haben, waren die langen Abende, die Essensgewohnheiten und das Unvermögen, den Kindern zuzuwinken.

Björkman war immer noch der Informationschef der Luftwaffe und obwohl er als Adjutant gefeuert wurde, konnte er am Hofe bleiben. Der König hatte den Plan, ein Flugzeug der Luftwaffe zu benutzen, um mit seinen Freunden nach Tärnaby zu fliegen, wo er die Fischerhütte seines Großvaters übernommen hatte. Björkman war der Pilot. Sie flogen in einer zweimotorigen Cessna 404, die sieben Passagieren Platz bot. Der König wollte immer als Copilot agieren. Oder sie flogen mit einer SK 60, ein Schulflugzeug von Saab, das zwei Jetmotoren und Schleudersitze hatte. Björkman versuchte, dem König das Fliegen beizubringen und der König machte sich sehr gut. Björkman fand, dass er ein gutes räumliches Denkvermögen, eine robuste Gesundheit und ein gutes Reaktionsvermögen besaß.

Wenn Björkman dachte, dass er vom König fallen gelassen wurde, dann täuschte er sich. Der frühere Adjutant war als Pressechef bei der königlichen Hochzeit und der Taufe von Kronprinzessin Victoria dabei. Er durfte später das 220 Quadratmeter große Haus, das zu der Gruppe von Gebäuden gehörte, die im Hagapark als Gamla Haga bezeichnet werden, mieten. Björkman hatte nicht damit gerechnet, weil ihm der Statthalter Sixten Wohlfahrt gesagt hatte, dass der König das Arrangement absegnen müsste. Aber der hatte nur gesagt »Cool, dass da jemand wohnen möchte« und so konnte Björkman einziehen.

Am Samstag, dem 19. Juni verheiratete sich Carl Gustaf Folke Hubertus Bernadotte mit Silvia Renate Sommerlath, die der König vor vier Jahren auf der Sommerolympiade in München kennengelernt hatte. Es war nicht nur eine Liebesgeschichte, die jetzt in der Kirche Storkyrkan gekrönt wurde. Die Sukzessionsverordnung war an diesem Tag einen Schritt weiter gegangen, weshalb das Königspaar jetzt mit der Erwartungshaltung lebte, dem Volk einen Thronerben zu schenken. Die Hochzeit und die bevorstehende Geburt war der Kitt, der das Königshaus mit der Nation verband, was nicht allzu oft vorkam. Das letzte Mal war das 1932.

Es war nicht nur aus konstitutioneller Perspektive ein großes Ereignis. Es war ein Volksfest, bei dem sich 180.000 Menschen im Zentrum von Stockholm versammelten und die Zeitungen ließen keinen Zweifel daran aufkommen, dass sich das schwedische Volk freute und alle das Glück des Brautpaares teilten. »Ein leuchtendes Fest der Jugend«, »Das Brautpaar in strahlendem Festzug«, »Salut und Hochrufe für die königliche Schaluppe«, »Blaugelbe Flaggen, frohe Schaulustige in Viererreihen«, »Glückliches Familienfest vor Millionen«, so lauteten einige der Schlagzeilen. Für das schwedische Fernsehen war es das bis dahin größtes Projekt und wurde von dem bekannten Sportjournalisten Lennart Hyland live kommentiert.

Bei der Organisation gab es auch Komplikationen. Von den Unteroffizieren des Hofes, die hinten auf dem Paradelandauer als »Läufer« und »Jäger« stehen sollten, schienen sich sehr wenige für diese Ehrenaufgabe zu qualifizieren. Bei einer Beratung mit dem Reichsmarschall- und Hofmarschallsamt entschied der Chef der Reichspolizei, dass sie von zwei Mann der Sicherheitspolizei Säpo vertreten würden. Als die Polizisten kurz vor der Abfahrt auf die

Lakaien in dem östlichen Flügel des Schlosses trafen, gab es eine erniedrigende Szene. Sie mussten ihre festlichen Uniformen ausziehen und einer von ihnen begann zu weinen. Als die Säpo-Männer die Uniformen anzogen, waren sie den hochgewachsenen Männern etwas zu eng. Ansonsten verlief alles nach Plan. Es gab keine Anschläge. Vor ein paar Jahren war das Land von zwei Anschlägen erschüttert worden. Damals war in Bulltofta ein Flugzeug entführt und die westdeutsche Botschaft gesprengt worden. Jetzt war nicht einmal eine kleine Bombendrohung eingegangen. Der einzige Zwischenfall ereignete sich am Lejonbacken. Die Polizei fand dort eine kleine Stinkbombe, die in Zeitungspapier eingewickelt war.

Ola Selin hatte an diesem Tag nicht viel zu tun. Am Abend vorher war er bei dem Empfang im Rathaus von Stockholm (schwarzer Anzug), dann in der Oper, wo er in der Loge des Hofes saß (Frack) und zusah, wie ABBA das erste Mal ihren Hit *Dancing Queen* spielte, und schließlich beim Ball auf dem Schloss Drottningholm (immer noch im Frack) anwesend. Um halb vier war er wieder zuhause.

Sein Einsatz war jetzt so lange nicht gefragt, bis alle Zeremonien beendet waren und das Königspaar seine erste gemeinsame Nacht als Ehepaar verbringen sollte. Aber wie sollten der König und die Königin am besten vorgehen? Man konnte annehmen, dass das Interesse der Medien, nachdem die Kirchenglocken verstummt, die Salutschüsse verklungen waren und die königlichen Pferde nach ihrer bravourösen Fahrt durch die Straßen von Stockholm ihren wohlverdienten Hafer bekamen, nicht nachlassen würde. Die Presse war allgegenwärtig und wollte sehen, wohin das Königspaar ging. Es ging das Gerücht, dass sich Carl Gustaf und Silvia zum Abendessen und zum Übernachten in die Villa von Prinz Bertil auf Djurgården begeben hätten, Selin wusste es aber besser. Die Leibwächter hatten gemeinsam mit dem König einen Plan geschmiedet. Die Journalisten kannten den schwarzen Volvo 740 mit den zwei Antennen, den Selin und seine Kollegen gewöhnlich fuhren. Nun sollte die vierte Staatsmacht verwirrt werden. Zwei Männer der Säpo sollten den Volvo dicht hinter dem großen schwarzen Auto des Hofmarschalls, von dem angenommen wurde, dass das Königspaar darin saß, durch den nördlichen Flügel aus dem Schlosshof fahren. Der Plan ging auf und die Journalisten hängten sich an die Wagen.

Gleichzeitig fuhren Selin und sein Kollege Sixten Jonsson mit einem anderen Volvo aus dem südlichen Flügel heraus. Der König und die Königin saßen, familiär gekleidet und mit ihren Übernachtungstaschen auf dem Schoß auf der Rückbank. Die Fahrt ging raus ins östlich von Stockholm gelegene Ingarö. Die Strecke hatte Selin vorher ausgekundschaftet. Dort wartete Bertil Bernadotte, der Sohn von Folke Bernadotte in seinem Sommerhaus. In Übereinkunft mit Selin hatte er ein Zimmer vorbereiten lassen und als nun das Königspaar gut angekommen war, fuhren die beiden Leibwächter zurück nach Stockholm. Sie wurden nicht gebraucht, weil niemand wusste, dass der König und die Königin an diesem Ort waren.

Die Auswahl von Bertil Bernadotte war ein smarter Zug. Niemand wäre darauf gekommen, dass der König im Sommerhaus seines Cousins übernachten würde. Am nächsten Tag rief Bernadotte bei Selin zuhause an und teilte ihm mit, wann die beiden wieder abzuholen seien.

Als das erste Kind des Königspaares am 14. Juli 1977 geboren wurde, merkte Selin erneut, dass er auf besondere Weise mit dem Königspaar verbunden war. Es war der große Tag, auf den alle gewartet hatten: Schweden bekam einen Thronfolger. Wenigstens hoffte man das. Als es dann ein Mädchen war, tja, daran konnte

man nichts ändern. Der König war ja selbst als fünftes Kind geboren und das schwedische Volk hatte Übung darin, sich zu gedul-
den. Es sollte noch fast zwei Jahre dauern, bis Schweden die
geschlechtsunabhängige Thronfolge einführte. Aber bis dahin
musste es ein Junge sein.

Selin stand im Blaumann auf dem Dach der Vikmanshütte, als
das Telefon klingelte. Es war Hans Lagerhorn, der Polizeidirektor
bei Carl Persson, und Selin, immer bereit, schnell abzufahren, fuhr
sofort die gut 200 Kilometer in die Garage des Polizeigebäudes auf
Kungsholm. Dort stieg er in seinen Dienstwagen und fuhr in
rasendem Tempo ins Krankenhaus Karolinska Sjukhuset in Solna.
Er musste sich seinen Weg durch die wartenden Journalisten bahnen. Seine Kollegen Jansson und Jonsson waren schon da und drei
Leibwächter erschienen als fast unnötig, selbst wenn die Gebä-
rende die Königin war. Selbst Lagerhorn war verwundert. Aber Silvia hatte gesagt: »Ich will, dass Ola mit dabei ist!« Die Königin
bekam ihren Willen.

Selin bekam 1986 einen persönlichen und maßgeschneiderten
Dienstposten als Kriminalkommissar. Einige Jahre später wurde er
zum Dank für seinen Einsatz bei der Sicherheitsarbeit in der Leitung der Reichspolizei von Justizminister Sten Wickbom zum
Chef der Sicherheitsabteilung bei der Säpo ernannt. Später wurde
er Sachverständiger für Sicherheitsfragen in der Leitung der Bau-
behörde und bei Vasakronan AB. Heute genießt er seinen wohlverdienten Ruhestand auf seinem Hof im südlichen Dalarna.

TEIL ZWEI

1 | EIN FREIER MANN

Am 17. Juni 2010, genau um 8.30 Uhr morgens öffnete sich die Tür der Haftanstalt Bondängen, zwei Kilometer vor Mariefred, und nach genau zwei Jahren und drei Monaten hinter Schloss und Riegel war Mille Markovic wieder ein freier Mann. Es war ein strahlend schöner schwedischer Sommertag und die Idylle wäre perfekt gewesen, wären da nicht die grauen Gefängnismauern. Markovic trat mit einem über die Schulter geworfenen Kleidersack hinaus und wurde von seinem Sohn begrüßt, der in einem silberfarbenen Mercedes Cabriolet nach Mariefred gekommen war. Sie umarmten sich und gingen gemeinsam in Richtung Auto, das der Sohn ein bisschen weiter weg geparkt hatte. Markovic trug Schwedenclogs, Jeans und ein weißes T-Shirt mit der Abbildung einer vollbusigen, halbnackten Blondine darauf.

Nach umfangreichen polizeilichen Ermittlungen in Bezug auf seine Geschäfte im Stockholmer Stripteaseclub Privé war er in sieben Anklagepunkten schuldig gesprochen worden – Hehlerei, Bilanzfälschung in schwerem Fall, Trunkenheit am Steuer, Drogenhandel, schwere Steuerhinterziehung, Behinderung der Arbeit der Steuerprüfer sowie schwerer Verstoß gegen das Waffengesetz. Markovic hatte neun Mitangeklagte, neben anderen den ehemaligen Polizisten Ljubomir Pilipovic, der für ähnliche Vergehen zu drei Jahren Haft verurteilt wurde. Beide wurden auch zu zehn Jahren Gewerbeverbot verurteilt. Die Staatsanwaltschaft konnte zwar Teile der Stripteaseclubmafia zerschlagen, aber der Tanz an der

Stange ging unvermindert weiter, ebenso wie der sogenannte »Pornokrieg« mit allem, was dazu gehört: Bombenattentaten, Todesdrohungen, Schlägereien und Schießereien. Wie schon so oft zuvor, waren es wieder einmal die Wirtschaftsvergehen, die die Beschuldigten letztendlich zu Fall brachten.

Das Empfangskomitee konnte leider nicht wie geplant erscheinen. Eigentlich war vorgesehen, dass Markovic von dem Besitzer des Clubs Privé, Michael Badelt, ein vergleichsweise gering belasteter ehemaliger Eishockeyspieler, abgeholt werden sollte. Dazu sollten noch zwei Autos mit Clubwerbung sowie der Mercedes mit Stripperinnen des Clubs kommen, um Markovics neues Leben in Freiheit zu feiern.

Aber zwei Tage zuvor hatten Einsatzkräfte der Polizei eine Razzia durchgeführt, bei der sowohl der Club Privé als auch Badelts Wohnung in seiner großen Villa auf Värmdö durchsucht wurden und man ihn anschließend in Kronoberg in Untersuchungshaft nahm. Bei dem Tumult hatte sich sein Hund die Pfote verletzt. Der Grund für die Razzia war, dass die Polizei Badelt verdächtigte, hinter den jüngsten Bombenattentaten und Schießereien zu stecken, die im Frühjahr auf einen der konkurrierenden Stripteaseclubs, den Club Kino, ausgeführt wurden. Die offizielle Anschuldigung gegen Badelt lautete »versuchter Mord«.

Von dem großen Bahnhof blieb so schließlich nur eine Rauchwolke übrig. Aber Markovic beschwerte sich nicht. Er war müde und sehnte sich nach Hause zu seiner jungen Frau und der fast achtzehn Monate alten Tochter. Er setzte sich hinters Lenkrad und wollte als Symbol für seine wiedergewonnene Freiheit den Benz fahren. Er war gewohnt, das tun und lassen zu können, was er wollte und wenn seine Freiheit eingeschränkt oder er schlecht behandelt wurde, konnte er dies als Verletzung seiner Integrität auffassen. Wie damals, als er und seine junge Frau, die gerade im siebenten Monat schwanger war, zum Jahreswechsel 2008/2009 nach einigen Wochen Urlaub aus Thailand zurückkamen. Sie reisten im Flugzeug erster Klasse und saßen nur einigen Reihen hinter König Carl XVI. Gustaf und Königin Silvia, einem Adjutant in weißer Uniform und dem Bodyguard. Es war nicht nur das Königspaar, das Aufsehen erregte. Markovic war nicht richtig angezogen dafür, dass er erster Klasse reiste und in unmittelbarer Nähe des schwedischen Monarchen saß. Der alte Boxer trug ein großzügig aufgeknöpftes Hemd, eine dicke Goldkette, Shorts und Flipflops. Seine Frau hatte ein beigefarbenes Lycrakleid an, das sich um ihren großen Bauch spannte.

Markovic regte sich darüber auf, dass die Stewardessen von Thai Air zu viert mit Chips und sonstigen Süßigkeiten das Königspaar umschwirrten, während sich um das Ehepaar Markovic nur eine kümmerte. Als man dann in Stockholm aussteigen wollte, mussten alle hübsch warten, bis der König und die Königin das Flugzeug verlassen hatten. Da konnte Markovic es sich nicht verkneifen, scherzhaft zu sagen: »I'm the king of Serbia.« Nicht nur darüber beschwerte er sich beim Reisebüro Klein, sondern auch über die Tatsache, dass er und seine Frau dem Risiko eines möglichen Terroranschlages auf das schwedische Staatsoberhaupt potenziell ausgesetzt waren. Das war gewiss etwas zugespitzt, aber Markovic konnte es nicht lassen.

Dennoch war dieses Ereignis auch in manch anderer Hinsicht interessant. Erstens schien das Königspaar während der gesamten Reise von Bangkok nach Stockholm nicht ein einziges Wort miteinander zu wechseln. Zweitens musste Markovics Frau vor der Toilette warten, dass die Königin fertig wurde. Das dauerte zwanzig Minuten, da sie sich umgezogen hatte. Sie zog sich während des Fluges bis zu viermal um, legte kleine Servietten auf den Platz, auf dem sie saß, und drehte das Nackenkissen um, sodass sie fast zu ersticken schien. Und drittens, und das ist das Denkwürdigste: Der König hatte zehn Stunden lang zusammen mit dem Mann in der ersten Klasse gesessen, der ihn und seinen Freundeskreis Anfang der 1990er-Jahre mit Stripperinnen und Hostessen zur Vergoldung ihrer Herrenrunden und Festivitäten versorgt hatte. Das war eine prekäre Situation, peinlich für beide, für Markovic und für den König – und ganz bestimmt für die Königin, so sie überhaupt davon wusste.

Aber eine Logik hatte dies schon: Dies passte genau in das Schema, nach dem das Leben des Mille Markovic ablief. Spektakulär.

Markovic wurde 1961 in Serbien geboren und kam einige Jahre nachdem die Mutter verstorben war zusammen mit seinem Vater nach Schweden. Nach einer gelinde gesagt zerrütteten Kindheit – er wurde von seinem Vater geschlagen, trieb sich herum, brach die Schule ab, wurde in ein Kinderheim eingewiesen, ging zurück nach Serbien, besuchte dort die Schule, untersuchte den Tod der Mutter, verletzte eine Person schwer, kehrte nach Schweden zurück, schwänzte die Schule, beging Straftaten wie Raub und Geldeintreibung, landete im Jugendwerkhof und wieder bei einer Pflegefamilie – begann er schließlich mit dem Boxen, erst in Halmstad, dann in Stockholm. Auch als er boxte, beging er erneut Straftaten und wurde Anfang der 1980er-Jahre wegen Diebstahls, Hehlerei, Körperverletzung, Beamtenbedrohung, Widerstands gegen die Staatsgewalt, Übergriffs im Zusammenhang mit einem Rechtsverfahren, Drogenhandels und Fahrens ohne Führerschein zu insgesamt fünfzehn Monaten Gefängnis verurteilt.

Markovic boxte im Bantamgewicht und war ziemlich erfolgreich. Er bestritt 50 bis 100 Wettkämpfe und gewann neunzig Prozent mit K.o. Mitte und Ende der 1980er-Jahre war er Mitglied der schwedischen Nationalmannschaft. Gleichzeitig baute er sein Vorstrafenregister weiter aus. 1985 wurde er wegen Körperverletzung und Trunkenheit am Steuer, 1986 wegen Körperverletzung, rechtswidriger Bedrohung, Belästigung, Sachbeschädigung und Verstoßes gegen das Straßenverkehrsgebührengesetz verurteilt. Jedoch waren Kriminalität und Gefängnisaufenthalte kein Hinderungsgrund für seine weitere Boxkarriere. Markovic war so gut, dass sein Manager Rolf Traff ihn bei dem legendären Boxpromoter Don King in den USA vertraglich unterbringen konnte. Aber dort blieb er nicht lange. Er sah, dass das Ganze ein einziger Betrug war, als man von ihm verlangte, abgesprochene Boxkämpfe zu bestreiten. Es gelang ihm, allmählich bei Frank Maloney in England unterzukommen, einem der weltweit führenden Promoter, der u. a. auch den Schwergewichtsweltmeister Lennox Lewis in seinem Boxstall hat. Als Markovic einmal gegen einen bekannten Boxer kämpfte, passierte etwas im Ring, was er als Betrug empfand. Der Kampf war seiner Meinung nach abgesprochen. Er wurde wütend und bespuckte den Ringrichter, der den Kampf abbrach.

Wieder in Schweden fing er an, eigene Boxevents in verschiedenen Nachtclubs zu veranstalten, bei denen Stripperinnen im Ring umherliefen und man Champagner trank. Und irgendwo hier war es, wo das Ganze seinen Anfang nahm.

2 | DER ENGSTE KREIS

D er Lack auf dem nagelneuen Volvo P1800 funkelt in strahlendem Hellblau und das Spiegelbild des Kronprinzen hat sich auf die Motorhaube gelegt. Es ist ein hübsches Bild, wohl arrangiert, aufgenommen am Schloss vor zahlreichen Statuen aus der antiken Mythologie, und es zeigt den künftigen König und sein allererstes Auto mit dem Kennzeichen A8635. Die Scheinwerfer sind eingeschaltet und der Kronprinz hat seine rechte Hand schon an der Fahrertür, als ob er sich gerade hinters Lenkrad setzen und den Wagen in hohem Tempo galant vom Schloss in Richtung Freiheit lenken würde.

Roger Moore fuhr in den 1960er-Jahren, in der Fernsehserie »Simon Templar«, dasselbe Auto, allerdings in Weiß. Das Modell gehört zu den schönsten Autos, die je produziert wurden, und man merkt, dass Carl Gustaf ein unglaublich stolzer Besitzer ist, obgleich sich die Freude in seinem Gesichtsausdruck angemessen verhalten zeigt. Das Auto – oberstes Symbol für den Wunsch sich loszulösen, den Sorgen des Alltags zu entfliehen, einfach weg in Richtung eines noch unbekannten Ziels. Man kann sich vorstellen, dass die ständigen Warnungen der Kindheit, was alles gefährlich sein könnte, nun zu einer Verlockung geworden sind und sich in dem Moment ein Gefühl des Auflehnens gegen alles Verbotene einstellt, verkörpert durch einen schnieken Schlitten direkt von Volvos Autodesignern. Das Fahrzeug gibt dem Besitzer ein Gefühl der Kontrolle und Unabhängigkeit. So einen Wagen zu besitzen und ihn selbst zu fahren, ist etwas völlig anderes, als sich in einem dicken, schwarzen Auto aus dem königlichen Fuhrpark chauffieren zu lassen.

Überhaupt zeigen die Bilder aus dieser Zeit, den späten 1960er- und frühen 1970er-Jahren, einen völlig anderen Kronprinzen als bis dahin. Er hat die Schule mit einem recht passablen Zeugnis abgeschlossen, seinen Militärdienst auf der *Älvsnabben* abgeleistet und auch seine sonstigen militärischen Pflichten erfüllt und schließlich die akademischen Hallen der Universitäten Uppsala und Stockholm hinter sich gelassen. Ein – so scheint es – harmonischer junger Mann, der nun seine Flügel erproben und sich in ganz anderen Bereichen ausprobieren wird. Schweden hatte einen Kronprinzen, der sich wie andere junge Männer auch seine Hörner abstoßen wolle. Die Hauptstadt lockte mit einem intensiven Nachtleben und der Kronprinz war ein flotter Kerl mit anziehenden Gesichtszügen, die mitunter noch etwas jungenhaft wirken konnten, umrahmt von leicht gewelltem Haar mit langen Koteletten.

Seine Untertanen gewöhnten sich daran, ihren Thronfolger und künftigen holden Landesvater in vollem Ornat eines Marineoffiziers, in maßgeschneidertem Dreiteiler oder in modisch geschnittenem Smoking mit Drink und Zigarette in der Hand des Nachts herumziehen zu sehen. Ein unbeschwerter Playboy, der natürlich Erfolg in den Nachtclubs und bei den Damen hatte.

In Stockholm gab es Anfang der 1970er-Jahr nur wenige Clubs, die das tanz- und partyfreudige junge Volk anzogen. Einer davon war »Lord Nilson«, der erste angesagte Club, in dem man sich jedes Wochenende traf, ein zweiter hieß »Nr. 1«, ein dritter »Corps Elite«, der einmal in der Woche geöffnet war, ein vierter war »Hamburger Börse«. Hier saß man beisammen, rauchend und im

Takt der Discomusik schwelgend. In den Cafés versammelten sich junge Leute von der Französischen Schule, von der Östra und Norra Realschule, sie schmiedeten ihre Pläne für das Wochenende und versuchten, jemanden ausfindig zu machen, der im »Systembolaget«, dem staatlichen Spirituosengeschäft, Schnaps bekommen konnte. Die sich hier trafen, waren Studenten der Jahre 1965–1967, sie waren um das Jahr 1946 geboren, genau wie der Kronprinz, und hatten ihre Abifeiern in der Texas Bar, im Stallmästaregården, im Klubb 21, im Spiegelsaal des Grand Hotels und im Sjöfartshuset.

Nach seiner Zeit in der Internatsschule Sigtuna nahm der Umgang des Kronprinzen langsam festere und regelmäßige Formen an. Etwa zwanzig seiner engsten Freunde taten sich in zwei Clubs zusammen – dem Croquetclub und dem Punschclub. Wenn die Eltern klug waren, versuchten sie, ihren Kindern Zugang zum Umkreis des künftigen Königs zu verschaffen.

Der offizielle Name des Croquetclubs lautete etwas protzig »Royal Swedish Lawn Croquet Club« und bestand aus sieben Mitgliedern – dem Kronprinzen, Carl-Johan Smith, Johan Beckman, Daniel »Pysse« Bonnier, Hans-Jacob »Nisse« Bonnier, Peter Degermark (Bruder der Schauspielerin Pia Degermark), Carl-Gustaf »Noppe« Ekman und Fredrik Skiöldebrand. Die dreizehn Mitglieder des »Then Swenske Punchklubben« waren Carl-Johan Winberg, Jacob »Coco« Frisk, Anders Ihre, Klas Källström, Anders Lettström, Carl Adam »Noppe« Lewenhaupt, Richard Ohlson, Göran Sachs, Carl-Otto »Lolo« Sturén, Christer Tegnér, Robert »Bobby« Zethelius, Anders Ahlberg und Johan Åkerhielm.

Im Croquetclub durften niemals mehr als acht Mitglieder sein. Wenn jemand den Club verließ, bedurfte es für die Aufnahme eines Nachfolgers der hundertprozentigen Zustimmung der anderen. Manchmal spielten sie bei Carl-Gustaf Ekman in Djursholm oder bei jemandem mit großen Rasenflächen auf dem Villengrundstück.

»Das ist ein Club ausschließlich für Herren. Wenn wir uns treffen, sollen Damen möglichst nicht dabei sein. Manchmal haben wir auch Feste mit geladenen Damen«, sagte der Spielleiter Johan Beckman, damals einundzwanzig Jahre alt, gegenüber der Boulevardzeitung *Expressen*. Er studierte Jura und war seit Kindertagen mit dem Kronprinzen befreundet. Sein Vater war der Fregattenkapitän und Öl- und Versicherungsdirektor Yngve Beckman.

Die Idee zur Gründung des Punschclubs kam ihnen im November 1967, als die Familie von Carl Adam »Noppe« Lewenhaupt ein Fest in der Offiziersmesse des Königlichen Leibgarderegiments feierte, bei dem Hans Skiöldebrand, der Vater von Croquetclub-Mitglied Fredrik Skiöldebrand, Vizechef war. Der Vater war außerdem Adjutant des Kronprinzen. Am ersten Donnerstag eines jeden Monats traf man sich im Hause eines der Mitglieder, um Erbsensuppe zu essen und heißen Punsch zu trinken. Die Verantwortung für das Arrangement ging alphabetisch reihum und Aufgabe des Gastgebers war es, einen Vortrag zu halten, denn man wollte sich auch kulturell weiterbilden und nicht nur dem Punschtrinken frönen. Einmal im Jahr veranstaltete der Club einen großen Ball, zu dem natürlich auch Damen eingeladen waren, wie der auf Schloss Engsholm, das damals dem Reeder Ragnar Källström, dem Vater von Klas Källström, gehörte.

Aber die Freunde des Kronprinzen verkehrten auch mit Leuten, die nicht zu diesen Clubs gehörten, so z. B. mit Göran Sachs, Tim Genetay, Peder Wachtmeister, Carl »Carli« Kleman und Hans-Eric von der Groeben. Einige von ihnen sollten künftig zum engsten Kreis des Kronprinzen gehören, der im Prinzip aus etwa hundert guten Freunden bestand, die fast alle früher oder später führende Positionen in der Gesellschaft einnahmen. Sie studierten an renommierten Universitäten und viele machten Karriere im Bereich Finanzen und in der Wirtschaft. Unter den fünfundzwanzig besten Freunde gab es vierzehn, die Söhne von Direktoren waren, drei von Gutsbesitzern, zwei von Offizieren, einer der Sohn eines Verlegers, einer eines Anwalts, einer eines Reeders, einer eines Ingenieurs, einer eines Architekten und einer der Sohn eines Cellisten. Entfernter gehörten auch Söhne von Grafen und führenden Zeitungsleuten dazu. Einige davon waren »Partylöwen«, während andere nicht mit in die angesagten Clubs gingen, da ihr Studium zu viel Zeit in Anspruch nahm. Viele wollten nicht öffentlich als Freunde des Kronprinzen in Erscheinung treten, da sie dann leicht als Snobs abgestempelt worden wären.

Die schwedische Boulevardpresse berichtete ständig über die Frauengeschichten des Kronprinzen, über erfundene oder wirkliche. Eine, die bereits früh als seine Freundin galt, war seine Schulkameradin Titti Wachtmeister, nicht zuletzt nachdem man an der französischen Riviera per Schnappschuss von einem italienischen Fotografen zusammen abgelichtet wurde. Die Zeitschrift *Husmodern* ging 1968 sogar soweit zu behaupten, dass Carl Gustaf und Titti heiraten würden und die Planung der Hochzeit bereits begonnen hätte. Spekulationen, die ihn wirklich traurig stimmten, wie er später der Zeitung *Aftonbladet* wissen ließ.

Pia Degermark ging zu der Zeit, als der Kronprinz an der Humanistischen Lehranstalt Sigtuna war, auf die Sigtuna-Schule, aber ihre Familien verkehrten ohnehin seit Jahren miteinander. Degermark hatte den Kronprinzen kennengelernt, als man sich jedes Jahr zu Ostern im jämtländischen Skiort Storlien traf und täglich begegnete sie der Schwester des Kronprinzen, Prinzessin Christina, im Speisesaal der Französischen Schule, die sie seit ihrem sechzehnten Lebensjahr besuchte. Andere, die ebenfalls in den Bergen mit den Bernadottes verkehrten, waren u. a. Ian und

Ann Wachtmeister, die Geschwister Génetay sowie Familie Lett-ström. Manchmal waren auch zwei ehemalige Klassenkameraden des Kronprinzen aus der Broms-Schule, Smith und Kleman, zu Besuch auf der Skipiste und in der »Prinzenhütte«, wo die Jugend-lichen wohnten.

Ein Foto mit dem Kronprinzen und Pia Degermark, auf dem sie am Ostersamstag 1966 im Högfjällhotell in Storlien Wange an Wange tanzten, landete auf der Titelseite der Klatschzeitung *Hänt i Veckan*, aber das war nicht das einzige Mal, dass sie zusammen fotografiert wurden, und wer wollte, konnte bei den Fotos der bei-den im Mai 1968 auf ihrem Abiturball im Stockholmer Strandho-tel durchaus an eine Romanze denken.

In einigen intensiven Jahren Ende der 1960er- bis Anfang der 1970er-Jahre wechselten in schnellem Tempo die jungen Frauen, die als Freundinnen des Kronprinzen ausgemacht wurden: die Schulkameradinnen von der Sigtuna-Schule Ulla Klang und Anna Jansson, Titti Wachtmeisters Freundin Carola Dyrssen, Elisabeth Ivarsson, bei der der Kronprinz mal eine Woche lang in Edsbyn gewohnt haben soll, die Obersttochter Charlotte Fornwall sowie das spätere Eileen-Ford-Model Barbro Ehn aus dem Stockholmer Vorort Skärholmen, mit der der Kronprinz zusammen auf einem Boot im Mittelmeer fotografiert wurde. Eines der wirklich weni-gen Fotos mit einem Kuss, das veröffentlicht wurde.

Zwei der ihm nachgesagten Freundinnen trugen außerdem zum Entstehen des Bildes über einen Kronprinzen bei, der anscheinend durchaus kein Kostverächter war und dabei nicht ausschließlich auf junge Damen zurückgriff, die als für einen künf-tigen Monarchen passend angesehen wurden – die »Ausrutscher« hießen Christina Lindberg und Lena Skoog. »Ich mag meinen Prinzen sehr, aber ich glaube nicht an Heirat«, soll Lindberg auf einer Party bei Carl Gustaf einmal gesagt haben. Sie wurde später

Schauspielerin in leicht pornografisch angehauchten Filmen, wie *Anita, ur en tonårsflickas dagbok (Anita, aus dem Tagebuch eines Teenagers)* mit Stellan Skarsgård, und hat sich zur Chefredakteurin der Zeitung *Flygrevyn* hochgearbeitet. Auch Lena Skoog wurde als eine der Flammen des Kronprinzen ausgemacht und sie war wahrscheinlich diejenige, die in ihrem Bestreben, sich in der Clique des Kronprinzen zu behaupten, am weitesten ging. »Go-Go-Girl des Kronprinzen wird jetzt solide«, titelte die Zeitung *Arbetet* in Malmö im Februar 1970 und ließ Skoog über ihr Verhältnis zum künftigen Monarchen Schwedens wie folgt berichten:

Während der Weihnachts- und Neujahrsfeiertage arbeitete ich in der Diskothek Karl XII. in Åre. Als ich einen Abend frei hatte, gingen meine Freunde und ich in das Hotel Granen. Ein Typ, der sich als Tim vorstellte, forderte mich zum Tanzen auf und lud mich dann zu sich an den Tisch ein. Ich machte mich mit seinen Freunden bekannt und Sie können sich denken, wie verwundert ich war, dass einer von ihnen der Kronprinz war! Wir freundeten uns schnell an und saßen den ganzen Abend beisammen und redeten über Gott und die Welt. Irgendwann kamen dann Sylvia Vrethammar und Rune Öfwerman rüber an unseren Tisch und überreichten dem Kronprinzen ihre neueste Platte. Auf der Plattenhülle war mein Bild zu sehen, wie ich völlig nackt dasitze und Cello spiele. Der Kronprinz bat mich, die Platte zu signieren und meinte: »Ich wusste gar nicht, dass du Cello spielen kannst.« Worauf ich erwiderte, dass ich das ebenso wenig wusste. Denn das kann ich gar nicht! Ja, und dann verabredeten wir, uns am nächsten Tag zum Skifahren zu treffen, und das taten wir dann auch. An dem Abend wurde ich zu einer Party des Kronprinzen und seiner Freunde eingeladen. Wir redeten und tanzten und amüsierten uns köstlich. Als der Morgen graute, ging ich nach einer völlig harm-

losen Nacht nach Hause, was ich hier betonen möchte, nach alldem, was geschrieben wurde. Mir tut der Kronprinz leid. Für ihn
muss es lebensgefährlich gewesen sein, mit mir, einer Sexbombe,
ausgegangen zu sein. Ich habe jetzt viel Publicity, aber ich möchte
nicht, dass man ihm Schlechtes nachsagt. Er soll auf jeden Fall
König werden. Ich möchte jetzt solide werden. Alle diese Nackt-
filme und Nacktposen, die ich bisher gemacht habe, dienten nur
dazu, mir einen Namen zu verschaffen.

Die Boulevardzeitung *Expressen* hat ziemliches Aufsehen um ein
Foto gemacht, das bei einer Party im Hause von Anders Lettström
auf Sköldnora in Uppland aufgenommen wurde. Zwei der engsten
Freunde des Kronprinzen, Robert »Bobby« Zethelius und Jacob
»Coco« Frisk, helfen einer jungen, halbnackten Frau aus dem Pool.
Dieses Bild verstärkte die Auffassung über die Clique um den
Kronprinzen als heillose Partylöwen, die selbst vor Orgien nicht
haltmachten.

1968 öffnete der Nachtclub Alexandras im Strand Hotel in der
Nähe von Nybroviken in Stockholm. Alexandra Charles und ihr da-
maliger Mann Noel Charles hatten sich von den Diskotheken in
Europa, vor allem in Paris und London, inspirieren lassen. Die
Clubs in der schwedischen Hauptstadt betrachteten sie als zu ver-
staubt und unpassend für das jüngere tanzwütige Publikum. Bereits
von Anfang an stand fest, dass das Alexandras etwas für eher auser-
lesene Nachtschwärmer war. Der Club sollte natürlich für alle offen
sein, aber praktisch funktionierte er wie ein Privatclub. Alexandra
und Noel Charles gaben Mitgliederausweise und VIP-Karten aus.
Wenn man diese hatte, brauchte man keinen Eintritt zu bezahlen.
Sämtliche Werbung war auf Englisch, was neu war im Nachleben
des bis dahin doch noch wenig kultivierten Schwedens, sodass das

Alexandras schnell als Snobb-Club abgestempelt wurde. Alexandra Charles studierte die Klatschspalten der Zeitungen nach geeigneten Leuten, denen sie Mitgliedsausweise zukommen lassen konnte. Nachts zog man durch die Stadt und steckte Werbezettel hinter die Scheibenwischer entsprechender Autos.

Die angedachte Zielgruppe sollte wie ein guter Cocktail gemischt sein – alle Altersgruppen, alle Kategorien, einige Spinner, einige in Nadelstreifen, süße Mädels, elegante Damen, Popfreaks.

Der private Charakter, den das Ehepaar Charles schaffen wollte, wurde noch dadurch verstärkt, dass man Wert auf persönlichen Service legte. Man scheute keine Mühe, das richtige Personal zu finden und engagierte hübsche Mädchen und spezielle Garderobieren. Die Eröffnung am 13. Mai 1968 sollte der Renner in Stockholm werden. Premierengast des Abends war Jazzsängerin Monica Zetterlund. Alle waren da – Künstler, Schauspieler, Presseleute, Grafen und Barone. Die Crème de la Crème der Society. Bereits am Abend darauf erschien dort ein in Smoking gekleideter Carl Gustaf in Begleitung von Pia Degermark zu deren Abiparty. Und natürlich, der Kronprinz amüsierte sich königlich und landete auf einem Foto im Gewimmel. Die Freunde gaben ihm den Spitznamen »Topköder«. Ging er in einen Nachtclub, sammelten sich schon bald hübsche Frauen um ihn.

Das Alexandras zog oft innerhalb Stockholms um. Das nächste Lokal war das alte Restaurant Cecil in der Biblioteksgatan, das war Ende der 1960er-, Anfang/Mitte der 1970er-Jahre in der Blütezeit des Nachtclubs. In dieser Zeit erhielt er sein Markenzeichen dank des Kronprinzen und seiner Clique sowie all derjenigen, die allein dadurch, dass sie sich in deren Nähe zeigten, schnell aufsteigen wollten. Der Tisch des Kronprinzen, der sich in der hintersten Ecke des Lokals befand und damit gut abgeschottet war, wurde von hübschen Mädchen umschwirrt, darunter war auch das

Model Barbro Ehn. Manchmal wurden die jungen Frauen von Carls Gustafs Freunden aufgefordert, an den Tisch zu kommen und sich ihm vorzustellen. Und waren ausländische Besucher darunter, konnten diese nicht immer glauben, dass es der schwedische Thronfolger war, den sie gerade begrüßten.

Ansonsten war es immer so, dass Alexandra Charles versuchte, Carl Gustaf eisern abzuschotten, damit die Leute ihm nicht zu nahe kamen, wenn er im Nachtclub war. Einer, der oft mit am Tisch saß, meinte dazu, dass es dort durchaus nicht immer so amüsant für ihn war. Es gab nicht viele Möglichkeiten, sich im Alexandras zu versündigen, was ihn betrifft.

Einmal zu später Stunde, nachdem man gemeinsam ausgegangen war, lud der Kronprinz seine Freunde ein, noch mitzukommen in seine private Junggesellenwohnung im Stockholmer Schloss. »Wir gehen noch zu mir«, sagte er und sie schlichen sich durch den Hintereingang rein. Was die Besucher erwartete, war zunächst eine recht nette geräumige Küche, in der sie sich nach Herzenslust bedienen konnten, und so saß man dann diskutierend um den Küchentisch versammelt.

Der Freundeskreis des Königs bildete mehrere mehr oder weniger geschlossene Gesellschaften – Croquetclub, Punschclub, Gubbtolvan, Sörmland-Freunde, Noppes. Diese hatten alle verschiedene Funktionen und zwei davon wurden direkt nach den sich dort abspielenden Aktivitäten benannt.

Gubbtolvan sind die zwölf Männer – den Monarch eingeschlossen – die sich unten im privaten Mitgliedsclub Noppes treffen. Eine Bloggerin behauptet im Internet, es gebe neun Gebote, die den Umgang im Club regeln, und dass früher auf den Toiletten dort eine Treppe tiefer verschiedene Fotos hingen, die als sexistisch angesehen und deshalb abgenommen wurden: eines mit einem Frauenhintern auf einem Schweinekotelett, ein anderes, auf dem der Unterleib einer Frau mit Salatdressing begossen wird. Lewenhaupt selbst hüllte sich in Schweigen und wollte nicht sagen, wer die zehn Mitglieder außer ihm und dem König seien. Als die Abendzeitung *Aftonbladet* vor einigen Jahren über den Club berichtete, verwendete man einen von der Journalistin und Autorin Linda Skugge gemünzten Begriff:

> Man nennt ihn den adeligen Fleischmarkt. Zum Privatclub Noppes gehören der König, ältere Finanzmänner – und zwanzigjährige Mädchen. Folgerichtig haben Mitglieder wie Direktor Johan Åkerhielm, der Freund des Königs Anders »Aje« Philipson und der frühere Wirtschaftsminister Björn Rosengren, alle bedeutend jüngere Frauen geheiratet. Eine weitere Tatsache, die den Ruf bestätigt, ist, dass einige der weiblichen Mitglieder sehr jung sind, wie die 20-jährige Boutiqueinhaberin Louise Edman. Man nennt sie »die schwedische Paris Hilton«, früher sah man sie auch in der Fernsehsendung *Under cover* auf TV3, wie sie ihr Luxusleben mit teuren Champagneressen präsentierte. »Die Kombination von Männern mittleren Alters mit viel Geld und jungen Frauen ist nicht ungewöhnlich. Man muss jedoch nicht glauben, dass nur feine Leute im Noppes sind. Es ist auch viel Abschaum, was da herumläuft«, sagt ein Mitglied.

Gubbtolvan ist auch eine Aktiengesellschaft mit Sitz in der Ingmar Bergmans gata 1, also der gleichen Adresse neben dem Restaurant Teatergrillen, wo auch das Noppes liegt. Es ist auch die Firma, die vertraglich mit AP-Immobilien die Anmietung des Lokals vereinbart hat. Ihr Geschäftsführer ist Lewenhaupt persönlich und den Vorsitz im Aufsichtsrat führt dessen Freund Johan Åkerhielm, Freiherr, Direktor, Freund des Königs seit Kindertagen und passionierter Jäger. Laut Handelsregister besteht die Geschäftstätigkeit in »Immobilienverwaltung, Vermietung von Räumlichkeiten sowie Beratung im Bereich Finanzverwaltung sowie diesen zuzuordnende Tätigkeiten«, lauter Standardphrasen, derer man sich bei der Beschreibung einer Geschäftstätigkeit bedient. Der Aufsichtsrat besteht auch aus Rechtsanwalt Fredrik Ramberg, dessen Ex-Frau Anne Generalsekretärin der Schwedischen Anwaltskammer ist. Er erscheint oft auf Fotos mit verschiedenen Damen rund um den Stureplan und auf Festen im Noppes. Verheiratet ist er jetzt mit Leila Sward Ramberg. Der Kneipier Erik Lallerstedt ist Ersatzmitglied im Aufsichtsrat.

Sörmland-Freunde ist ein Club für ausgeprägtes Feiern, mit einer rosa Maus als Maskottchen. Als der Club sein vierzigjähriges Bestehen feierte, wurden rosa Handtücher an die Mitglieder verteilt und die rosa Maus fand sich auf Autos und Schlipsen abgebildet wieder.

Die Mitgliedschaft in diesen Clubs ist heiß begehrt, aber nicht selbstverständlich. Wenn jemand im Punschclub Mitglied ist, kann er nicht gleichzeitig Mitglied im Croquetclub sein und es herrschte ein gewisser Wettbewerb um die attraktivsten Mitglieder. Anders »Aje« Philipson ist die führende Kraft bei den Sörmland-Freunden und er hat aktiv versucht, Mitglieder aus den anderen Clubs abzuwerben. Als er Briefe an diejenigen schrieb, die er für die Sörmland-Freunde gewinnen wollte, verließ beispielsweise Carl Adam »Noppe« Lewenhaupt den Punschclub, in dem mehr Ordnung herrscht, während es bei den Zusammenkünften der rosa Mäuse hoch her geht, und das heißt vor allem »Party, Party, Party«, wie eine Quelle sich ausdrückt.

Mit der Zeit hatte sich eine Troika herauskristallisiert, die die treuesten Waffenträger des künftigen Königs werden sollten, wenn es darum ging, sich richtig zu amüsieren.

Lewenhaupt gehörte bereits früh zu diesem Kreis. Er ist der jüngste Sohn des früheren Chefs von IBM Schweden, Kabinetts-kammerherr und Graf Gösta Lewenhaupt des Fideikommiss Schloss Geddeholm und seiner Ehefrau Christina Louise, gebo-rene de Geer af Leufsta. Carl Adam begann als Verkäufer im Stock-holmer Edelkaufhaus NK und plante seine weitere kaufmännische Ausbildung im Bereich Einzelhandel. Heute hat er Posten in ver-schiedenen Unternehmen inne, neben anderen in seinen eigenen, der Geddeholms Godsförvaltning, der Organisationsberatungs-und Importgesellschaft (Schmuck, Taschen) Lee Lewenhaupt, die er mit seiner Frau betreibt, der Gubbtolvan AB sowie der Noppe Bar och Restaurang. Er war viermal verheiratet, unter anderem mit der Schauspielerin Grynet Molvig. 2004 heiratete er seine jetzige Ehefrau Lee Haeng-Wha aus Korea, die am Ralph-Lauren-Stand im Kaufhaus NK arbeitet.

1968 hatte Anders Lettström geplant, Architekt zu werden, genau wie sein Vater Gustaf, der Anfang der 1950er-Jahre die berühmten Punkthäuser am Råsundavägen in Solna entworfen hat. Seine Mutter Ingrid war mit Pia Degermarks Mutter befreun-det. Auf dem Gut der Familie Lettström, auf Hof Sköldnora in Upplands Väsby am östlichen Ufer des Sees Norrviken, leitete Anders Lettström den Sköldnora Kungsgårds Champion Cup im Tennis. Das denkmalgeschützte Sköldnora ist ein sogenannter Königshof und diente einmal dem König als örtliche Vorrats- und Schatzkammer und von hieraus wurden Boten entsendet, um poli-tische und praktische Beschlüsse zu verkünden. Mit anderen Wor-ten, ein geeigneter Spielplatz für den Kronprinzen und seine Freunde. Lettström hatte im Laufe der Jahre mehrere Unterneh-men und sitzt heute in verschiedenen Aufsichtsräten, u. a. für den Entertainment-Konzern 2E Group, der die Show-Restaurants von Wallmans Nöjen betreibt und an dem er auch Anteilseigner ist.

2001 war er in der Stockholmer Filiale des weltweit führenden Immobilienberaters CB Richard Ellis tätig und verhandelte für das Finanzamt Stockholm über das weitere Schicksal des Skatteskrapan. Darüber hinaus ist er bei dem Immobilienverwalter Reinhold Polska tätig und Vorsitzender im Aufsichtsrat des Oscarsteatern. Lettström ist mit Christina Lettström verheiratet, die bei Wasakronan die Immobilienabteilung leitet und Mitglied des Elternrates der Privatschule Lundsberg ist.

Anders »Aje« Philipson, zu guter Letzt, ist der Sohn von Gunnar und Martha Philipson, die mit der schwedischen Mercedes-Filiale steinreich wurden. Nach und nach erbte er große Teile des Vermögens. Er war in einigen Unternehmen tätig, wie Silverstaven und Skenäs, die sich mit Pflanzenzucht beschäftigen. Philipson war mit Grete Qviberg und dem Fotomodel Gisela Schöön und ist jetzt mit Bathina El-Soudi verheiratet.

Gemeinsam mit dem König, Lewenhaupt und Lettström hat er eine unübertroffene Aktivität in Bezug auf Partys und Feste an den Tag gelegt, nicht nur an angesagten Plätzen in Stockholm, in Skiorten, in den eigenen Häusern oder angemieteten Lokalitäten, sondern auch in illegalen Clubs, die von dem mehrfach vorbestraften Mille Markovic betrieben wurden.

Aber dazu brauchte man einen Mittelsmann. Einen, der die Sache managt. Einen, der sich seit den 1970er-Jahren nicht nur auf heimischer Piste in Stockholm gut auskennt und weiß, wo was läuft, sondern auch bei dem jungen weiblichen Publikum.

3 | DER FREUND DES KÖNIGS

Es gab sicherlich nur wenige, die sich im Stockholmer Nacht-leben besser auskannten als Christer Gustafsson, der hoch aufgeschossene Mann mit der blonden Mähne, der 30 Jahre lang eines der am besten bewahrten Geheimnisse der Hauptstadt blieb.

Als die Zeitungen begannen, über ihn zu schreiben, wurden für ihn zwei Bezeichnungen gewählt, damit die Leser überhaupt ver-stehen sollten, wer gemeint war, denn der Name Christer Gustafs-son allein wäre nicht ausreichend gewesen. Darum wurde er als »Freund Björn Borgs« bezeichnet, wenn es in den Artikeln um den ehemaligen Tennischampion ging, und als »Freund des Königs«, wenn die Zeitungen über Carl XVI. Gustaf schrieben.

Aber wer ihn im Stockholmer Nachtleben erlebt hat, erkennt den »ewig jungen« Gustafsson wieder. Er hat immer noch die blonde Mähne, auch wenn die Geheimratsecken größer geworden sind. Das kleine, zufriedene Lächeln zeichnet sich noch immer auf seinem Gesicht ab und wenn der König und seine Freunde das klassische Segel-Outfit tragen, dann trägt Gustafsson es auch. Er taucht überall auf den von Champagner und Kanapees begleiteten Veranstaltungen der Stockholmer Werbeagenturen mit den vor-nehmeren Marken auf ihren Kundenlisten auf. Er kommt zum Motortag der vornehmen Zeitschrift *Connoisseurs* auf Schloss Rosersberg in Hemd, Jeans und Pullover, mit langer Kette und Sonnenbrille und ist auf der Release-Party für *The Events* in Weiß mit kleinem Schal und Sonnenbrille zu sehen. Zum 100-jährigen

Jubiläum des Restaurants Kvarnen trug er ein braunes Jackett und einen etwas längeren Schal, während er auf der Veranstaltung »En Fantastisk Torsdag« im Nachtclub Village im dunklen Jackett mit kariertem Hemd (aber ohne Sonnenbrille) erschien. Beim Swedish Poker Players im The Vibe sah man ihn in beigefarbenem Jackett und Hemd (und wieder mit dem etwas längeren Schal) und auf der Juwelenausstellung von Tous im dunkelblauen Hemd ohne Jacke. Er erscheint auf Carl Adam »Noppe« Lewenhaupts Festen und in seinem berüchtigten Mitgliedsclub, zu Anders »Aje« Philipsons 60. Geburtstag sowie zu den feucht-fröhlichen Weihnachtsessen der Sörmland-Freunde. Das typische Bild Gustafssons sieht so aus: in einem schrecklichen Hemd oder Pullover, umgeben von jungen Schönheiten mit großem Dekolletee oder zusammen mit älteren Frauen, die in den 1960er- und 70er-Jahren in den Nachtclubs aktuell waren, oder an der Seite des exzentrischen Künstlers Ardy Struwer. Wie bei vielen anderen Männern aus seinem Umfeld zeugt auch bei ihm die zunehmende Körperfülle davon, dass er sich durch drei Jahrzehnte voller Partys und Festlichkeiten gegessen und getrunken hat.

Womit genau Gustafsson seinen Lebensunterhalt verdient, ist nicht ganz klar. Eines der Unternehmen, an denen er beteiligt ist, Cribe Management Kommanditbolag, ist in den Bereichen »Beratung und Rekrutierung in der Baubranche und damit verbundenen Branchen« tätig und beschäftigt sich mit »Beratung im Bereich Marketing«. Ein weiteres Unternehmen ist Cribe Communications AB, das »Beratungsdienste in den Bereichen Vertrieb, Werbung, PR sowie im Bereich Marketing für die Telekom- und IT-Branche sowie Rekrutierungsdienstleistungen anbietet, bewegliches und unbewegliches Vermögen besitzt und verwaltet sowie Export und Import in den genannten Bereichen und damit im Zusammenhang stehende Geschäftstätigkeiten betreibt«.

Gustafsson ist mit anderen Worten ein Mann, der viele Facetten des schwedischen Wirtschaftslebens abdeckt. Er beschäftigt sich mit diesem und jenem in unterschiedlichen Branchen, jedoch nicht mit größerem Erfolg, zumindest nicht offiziell. In den 1980er-Jahren eröffnete er ein Restaurant mit dem Namen Open Gate im Stadtteil Södermalm in Stockholm und war auch an der Gründung des Restaurants Fenix beteiligt. Zwei der Unternehmen, an denen er beteiligt war, sind in Konkurs gegangen. Das eine war eine Kommanditgesellschaft, die mit »Bauaufträgen und Bautätigkeit sowie damit im Zusammenhang stehendem Handel« beschäftigt war und deren Zweck die »Geschäftstätigkeit im Bereich Elektroinstallationen für Gewerbe und Immobilien sowie in den Bereichen Heizung, Wasser und Sanitär« war. Die andere Firma war die bereits genannte Cribe Communications AB, wobei es Streitigkeiten mit seinem Bruder gab, der von Gustafsson über eine halbe Million Kronen verlangt und beim Amtsgericht die Beitreibung durch Pfändung von dessen Vermögen beantragt hat. Aber damit noch nicht genug. Beide Konkurse hat der Konkursverwalter an die Behörde für Wirtschaftskriminalität in Göteborg übergeben, wo der leitende Staatsanwalt Mitte Juni 2010 Anklage gegen Gustafsson und seine Geschäftspartner erhoben hat. Gustafsson wird der Bilanzfälschung und der Behinderung der Arbeit der Steuerprüfer im schweren Fall angeklagt. Bereits am 26. November 2009 war gegen ihn ein Haftbefehl in Abwesenheit erlassen worden und vier Tage später wurde er verhaftet. Die Polizei hatte zunächst vergeblich nach Gustafsson gesucht, der damit beschäftigt war, den 40. Geburtstag des ehemaligen Fußballstars Tomas Brolin zu feiern. Bei seiner Verhaftung hatte er einen recht starken Kater.

Als die Polizei ihn fragte, womit er seinen Lebensunterhalt verdiene, antwortete er, er sei seit 40 Jahren in der Restaurantbranche tätig und arbeite außerdem als Berater für ein Unternehmen, das alkoholische Getränke herstellt. Er gab darüber hinaus an, dass er alleinstehend sei, von privaten Darlehen lebe, an ADHS leide und Konzentrationsschwierigkeiten habe. Seit 1996 unterstützt er eine Firma, die erst Znaps hieß und dann in GeVe Spirits umbenannt wurde, dabei, ihre Produkte mithilfe seines umfassenden Kontaktnetzes bekannt zu machen. Diese Dienste leistet er ohne Bezahlung, da er und der Firmengründer, Johan Jeansson, persönliche Freunde sind. Eines der Produkte des Alkoholherstellers ist ein Lakritzlikör auf Wodkabasis – Black Jack Shooter.

Gustafssons privates als besteuerungsfähig deklariertes Einkommen spiegelt seinen mäßigen Erfolg als Geschäftsmann wider. Im ersten Jahrzehnt des 21. Jahrhunderts hat er für die meisten Jahre ein Einkommen zwischen null und 11.000 SEK angegeben. Darüber hinaus hängt ihm noch immer eine alte Bürgschaft über einige Millionen Kronen an, die er in den 1980er-Jahren übernommen hat. Er war damals an verschiedenen Unternehmen beteiligt, aber da Gustafsson mehr mit dem fröhlichen Leben in Bars und mit Frauen beschäftigt war, bemerkte er zu spät, dass seine Kompagnons ihn um alles Geld betrogen hatten. Das Ganze endete damit, dass seitdem die Gerichtsvollzieher hinter ihm her sind.

1992, als der nicht ganz unbekannte Pornokönig Berth Milton junior mit seinem Hardcore-Porno in die Video-Branche eintrat und einen effizienten Vertriebskanal suchte, rief er Gustafsson an und erkundigte sich, ob dieser jemanden kenne, der die Verbreitung seiner Filme organisieren könnte? Ja, Gustafsson kannte die richtigen Leute in der richtigen Branche und vermittelte den Kontakt. Als das Ganze zu einem Erfolg wurde, verlangte Gustafsson Bezahlung für seine Dienste und strengte einen Prozess vor dem Amtsgericht an, den er jedoch verlor.

Es gibt jedoch ein Gebiet, auf dem Gustafsson äußerst erfolg-reich war – als Ein-Mann-Serviceorganisation für den Kreis um den König.

Christer Gustafsson wurde am 21. Juli 1949 in einer Arbeiterfa-milie in einem der südlichen Vororte Stockholms geboren, wo das Meiste dem gängigen Klischee entsprach – sechs Personen in einer Einraumwohnung mit Plumpsklo unterm Dach. Aber er hatte ungewöhnlich viel Ehrgeiz. Er wollte ein Restaurant eröffnen und in die Unterhaltungsbranche einsteigen. Einen großen Teil seiner Jugend verbrachte er in den damals angesagten Bars und Restau-rants der Hauptstadt, wie Cat Ballou, Shazam oder Lord Nilson, wo er auch zahlreiche Mädchen traf. Denn das war sein zweites großes Interesse: Frauen. Als er seinen Militärdienst leistete, arbei-tete er in seiner Freizeit als Discjockey mit dem einzigen Ziel, »Frauen zu treffen«. Sex war ganz einfach sein hauptsächlicher Fokus.

Direkt nach Abschluss seines Militärdienstes, den er zusam-men mit dem späteren Star der Gruppe After Dark, Lasse Flinck-man, im Regiment I 21 in Sollefteå absolvierte, setzte er seinen Eroberungsfeldzug in den Stockholmer Nachtclubs fort und begann Anfang der 1970er-Jahre als Türsteher in der Nachtbar Alexandras zu arbeiten. Später betrieb er illegale Clubs, in denen mit Wasser vermischter Wodka verkauft wurde und von denen einer auch Ziel einer Polizeirazzia war. Er lernte zahlreiche Promi-nente kennen, sowohl schwedische als auch internationale Größen wie Creedence Clearwater Revival, Rolling Stones, Jack Nicholson und Bruce Springsteen, und er baute auf diese Weise sein Kon-taktnetz auf. Einer, den er auf diese Weise gut kennen lernte, war Stockholms bekanntester Playboy Anders »Aje« Philipson, der am Ende dieses Jahrzehnts in Scheidung von seiner Frau Grete lebte und jemanden brauchte, mit dem er Spaß haben konnte. Gustafsson und Philipson hatten in den meisten Dingen den gleichen Geschmack, nicht zuletzt hatten sie den gleichen Humor und eine große Vorliebe für Frauen. Manchmal kamen auch Philipsons guter Freund, der König, sowie die Königin in die Bar Alexandras.

Ein anderer Prominenter war Björn Borg, der beste Tennisspieler der Welt. Er und Gustafsson hatten sich Mitte der 1970er-Jahre bei der Arbeit zu einer Werbekampagne Borgs zum ersten Mal getroffen. Der Abend endete in einer Diskothek und war der Beginn einer Freundschaft, die unter anderem darauf hinauslief, soviel wie möglich zu feiern und willige Frauen abzuschleppen. Ihr Kontakt wurde nach Beendigung der Tenniskarriere Björn Borgs noch intensiver, denn Gustafsson war der Typ Mensch, den Borg mochte: schlagfertig, sorglos, lebenshungrig und mit Kontakten, durch die er sich ungehindert in der Stockholmer Schickeria bewegen konnte. Gustafsson hatte verschiedene Aufträge für die Plattengesellschaft WEA-Metronome, fungierte aber vor allem als Partyorganisator für partyhungrige Künstler auf Besuch in Stockholm. Er und Borg feierten mit den größten internationalen Stars – Prince, Elton John, Rod Stewart, Eric Clapton, Liza Minnelli, Olivia Newton-John. Sie alle kamen ins Alexandras und alle trafen dort Gustafsson – entweder an der Tür zum Club oder privat – und Borg, der einige von ihnen bereits aus seiner Zeit als aktiver Tennisspieler kannte. So hatte der Opernsänger Luciano Pavarotti im Vorfeld eines Besuches in der schwedischen Hauptstadt darum gebeten, einmal mit Borg Tennis spielen zu können.

Neben Alexandras besuchten sie auch regelmäßig die Restaurants Café Opera und Daily News und schleppten dort erfolgreich viele Frauen ab, wie Borgs alter Geschäftspartner Lars Skarke in seinem Buch über seine Jahre mit dem Tenniskönig schildert. Es war nicht ungewöhnlich, dass jeder von ihnen gleichzeitig zwei

Frauen mit nach Hause nahm, entweder in Gustafssons Wohnung oder in die Suite, in der Borg im Grand Hotel oder im Sheraton wohnte.

Gustafsson hat den Ruf, ein ausgesprochen netter Mensch mit hervorragenden sozialen Fähigkeiten und einem großen Überredungstalent zu sein. Es fiel ihm immer leicht, Frauen unterschiedlichen Alters anzulocken, und Borgs Promistatus machte dies noch leichter. Auf diese Weise wurde er auch zum inoffiziellen Partyorganisator der Clique um den König und organisierte u. a. Kinovorführungen. Er sorgte dafür, dass der König und seine Freunde Zugang zum Kinosaal der Filmgesellschaft UIP erhielten, da der König ja kaum wie andere Menschen Filme in einem normalen Kino sehen kann. In der Zeit, als Katharina Berglund Marketingchefin von UIP war, hatte sie häufig Kontakt mit Gustafsson und rief ihn manchmal auch selbst an, um eine Vorführung vorzuschlagen, denn sie wusste, dass der König Action-Filme mochte. Sie organisierte mehrere private Filmvorführungen für den König und seine Freunde, die es besonders zu schätzen wussten, wenn der neueste Bond-Film kurz vor der Premiere stand und sie ihn bei UIP vor allen anderen sehen konnten.

Im Herbst 2004 schrieb die Boulevardzeitung *Expressen* über die Aktivitäten der Clique um den König im Nachtleben von Stockholm:

Verschiedene Quellen berichten unabhängig voneinander, dass die Gesellschaft abends in eine schicke Wohnung in Stockholm zieht, jedes Mal in eine andere, wo sie gutes Essen und guten Wein genießen. An diesen Festen nehmen keine Ehefrauen teil, und ich glaube auch nicht, dass eine Ehefrau, die auch nur etwas auf sich hält, dies wollen würde, meint eine gut informierte Person. Wenn es Zeit für das Dessert und den Cognac ist, kommen die eingeladenen Frauen an. Eingeladen werden vor allem Frauen, die die Freunde des Königs bereits kennen und von denen sie wissen, dass sie nichts ausplaudern. Der König muss sich in Gesellschaft seiner Freunde entspannen können. Er ist bis zum Schluss mit dabei, wenn nur noch die loyalen Frauen da sind, sagt eine Quelle. Ein anderer Informant berichtet, dass diese Feste seit vielen Jahren Tradition sind. Diese Männer werde nie erwachsen, und jetzt, wo sie alle um die 60 sind, wirkt das Ganze etwas lächerlich, sagt eine der Gruppe nahestehende Quelle.

Eine Person, die Gustafsson über viele Jahre hinweg nahe stand, drückt sich in einer E-Mail diplomatisch über ihn aus: »Er ist nett, er war all diesen bekannten Männern nahe, vor allem weil er ihr Kontakt zu jungen hübschen Mädchen war. Das war nichts Besonderes und niemand wurde dafür bezahlt oder so. Er treibt mit vielen von ihnen auch Sport, Fußball usw.«

Das war also die hauptsächliche Rolle von Gustafsson im Kreis um den König. Er war ganz einfach ihr Kontakt zu hübschen Frauen, oft sehr jungen, manchmal auch etwas älteren und bekannteren. Er fand sie in Nachtbars und anderen angesagten Clubs und lud sie zu den Veranstaltungen der Clique um den König ein, oder er ging sein Adressbuch durch und rief solche an, die er schon kannte.

Eine von ihnen war Helen Wellton, die in den 1990er-Jahren zusammen mit ihrem damaligen Mann Claes Wellton-Persson die Entwicklung von Notebooks der Firma Lap Power personifizierte. Sie vermarktete die Produkte, indem sie in den Anzeigen der Firma selbst als Model agierte und wurde wegen ihres großzügigen Dekolletees über Nacht bekannt. Sie gehörte zu den absoluten Medienlieblingen und hatte im Prinzip Kontakt zu allen bedeutenden Persönlichkeiten aus Wirtschaft, Unterhaltung und Politik.

Im Herbst 2000 war sie frisch von ihrem Mann geschieden und wohnte im Stockholmer Stadtteil Södermalm. Eines Tages klingelte gegen Mittag das Telefon.

»Hallo, hier ist Christer Gustafsson, erinnerst du dich an mich?« Wellton konnte sich sehr gut an ihn erinnern, aber er war für sie eine oberflächliche Bekanntschaft gewesen, die sie auf einigen Partys getroffen hatte. Ihr Ex-Ehemann hatte näheren Kontakt mit ihm in den Kreisen um die Nachtbar Alexandras und anderen Diskotheken, und sie wusste, dass er im Alkoholimportgeschäft tätig war. Er war in ihren Augen ein richtiger Partygänger, der ewige Junggeselle. Er schien ganz in Ordnung zu sein und sah gut aus.

»Wie geht's dir jetzt?«, erkundigte sich Gustafsson und kam dann gleich zur Sache: »Ich habe gehört, Du bist geschieden. Wir sind ein paar Freunde, die zusammen zum Essen ausgehen, und wir würden gern noch ein paar Leute organisieren, mit denen wir uns danach treffen können.«

Wellton hörte zu, während Gustafsson fragte, ob sie interessiert wäre, zum Kaffee zu kommen und unter anderem den König, Anders »Aje« Philipson und Carl Adam »Noppe« Lewenhaupt zu treffen. Es würde noch eine andere bekannte Frau kommen, Michaela de la Cour, und die kenne sie ja bereits. Gustafsson hatte einen Faible für blonde, vollbusige Damen und unter den weniger bekannten sind eine mit Preisen bedachte Kosmetikerin und die Inhaberin einer Modeboutique in der Innenstadt von Stockholm.

»Ich werde darüber nachdenken«, antwortete Wellton, um nett zu sein. Später rief sie ihn jedoch zurück und erklärte, dass sie nicht interessiert sei. Sie wusste ja, worum es ging: Sie sollte als »Kaffeegirl« erscheinen, anstatt zum ganzen Abend, einschließlich Abendessen, eingeladen zu werden. Sie hatte ein großes Unternehmen geführt, war reich und berühmt und es war ganz offensichtlich, dass sie nur eingeladen wurde, damit man Frauen hatte, mit denen man sich amüsieren konnte. Das war nicht besonders seriös.

»Schade«, meinte Gustafsson, »Ruf mich an, falls du es dir anders überlegst.«

Einige Tage später traf sie zufällig die Ex-Frau einer der Freunde des Königs. »Weißt du, wer mich eingeladen hat?«, erzählte ihr Wellton, und die Ex-Frau brach in lautes Lachen aus: »Nein, machen sie das noch immer? Das haben sie schon zu meiner Zeit getan und ich kann dir genau sagen, wie das abläuft. Sie buchen Frauen, die in ein anderes Restaurant kommen sollen. Dann gehen alle ins Badehaus Centralbadet, wo sie sich betrinken und im Whirlpool baden.« Als Wellton das hörte, wusste sie, dass der Abend nackt geendet hätte.

Die Ex-Frau war seit einigen Jahren von ihrem Mann geschieden. Sie hatte lange Zeit den Verdacht gehabt, dass ihr Mann ständig untreu war und konnte nicht akzeptieren, dass er sich auf diese Weise mit »Kaffeegirls« amüsierte. Sie wusste, dass Christer Gustafsson derjenige war, der die Damen für die Feste organisierte, aber darüber wurde nicht gesprochen.

»Für mich ist diese Art des Umgangs ausgesprochen »low class«. Das ist nicht meine Art zu leben, wenn man verheiratet ist«, sagt die Ex-Frau heute. Sie ist verwundert darüber, dass so viele der Mädchen all die Jahre nicht darüber gesprochen haben und dass der König und seine Freunde sich das getraut haben, denn es war sicherlich nur eine Frage der Zeit, bis alles bekannt würde. Die Ehefrauen wurden außen vor gelassen, das war sozusagen der Zweck des Ganzen, aber die Ex-Frau hatte die schlechte Stimmung gespürt. »Ich weiß nicht, ob man selbst wirklich gemerkt hat, was los war. Frauen wollen ihrem Mann immer glauben, sie denken, das passiert nur anderen. Und viele wollen sicherlich auch das schöne Leben nicht aufgeben. Aber man muss auch seinen Stolz haben.« Sie meint auch, dass das auch eine finanzielle Frage ist. Diese Clique konnte sich das leisten, was sie als »scandal parties« bezeichnet. »Aber das ist dekadent. Sie sind keine Engel, die Leute in dieser Clique.«

4 | CLUB POWER

Das Restaurant Aquavit an der Ecke Hantverkargatan und Södra Agnegatan im Stockholmer Stadtteil Kungsholmen lag nur einen Steinwurf entfernt von dem Teil der Stadt, in dem die Geschicke der schwedischen Justiz gelenkt wurden. Hier hatten Anfang der 1990er-Jahre das Reichspolizeiamt, der schwedische Sicherheitsdienst, die Reichskriminalpolizei, die Stockholmer Kriminalpolizei und auch das Stockholmer Amtsgericht ihren Sitz.

Offiziell wurde das Aquavit von Dragan Vucenovic, ehemaliger Oberkellner im Restaurant Martini, und Darios Beg, früherer Restaurantchef der Nachtbar Valentino, betrieben. Diese waren aber im Grunde nur die Frontmänner für Mille Markovic. Aquavit sollte eines der besseren Restaurants in Stockholm werden, und da die gesamte Geschäftstätigkeit davon abhing, dass die Betreiber bzw. Eigentümer nicht polizeilich auffällig waren, musste sich Markovic, der bereits 18 Mal verurteilt war, mit einer Rolle in der zweiten Reihe als Mieter der Kellerräume unter dem Restaurant begnügen. Allerdings hatte Markovic auch ein kleines Vermögen und jede Menge Energie aufgewendet, um das Restaurant so umzubauen, dass es dem Stil entsprach, den man mit dem Aquavit anstrebte. Die für die Erteilung bzw. Verweigerung der begehrten Ausschankgenehmigungen zuständige Abteilung der Provinzialverwaltung hatte den Verdacht, dass in Wirklichkeit Markovic Eigentümer des Restaurants war, konnte es aber nie beweisen.

Markovics recht erfolgreiche Boxkarriere hatte damit geendet, dass er in Stockholm Boxveranstaltungen organisierte, deren eigentlicher Höhepunkt eher Stripperinnen und Champagner waren, und nicht so sehr das Boxen selbst. Der Verlierer im Ring wurde von den Stripperinnen besonders nett behandelt. Um seinen Lebensunterhalt zu verdienen, betrieb er verschiedene illegale Clubs. Einer von ihnen lag in der Hornsgatan 66, ein anderer am Oxtorget. Alle diese Clubs hießen Club Power, was auch der Name des Boxclubs wurde, der in den Kellerräumlichkeiten unter dem Restaurant Aquavit betrieben wurde und der dem schwedischen Boxverband angeschlossen war. An den Wochenenden konnten die Mitglieder sich dort in entspannter Atmosphäre treffen und Bier, Wein und Spirituosen kaufen. Aber der Besucherkreis beschränkte sich nicht auf Clubmitglieder. Die Restaurants und Bars schlossen in Stockholm spätestens um 1.00 Uhr, sodass ein Lokal wie Club Power durstige Nachtschwärmer anzog. Zu den bekannteren Gästen gehörten Dolph Lundgren und seine damalige Freundin Grace Jones. Ansonsten wurden die Räumlichkeiten als Tanzclub genutzt. Im Juni 1992 wurde Markovic als Boxtrainer des Clubs angestellt, allerdings wurden für ihn keine Sozialabgaben entrichtet.

Im gleichen Jahr entdeckte die Polizei gewisse Aktivitäten im Zusammenhang mit Club Power, die darauf hindeuteten, dass dort illegal Spirituosen verkauft wurden. Außerdem gab es Meldungen über Streitereien, Schlägereien und Drogen. Im Oktober 1992 führte die Polizei eine Razzia in dem Club durch, da der Verdacht bestand, dass dort illegal Alkohol ausgeschenkt wurde. Unter denen, die von der Polizei verhört wurden, befand sich auch Markovic. Dragan Vucenovic, offizieller Miteigentümer des Restaurants Aquavit, wurde dazu befragt, wie der Club Power die Kellerräume gemietet hatte. Er gab an, dass er Markovic seit zehn oder

15 Jahren kenne, dass dieser regelmäßig das Restaurant besuchte und dass der ehemalige Profiboxer ihm gegenüber geäußert hatte, er würde gern die Kellerräume für seinen Boxclub mieten.

Allerdings sagte Vucenovic auch aus, er hätte gerüchteweise gehört, dass dort im Keller Spirituosen oder Bier getrunken wurden, was nicht Gegenstand der Vereinbarung gewesen sei. Markovic hatte zugegeben, dort private Feste organisiert zu haben. Es wurde dahingehend eine Lösung gefunden, dass Markovic die Räumlichkeiten direkt vom Eigentümer des Gebäudes mietete und nicht mehr vom Aquavit, sodass der Mietvertrag aufgehoben wurde. Markovic erklärte im Verhör, er sei unschuldig. Zu dieser Zeit hatte er die Liste seiner kriminellen Vergehen weiter verlängert: im Frühjahr war er wegen rechtwidriger Bedrohung, Belästigung und Bestechung verurteilt worden und das Ergebnis der erwähnten Razzia im Club Power war zwei Jahre später eine Verurteilung wegen illegalen Besitzes alkoholischer Getränke.

Der Leiter der für Ausschankgenehmigungen zuständigen Abteilung der Provinzialverwaltung und einer der Initiatoren der Aktion »Krogsanering« (Restaurantsanierung), Jan-Olof Tidbeck, hatte Gerüchte über die Partys in den Kellerräumlichkeiten gehört und sogar geplant, selbst den Club inkognito zu besuchen. Er wusste, dass es dort auch Mädchen und Drogen gab. »Das war jedoch eine Sache für die Polizei, nicht für uns«, berichtet er.

Hier hätte die Geschichte des Aquavit und des Club Power enden können, aber durch bestimmte Umstände kamen der Club und Markovic Anfang der 1990er-Jahre in die Nähe des schwedischen Staatsoberhauptes und seiner Freunde, oder besser gesagt, der König und seine Freunde kamen mit Markovic und dem Club Power in Kontakt. Im Zusammenhang mit dem Club gab es einen Bombenanschlag, einen spektakulären Selbstmord, von dem es hieß, er könne auch ein Mord gewesen sein, sowie eine geplante

Erpressung. Alle diese Umstände hätten im schlimmsten Fall die Sicherheit des Landes und nicht zuletzt die des Königs als Person gefährden können.

Ende der 1980er-Jahre hatte der Schwedische Backgammonverband seinen Sitz, der sich Club Alpha nannte, in den Kellerräumen unterhalb eines Unternehmens. Dort waren auch verschiedene andere Firmen wie ein Friseur, ein Nagelstudio, ein Solarium, ein Fußpflegesalon, eine Salatbar, ein Kosmetikstudio sowie ein Restaurant untergebracht. Im Kellergeschoss befanden sich ein Festsaal, eine Bar, ein Whirlpool, eine Sauna, ein Fitnessstudio und ein Büro. Betreiber des Club Alpha war eines der Mitglieder des Schwedischen Backgammonverbandes, Bernt-Åke Hamstad. Er hatte die Idee gehabt, unter einem Dach verschiedene Aktivitäten zu versammeln, die alle mit Gesundheit und Schönheit zu tun hatten.

Eines Tages rief Christer Gustafsson an und wollte den Festsaal für eine Weihnachtsfeier mit Weihnachtsbüffet mieten. Hamstad kannte Gustafsson nicht persönlich, wusste aber, wer er war, auch wenn dieser in seinen Augen etwas mysteriös war. Jetzt wollte er also den Festsaal im Keller mieten und der Koch des Club Alpha verlor fast die Nerven als er hörte, dass einer der Gäste ein bekannter Restaurantbesitzer sein würde, dessen Weihnachtsbüffet zu den besten des Landes gehörte. Die Veranstaltung war jedenfalls ein solcher Erfolg, dass die Gäste wiederzukommen beschlossen. Auf diese Weise traf Hamstad den König und seine Freunde mehrere Male. Er hatte das Unternehmen bereits sechs Jahre lang geführt und verstand nicht, warum sie gerade dorthin kamen und wie sie überhaupt auf ihn gekommen waren. Die einzige Erklärung, die er dafür hatte, war, dass sie wahrscheinlich inkognito sein wollten und Club Alpha ein seriöses Unternehmen war.

Was dann Mille Markovic machte, nachdem er das Unternehmen von ihm gekauft hatte, wusste Hamstad nicht. Er bekam einen guten Preis von Markovic – zwischen 200.000 und 500.000 SEK. Heute ist er nicht besonders geneigt, über diese Zeit zu sprechen. Er bestätigt, dass der König und seine Freunde seine Gäste waren und dass Markovic Club Alpha von ihm gekauft hat, aber darüber hinaus will er nicht viel sagen. »Wenn der König also als Gast bei mir gewesen ist, bin ich nicht sicher, ob ich im Detail darüber reden sollte, was er bei mir getan hat«, sagt er.

Die Veranstaltungen der Clique um den König wurden auch dann fortgeführt, als Markovic das Unternehmen Anfang der 1990er-Jahre übernahm und das Restaurant Aquavit eröffnete. Er übernahm damit auch die Rolle des Gastgebers für das, was intern als Montagsclub bezeichnet wurde, da die Feiern oft am Abend des ersten Wochentages stattfanden.

Markovic hatte einen Plan und der Boxclub im Kellergeschoss war nur ein Vorwand. Dort gab es lediglich einen Boxsack, ein paar Boxhandschuhe und ein Springseil. Der eigentliche Zweck war die Eröffnung eines illegalen Clubs, und um Promis dorthin zu locken, kam er auf die Idee, im Erdgeschoss ein teures Restaurant einzurichten – das Aquavit. Er wusste auch, dass er, was die potenziellen Gäste betraf, ein gutes Startkapital hatte – die Clique um den König und natürlich auch den Monarchen höchst selbst.

Markovic hatte bereits zu der Zeit, als die Nachtbar Alexandras in der Döbelnsgatan war, d. h. von Ende der 1970er- bis Mitte der 1980er-Jahre, Verbindungen zur Schickeria aufgebaut. Dabei machte er im Laufe der Zeit auch Bekanntschaften, die durch ganz andere Dinge auffielen. Dazu gehörten unter anderem der Türsteher und Beschützer der Nachtclubkönigin Alexandra, der schwedisch-serbische Gangster Dragan Joksovic sowie Nicola Mossa,

Geschäftsmann und in den 1980er-Jahren bekannt als Chef der italienischen Mafia in Schweden. Markovic teilte das Interesse an Trabrennen und Pferdewetten mit Mossa, der auch unter dem Spitznamen »Silverhästen« (Silberpferd) bekannt war. Mossa und er wohnten in Stockholm in der gleichen Gegend und hatten ihre Balkons einander gegenüber. Markovic betrachtete ihn als sehr guten Freund.

Roland Bjuhr war ein weiterer von Markovics Bekannten. Bjuhr wurde im November 1989 von der Polizei verhaftet, was Anlass zu großen Schlagzeilen in der Presse war. Er war ein stadtbekannter Mafiaboss, der »Pate« der Unterwelt. Die Gerüchte über seine Gangstermethoden, Schlägereien und Drohungen kamen oft auf die erste Seite der Zeitungen. Verurteilt wurde er aber wegen Wirtschaftskriminalität.

In den Ermittlungen der Polizei gegen Bjuhr kristallisierte sich ein Netzwerk heraus, dessen Hauptzweck schwere Wirtschaftskriminalität war und das von den Ermittlern der Kriminalpolizei als Bjuhr-Kartell bezeichnet wurde. Die Mitglieder dieses Kartells hatten Zugang zu einem weit verzweigten Kontaktnetz, u. a. in der Restaurant-, Boots-, Immobilien-, Diplomaten- und Autobranche. Nicola Mossa gehörte nach den Erkenntnissen der Polizei ebenfalls zu diesem Kartell, das rund 30 Firmen umfasste. Für viele von diesen scheinen Geschäfte mit Mantelfirmen die Haupttätigkeit gewesen zu sein, während andere sich mit dem Kauf von Filmrechten beschäftigten. Nach Ansicht der Polizei dienten diese Geschäfte ausschließlich der Wäsche des Geldes aus den Geschäften mit den Mantelgesellschaften. Als 1989 das Buch *Papperstigrarna* (Die Papiertiger) herauskam, gab es erneut ein großes Aufsehen in den Medien um Bjuhr, da er beschuldigt wurde, die beiden Autoren des Buches bedroht zu haben. Diese hatten behauptet, er würde 100 Millionen SEK jährlich mit Drogengeschäften umsetzen. Als seine Firma Cupolen in Konkurs ging, erhielt Roland Bjuhr seinen ersten Spitznamen, der ihn lange Zeit begleiten sollte »Cupolenmannen« (Kuppel-Mann).

Nicht alle Mitglieder des Kartells hatten eine kriminelle Vergangenheit und einige von ihnen waren gesellschaftlich so angesehen, dass ihr Umfeld sicherlich höchst erstaunt gewesen wäre, ihren Namen im Zusammenhang mit diesen Kreisen zu hören – drei Rechtsanwälte, zwei Diplomaten, ein Chefarzt und ein ehemaliger Kriminalpolizist. Aber vor allem wurden die Mitglieder dieses Netzwerks – in zentraler oder auch eher peripherer Position – im Zusammenhang mit den meisten großen Kriminalfällen der letzten zehn bis 15 Jahre bekannt.

Markovic mochte Bjuhr. Persönlich hatte er nie Probleme mit dem »Paten« und er kannte auch niemand anderen, der das hatte. Dieser war nach Aussagen Markovics ein korrekter Geschäftsmann, der wie alle anderen Männer schöne Frauen liebte. Markovic half Bjuhr, wenn dieser seine Dienste benötigte.

A. war in die Razzia der Polizei im Club Power hineingeraten und wurde im Januar 1994 von der Kriminalpolizei in Kungsholmen verhört. Kriminalinspektor Kurt Arkbrant wollte Näheres über ihre Beziehung zu Markovic wissen. Sie erzählte, dass sie ihn zwei Jahre zuvor kennen gelernt hatte, als sie über das Arbeitsamt eine Anstellung auf Probe im Restaurant Aquavit erhalten hatte. Sie war auch Mitglied im Club Power. Ferner gab sie an, dass sie nicht wisse, woher die in ihrer Wohnung beschlagnahmte Munition käme, aber dass sie den Karton zuvor in einem Besenschrank gesehen hätte, allerdings ohne seinen Inhalt zu kennen. Sie konnte aber Einzelheiten über zwei Telefonanrufe berichten, die sie im November 1992 erhalten hatte. Zwei verschiedene Personen, eine davon mit ausländischem Akzent, hatten angerufen, nach »Mille« gefragt und mit Geldeintreibern und einem Blutbad gedroht, wenn sie ihn nicht erreichen würden. Als er nach Hause kam, hatte Markovic diese Drohungen als leere Worte und Scherz abgetan. Im Verhör bei der Polizei gab er aber an, er habe seine Pistole deshalb gehabt, weil er sich bedroht gefühlt habe, er wollte seine Freundin aber nicht beunruhigen. Er wurde mit zwei weiteren von der Polizei beschlagnahmten Gegenständen konfrontiert: einem Tränengasspray, das er sich kurz nach dem Bombenanschlag auf das Aquavit angeschafft hatte, und dem Kokain, das er sich für den eigenen Gebrauch in einer Billardhalle am Sankt Eriksplan in Stockholm beschafft hatte. Er nehme etwa zehnmal im Jahr Kokain, um Stress abzubauen. Er bestritt jedoch alle Anschuldigungen in Bezug auf Widerstand gegen Vollstreckungsbeamte und gewaltsamen Widerstand. Allerdings gab er zu, er hätte vielleicht, um sich zu schützen, ein paar Drohungen ausgestoßen, als die Polizei ihn verhaften wollte und bevor sie ihn zu Boden geworfen hätten.

Markovic wurde später wegen Körperverletzung, versuchter Körperverletzung, Bedrohung von Vollstreckungsbeamten, Gewalt gegen Vollstreckungsbeamte, Verstoßes gegen das Drogengesetz, illegalen Waffenbesitzes, gewaltsamen Widerstands sowie wegen illegalen Besitzes von alkoholischen Getränken zu einer Gefängnisstrafe verurteilt.

Was A. der Polizei nicht erzählte war, dass sie Markovic auf einer Party begegnet war, die von Christer Gustafsson im Kellergeschoss unter dem Aquavit organisiert worden war. Die ganze Clique des Königs war da und einen von ihnen, Anders »Aje« Philipson, hatte sie ebenfalls über Gustafsson kennengelernt. Sie sah zu Philipson auf, den sie, neben dem König natürlich, als Chef der Gruppe betrachtet und als ausgesprochen nett erlebt hatte. Sie bewunderte seinen guten Geschmack in Bezug auf die Einrichtung seiner großen, schönen Wohnung. Diese war mit zahlreichen Antiquitäten und großen modernen Gemälden geschmackvoll möbliert.

Das erste Mal begegnete sie dem König 1985, als sie 18 Jahre alt war. Sie war an dem Abend in der Nachtbar Alexandras, nachdem diese in das Hotel Plaza in der Birger Jarlsgatan umgezogen war. Dort kam jemand zu ihr und sagte, der König hätte sie gerne bei sich am Tisch. Sie fand ihn zuerst recht langweilig und nichtssagend, aber mit Alkohol im Körper wurde er ganz anders, tanzte auf dem Tisch, scherzte und trank fröhlich.

1992 begann Markovic ein Verhältnis mit einer anderen Frau, B. Er hatte sie in einem der Clubs getroffen, die er entweder selbst betrieb oder für die er als Berater tätig war. Damals lebte sie mit dem berüchtigten Pornokönig Carl Serung zusammen. Sie arbeitete auch in Markovics Stripclub Tabu als Kassiererin. Seiner Meinung nach war B. teuer im Unterhalt. Sie konnte bei einem einzigen Date enorme Summen kosten und wollte nur Kleider der exklusivsten Modehäuser.

Der Eingang zum Club lag an der Södra Agnegatan, von wo aus eine Treppe ins Kellergeschoss mit Speisesaal, Whirlpool, Solarium und Sauna führte. Markovic hatte einige Blumentöpfe in der Mitte geteilt und sie als Schirme für die Wandbeleuchtung verwenden lassen, sodass das Licht nach oben gerichtet war. Danach traf der Besucher auf drei Gewölbe mit Sesseln und Tischen sowie beigefarbenen Sofas mit Blumenmuster. Die Atmosphäre im Club Power sollte einen romantischen Anschein haben – durch Dimmer geregelte Beleuchtung, Kerzen, Blumen – aber durch die verschiedenen Gänge und Gewölbe machte das Ganze eher den Eindruck einer Grotte mit gut gefüllter Bar.

Normalerweise war es Christer Gustafsson, der telefonisch bestellte oder persönlich vorbei kam. Markovic oder sein Kompagnon Darios Beg wollten dann wissen, wie viele Leute kommen würden und wie viele Frauen sie besorgt hätten, wer schon einmal dabei gewesen und wer neu war. Markovics Aufgabe bestand nach eigener Aussage darin, Frauen zu besorgen, die, falls der Abend nicht lustig werden sollte, die Stimmung etwas anheizen konnten, denn einige von ihnen waren Profis aus den Stripclubs Tabu und Kino. Sie wurden von ihm als »Kellnerinnen« oder »Hostessen« bezahlt. Markovic wiederum wurde von der Clique um den König, meistens durch Philipson, bezahlt, entweder in bar, mit Karte oder auch gegen Rechnung. Er verdiente nicht besonders gut an diesen Veranstaltungen, betrachtete sie aber als gut investiertes Geld für die Vermarktung des Club Power und seiner Stripclubs.

Nach Aussagen Markovics begann ein Abend im Montagsclub damit, dass die korrekt gekleideten Freunde des Königs so gegen 18.00 oder 19.00 Uhr ankamen. An den Abenden, an denen auch der König anwesend war, kam dieser separat zusammen mit seinen Leibwächtern. Dann wurde zu Abend gegessen, was mehrere Stunden dauern konnte. Sie hatten das gesamte Kellergeschoss gemietet. Der Tisch war mit Leinenservietten und Leinentischtüchern gedeckt und das 3-Gänge-Menü bestand meist aus einem Toast Skagen als Vorspeise und dann entweder Fisch, Rindfleisch oder Wild und einer Schokoladentorte zum Abschluss. Dazu wurde Weiß- oder Rotwein getrunken. Es wurden oft die billigsten Gerichte der Speisekarte des Aquavit bestellt, aber das Essen war dennoch gut, denn die Hausmannskost des Restaurants hatte einen sehr guten Ruf.

Die Tischplatzierung wurde Markovic zufolge durch Gustafsson vorgenommen. Dabei sollten einander ergänzende Persönlichkeiten nebeneinandergesetzt werden, das hieß in diesem Fall die richtige junge Frau neben den richtigen älteren Herrn. Markovic hielt sich die ganze Zeit in der Nähe auf und sorgte dafür, dass alles funktionierte, aber er achtete sehr darauf, nicht zu stören. Er hörte jedoch, wie die Männer mit ihrem Besitz und ihren Kontakten prahlten und große Geldsummen nannten. Für ihn hörte sich das so an, als ob die jungen Frauen beeindruckt und mit Versprechungen über die Unterstützung ihrer Traumkarriere und die Mitnahme auf Reisen gelockt werden sollten. Markovic gefiel nicht, was er da hörte. Er war zwar ein Schwerkrimineller, dennoch reagierte er sensibel auf das, was er als leere Versprechungen empfand, nur um die jungen Mädchen auf den Partys auszunutzen. Der Vorteil von Profis war nach Markovics Ansicht der, dass diese so etwas jeden Tag in den Stockholmer Stripclubs hörten und damit umgehen konnten.

Nach dem Abendessen begann die Unterhaltung. Markovic zufolge gab es keinen Zweifel daran, was von den jungen Frauen, die Gustafsson mitgebracht hatte, erwartet wurde, aber manchmal konnte so ein Abend auch »völlig tot« sein, wie er es ausdrückte. Für diesen Fall hatte er die professionellen Mädchen aus den Stripclubs mitgebracht. Diese sogenannten Hostessen oder Kellnerinnen waren später als die anderen gekommen und hatten den Whirlpool vorbereitet, gut gefüllt und Kerzen aufgestellt. Nach dem Essen gingen sie herum, schenkten Wein nach und waren allgemein verführerisch. Dann setzten sie sich bei den Männern auf den Schoß, reizten sie und wurden intim mit ihnen, tanzten und strippten. Zu diesem Zeitpunkt waren dann vielleicht nur noch einige von den »normalen« Mädchen da, die anderen waren inzwischen auf dem Weg zu anderen Clubs oder Bars, um eventuell später zur Verfügung zu stehen. Die Stripperinnen hatten selbst ihre sexy Outfits besorgt und Markovic die Quittungen gegeben. Einer der Männer hatte einen besonderen Wunsch – die Stripperin, mit der er Kontakt hatte, sollte nicht wie eine solche aussehen, sondern sich als Rezeptionistin verkleiden, mit Namensschild und allem drum herum. Markovic hatte Kleidung besorgt, die etwas formeller, strenger und ordentlicher aussah – wie die Dienstkleidung einer Hotelrezeptionistin. Wer Sex haben wollte, ging einfach ins Solarium oder in den Raum, in dem der Whirlpool stand. Nach Aussagen Markovics war es nicht ungewöhnlich, dass auf diesen Partys Kokain und Amphetamine genommen wurden.

Zwei der von Markovic angeheuerten professionellen Stripperinnen waren C. und D. Beide kamen aus der Pornobranche, wo sie in ekelhaften Produktionen von Carl Serung mit Elementen aus Urin, Kot und Erniedrigung mitgewirkt hatten. Dieser hatte Mitte der 1980er-Jahre den Grundstein für sein Stripclubimperium gelegt und wurde später von der Polizei verdächtigt, einer der Akteure im großen Pornokrieg vom Stockholm zu sein. C. nahm außerdem an den Partys der Clique um den König im Palais »van der Nootska Palatset« im Stadtteil Södermalm in Stockholm, in den königl. Tennishallen sowie an den Weihnachts- und Winterfesten der Sörmland-Freunde oder anderen Themenpartys als Gesellschafterin teil.

Danilo Manojlovic war Stammkunde im Aquavit. Aber nicht nur das, er arbeitete mit Sicherheit auch für das Bauunternehmen Mond Bygg AB, das für den Bau der Globen-Arena in den Jahren 1987–1988 Schwarzarbeiter angeheuert hatte. Auch er war ein Schwerkrimineller aus der Stockholmer Unterwelt. Er wurde als Geldeintreiber eingesetzt und agierte als Drogenvermittler für Leute in Schlüsselpositionen in der Geschäftswelt der Hauptstadt. Wegen seiner guten Kontakte zur jugoslawischen Restaurant- und Drogenmafia war er eine bei Drogensüchtigen beliebte Kontaktadresse. Man konnte ihn auch oft im Valentino sehen, dem Restaurant, in dem Darios Beg vor seiner Karriere im Aquavit als Restaurantchef tätig war, und das als eine Art Stammlokal der Stockholmer Unterwelt galt. Er und Markovic kannten einander gut durch gemeinsame Aktivitäten der jugoslawischen Vereine. Außerdem wusste er, dass Manojlovic Eigentümer einer Spedition war.

Als Beg Manojlovic in der Nacht zum 27. Mai 1992 im Büro des Aquavit im Kellergeschoss, d. h. in den Räumlichkeiten des Club Power, in denen der Montagsclub seine Partys hatte, erschossen aufgefunden hatte, sah es zunächst wie Selbstmord aus. Die Kugel war in die Schläfe eingedrungen, aber er war noch am Leben und starb erst einige Stunden später. Es gab jedoch einige Umstände, die gegen einen Selbstmord sprachen. Das Merkwürdigste war, dass der Revolver, ein Colt mit Munition der Marke 38 Special, nur eine einzige Patrone in der Trommel hatte. Es sah aus, als hätte Manojlovic russisches Roulette mit sich selbst gespielt, bis ihm endlich der Todesschuss gelang. Vielleicht aber hat ihn auch jemand gezwungen, russisches Roulette zu spielen, wie Gerüchte in der Unterwelt besagten.

Dort wurde behauptet, Manojlovic hätte Schulden bei einem oder mehreren Jugoslawen gehabt und es hätte sich um Geld und Kokain gedreht. Manojlovic wäre dann vor die Wahl gestellt worden, entweder sofort erschossen zu werden oder russisches Roulette zu spielen, und hätte letztere Alternative gewählt.

Der Name Manojlovic taucht auch in den Ermittlungen zum Mord an Olof Palme auf, zu dem er befragt worden war. Er war selbst kein Verdächtiger, bewegte sich aber in Kreisen, die als »möglicherweise verdächtig« eingeordnet worden waren. Sein Anwalt, Lars Bergström, hielt nichts von der Selbstmordtheorie und war der Ansicht, sein Mandant sei unter ungeklärten Umständen gestorben. Übereinstimmenden Zeugenaussagen zufolge hatte es bei Manojlovic keinerlei Anzeichen für Selbstmordgedanken gegeben, im Gegenteil. An jenem Abend schien er fröhlich, hatte sich mit Freunden getroffen und den Stripclub Tabu besucht. Er war außerdem frisch verliebt in eine der »Kellnerinnen«, die für ihre sexuellen Dienstleistungen für die Clique um den König bezahlt wurden.

Neben dem Mord an einem stadtbekannten Gangster, bzw. seinem Selbstmord, Körperverletzung, Stripperinnen aus Stockholmer Pornoclubs, Polizeirazzien und illegalen Clubgeschäften gab es noch einen weiteren Umstand, der das Umfeld um das Restaurant Aquavit und den Club Power etwas unsicher machte. Einige Wochen vor dem merkwürdigen Tod Manojlovics war eine Sprengladung an der Eingangstür zum Aquavit detoniert. Es wurde spekuliert, dass der Anschlag einem geplanten jüdischen Fest im Restaurant galt, aber es war auch die Rede von einem Mafiakrieg. Markovic hatte jedoch eine andere Erklärung. Einige Abende vor dem Sprengstoffanschlag hatte er einen notorischen Graffitisprüher auf frischer Tat ertappt, als dieser und sein Kumpel »einen Haufen Mist« in der Umgebung des Aquavit angestellt hatten. Markovic hatte den Jungen so gründlich vermöbelt, dass der das Bewusstsein verlor und mit dem Krankenwagen ins Krankenhaus gebracht werden musste. Daher hatte er den Verdacht, dass der Anschlag die Rache des Vaters für die Misshandlung seines Sohnes war.

Auf jeden Fall war es eine starke Sprengladung gewesen. Dutzende Fensterscheiben in dem Gebäude waren zerbrochen und in der Nähe geparkte Autos waren beschädigt worden. Im Aquavit hatte eine Abiturfeier stattgefunden, deren letzte Gäste das Lokal erst eine Stunde vor der Explosion verlassen hatten.

Markovic galt als harter Bursche. Einmal, 1992 oder 1993, war auf ihn ein Mordanschlag verübt worden, bei dem er sich mit knapper Not vor den insgesamt 24 abgefeuerten Schüssen retten konnte. Dann hatte er einmal jemanden aufgesucht, den er verdächtigte, ihn verraten zu haben, und ihn 13 Stunden lang mit Messer und Feuerzeug misshandelt und Zielschießen mit der Pistole an ihm geübt.

Als die Freunde des Königs erfuhren, dass eine der Frauen, mit denen sie sich umgeben hatten, ein Verhältnis mit Markovic gehabt hatte, fragte einer von ihnen bestürzt, ob es wirklich stimme, dass sie etwas mit diesem Gangster gehabt hätte. »Sie waren offensichtlich etwas beunruhigt und es schien als hätten sie riesigen Respekt vor ihm«, sagt die Frau.

Trotz seines harten Lebens gab es Situationen, in denen Markovic sich sicher fühlte, und das war an den Abenden, an denen die Clique um den König bei ihm zu Gast war. Die Leibwächter durften zwar nicht mit in den Keller unter dem Aquavit, sondern mussten schön draußen vor dem Club Wache halten, aber es war für Markovic dennoch eine recht praktische Angelegenheit, da es ihn vermutlich vor unangenehmen Überraschungen schützte. Er erinnert sich besonders an einen Fall, als ein Einsatzkommando der Polizei enttäuscht wieder umkehren musste, als klar wurde, dass der Sicherheitsdienst Säpo bereits dort war. Zu einer anderen Gelegenheit kamen zwei Paare zu Besuch, bei denen sich später herausstellte, dass es sich um verdeckte Ermittler der Polizei handelte. Diese hatten den Whirlpool gemietet, um zu sehen, ob sie etwas finden konnten, was sie Markovic anlasten konnten. Sie fanden jedoch offenbar nichts Kriminelles bei ihm, denn kurze Zeit später erhielt Markovic einen Blumenstrauß mit freundlichem Dank für einen sehr netten Abend.

Björn Borg schuldete Markovic Geld, viel Geld. Er sprach von Millionen. Die beiden kannten einander schon sehr lange. Borg war auf der Flucht vor dem Gerichtsvollzieher und hatte zeitweise bei Markovic in seiner Wohnung in der Verdandigatan gewohnt. Seit der Zeit, als die Nachtbar Alexandras in der Döbelnsgatan lag, hatten sich ihre Wege immer wieder gekreuzt, und nicht zuletzt war Christer Gustafsson ein Verbindungsglied zwischen ihnen. Eines Abends hatten sie eine Partie Backgammon mit enormen Einsätzen gespielt und Borg hatte haushoch verloren. Als Markovic dann sein Geld nicht wie abgemacht zurückerhielt, beschloss er, die Sache selbst in die Hand zu nehmen.

Markovic hatte eine sparsam möblierte Einzimmerwohnung in Hässelby, im Norden Stockholms. Als die Polizei nach einem Tipp dort eine Hausdurchsuchung vornahm, fand sie dort unter anderem eine Videokamera sowie eine in Lautsprechern versteckte Überwachungskamera mit Mikrofon, außerdem waren in einem Schrank mehrere Videoaufnahmegeräte versteckt. Das alles war zu einer geheimen Abhör- und Aufzeichnungsanlage miteinander gekoppelt worden. Darüber hinaus fand die Polizei auch Einwegspritzen, Hand- und Fußfesseln, Lederpeitschen und Kondome. Markovic hatte einen Techniker vom Amt für Rüstung und Wehrtechnik dazu gebracht, das alles zu installieren. Zweck des Ganzen war es nach Ansicht der Polizei und der später gegen ihn erhobenen Anklage gewesen, eine Person in die Wohnung zu locken und sie dazu zu bringen, Kokain zu nehmen und Sex mit Prostituierten zu haben. Das alles sollte gefilmt und dann als Druckmittel verwendet werden, um diese Personen zu zwingen, ihre Schulden an Markovic zurückzuzahlen. Anderenfalls würden die kompromittierenden Filme gegen sie verwendet. Bei den Ermittlungen stellte sich heraus, dass es dabei um Björn Borg ging. Markovic behauptete, er hätte die Ausrüstung als Sicherheitsmaßnahme nach dem Mordversuch gegen ihn installieren lassen und beteuerte seine Unschuld. Das Gericht glaubte ihm jedoch nicht und verurteilte ihn zu einem Jahr Gefängnis, u. a. wegen geplanter Erpressung.

Der Erpressungsversuch fällt in die Zeit Ende 1994 bis Anfang 1995 und es gab bestimmte Umstände, durch die ein Zusammenhang mit den übrigen Aktivitäten im illegalen Club Power unter der Leitung Markovics in den Jahren 1990–1993 hergestellt werden konnte. Um die Sicherheit der Besucher des Clubs zu gewährleisten, hatte er, genau wie in der Wohnung, in jedem Raum des Kellergeschosses Überwachungskameras installieren lassen. Das wiederum würde bedeuten, dass die Gefahr groß war, dass der König oder seine engsten Freunde in Situationen hätten gefilmt werden können, die für das Staatsoberhaupt des Landes kompromittierend gewesen wären.

Im Laufe der Zeit gab es zu viele ernste Zwischenfälle im illegalen Club und dessen Umfeld. Ende 1993 verließ daher Markovic die Gegend und eröffnete Anfang 1994 einen ähnlichen Club in der Hornsgatan 66, auch dieser im Kellergeschoss. Er investierte mehrere Millionen, um den Räumlichkeiten den Standard zu verleihen, der seiner Ansicht nach erforderlich war. So ließ er u. a. einen wesentlich größeren und aufwändigeren Whirlpool als im Keller unter dem Aquavit bauen. In dem neuen Club konnten die Gäste mit dem Aufzug direkt hinunter zum Pool fahren. Außerdem ließ Markovic mehrere Goldschlüssel anfertigen, die er für 10.000 SEK pro Stück an Mitglieder vermietete. Einige dieser Schlüssel gab er Freunden des Königs, einen behielt er selbst.

Insgesamt besorgte Markovic mindestens sechs Frauen für die Clique um den König. Das waren Profis, die so wenig wie möglich bekleidet waren und zu sexuellen Aktivitäten animieren sollten, wenn die von Christer Gustafsson besorgten »normalen« Mädchen nicht das brachten, was von ihnen erwartet wurde. Mindestens zwei dieser Frauen brachten ihrerseits andere Frauen mit, die die Abende in Fahrt bringen sollten. Die Frauen nahmen in unterschiedlichem Umfang nicht nur an den Partys im Kellergeschoss des Aquavit teil, sondern auch an privaten Veranstaltungen außerhalb des Club Power.

Einige von ihnen waren kaputte, hilflose junge Frauen, die zuvor in den Filmen des Pornokönigs Carl Serung ausgenutzt worden waren. Andere waren erfahrener, zielstrebiger und wussten genau, worauf sie sich einließen. Wieder andere waren ganz normale Mädchen, die den Verlockungen der Clique um den König erlegen waren und von Christer Gustafsson zur Teilnahme an Partys überredet wurden, auf denen sie interessante Männer kennen lernen sollten, was in diesem Fall bedeutete, Männer mit Einfluss und Macht, die ihr Leben und ihre Träume in der gewünschten Richtung beeinflussen konnten.

Gemeinsam war ihnen allen, dass Sie für die Clique um den König »Mädchen à la carte« waren.

5 | DIE KURTISANE

Das Ganze hatte ziemlich unschuldig begonnen – eine Hand unter dem Tisch, eine Berührung mit dem Fuß. Sie waren auf der gleichen Abendgesellschaft in einem Restaurant in der Nähe des Fridhemsplan in Stockholm und der Abend war schon von Beginn an denkwürdig. Den Gästen wurde Krokodilfleisch gereicht.

Camilla Henemark war wie üblich von Christer Gustafsson angerufen worden. Dieser kannte den Eigentümer des Restaurants, das gerade unter dem Namen »Under« eröffnet hatte und später in »Nivå 22« umbenannt wurde, und es war von Anfang an klar, dass sie neben dem König sitzen sollte, der sie auch zu Tisch führte. Camilla Henemark war mit einer Bekannten erschienen, die an diesem Abend wirklich auf die Pauke haute. Die Freundin war betrunken und high und begann, eine Menge Unsinn anzustellen, was vor allem peinlich war, aber Henemark und der König lachten dennoch über ihre Albernheiten.

Sie saßen auf einer Bank ohne Rücklehne und zunächst schien der König etwas nervös und sagte nicht so viel, aber je öfter die Gläser gefüllt wurden, desto mehr taute er auf. Sie lachten so sehr über diese Frau, dass der König plötzlich nach hinten über fiel und, um sich irgendwo festzuhalten, nach Henemark griff. Im Fallen zog er sie mit sich, sodass sie beide schließlich lachend auf dem Boden lagen.

Henemarks Freundin katapultierte sich selbst aus dem Kreis um den König. Sie nahm Drogen und hatte im Grunde keine

Manieren, was ein Ding der Unmöglichkeit ist, wenn man zur Gesellschaft des Monarchen gehören will.

Camilla Henemark hingegen war seit einiger Zeit ein beliebtes Mitglied dieser Gesellschaft. Sie war eine exotische Erscheinung, intelligent, unterhaltsam und nicht auf den Mund gefallen und nahm an zahlreichen Partys und Abendessen teil. Vom König und seinen Freunden war sie einfach in einer Rolle aufgenommen worden, die immer mehr der einer Kurtisane früherer Zeiten am Hofe entsprach, und so sah sie sich bald auch selbst.

Sie war Schwedens selbstironische Antwort auf Grace Jones (ihre Stimme) und Donna Summer (ihr Sexappeal). Im Musikvideo zu *Everytime You Lie* trat »La Camilla« im engen, hochgeschlitzten Kleid auf, im Video zu *Obsession* trug sie eine Krankenschwesternuniform mit einem großen roten Kreuz vorn auf dem Slip – wie aus einem Sexshop mit breitem Sortiment. Die Ästhetik der Gruppe »Army of Lovers«, deren Frontfrau Henemark viele Jahre lang war, kannte keine Grenzen. Geschmacklos, fanden vielen, kitschig, provokativ, burlesk, unzeitgemäß. Aufsehen erregend war es auf jeden Fall. Mit ihrer skandinavisch-nigerianschen Mischung war »La Camilla« der extravaganteste Star der Popkultur der 1980er- und 1990er-Jahre.

Henemark wurde 1964 in Stockholm geboren. Ihr Vater kam aus der gebildeten Oberschicht Afrikas, ein »Universitätsnigerianer«, wie sie ihn selbst nannte, und war als Anwalt tätig. Ihre Mutter, in deren Adern samisches Blut floss, was Friseuse. In ihrer Jugend war Camilla Henemark aktive Leichtathletin, ehe sie bei einer Examensmodenschau an Beckmans Designhochschule von Sighsten Herrgård als Fotomodell entdeckt wurde. Neben der Modeltätigkeit machte sie auch Musik und absolvierte den Theaterkurs der Kulturschule Kulturama. Sie gründete ihre eigene

Modelagentur, Zoo Models, und landete im November 1988 auf dem Titelbild des Trash Issue des britischen Trendmagazins *ID*, fotografiert von Guido Hildebrand und gestylt von Camilla Thulin. Henemark stellte die Personifizierung der Interpretation von »the sound of Europe« durch die Zeitung dar.

Ende der 1980er- und 1990er-Jahre feierte die Gruppe »Army of Lovers«, die sie zusammen mit dem Allround-Künstler und Komponisten Alexander Bard und dem Friseur, Hairstylisten und Designer Jean-Pierre Barda gegründet hatte, große Erfolge in Europa und anderen Teilen der Welt. Besonders in Russland schien man eine Vorliebe für diese Art Varieté mit außerordentlich exhibitionistischen Künstlern in zirkusartigen Kreationen zu haben.

»Army of Lovers« leitete eine Ära mit Glitter und Glamour ein und »La Camilla« war eine Donna Extravaganza, die von den schwermütigen und dunklen Jahren des Punk die Nase voll hatte und in Stockholm ein lockeres Jetset-Leben führen wollte. Sie war häufig Gast in Nachtbars wie Alexandras und Atlantic und startete eigene Clubs. Ein typischer von ihr organisierter Abend konnte etwa so aussehen: eine 200 Meter lange Schlange, um hineinzukommen; zwei große Macho-Lesben an der Tür, die die Spreu vom Weizen trennen sollten und nur die Freaks hineinließen, die drinnen im Club nackt umherliefen; eine Performanceshow mit zwei glattrasierten lesbischen Frauen, die in Folie eingewickelt und mit großen Fleischstücken behangen waren, die sie sich einander von ihren Körpern knabberten. Es gab Drogen, vor allem die neue und exklusive Trenddroge Kokain, und Henemark hatte eine äußerst freisinnige Einstellung zum Sex, was niemand übersehen konnte.

Schon bald lag ein Großteil der schwedischen Promis Henemark zu Füßen und einer von denen, die ihr verfallen waren, war Jan Stenbeck, der steinreiche exzentrische Erbe des Kinnevik-Konzerns, der den Grundstein für den weltweiten privaten Mobiltelefonmarkt legte. Henemark hatte Mitte der 1990er-Jahre eine Karriere als Moderatorin in Stenbecks Fernsehsendern begonnen – *In bed with La Camilla* auf TV1000 und *Sjunde Himlen (Der siebte Himmel)* auf TV3, mit einem leicht erotischen Thema. Stenbeck selbst hatte einige Ideen für Sendungen, für die er Henemark als Moderatorin wollte. Ihre Ausstrahlung, ihre Bekanntheit und ihr gestyltes Aussehen, aber vor allem ihre Persönlichkeit, waren der Rohstoff, den der Sender fleißig für Fernsehsendungen zu veredeln versuchte. So wurde die Suche nach dem richtigen Format für Henemark zu einem festen Punkt auf der Tagesordnung des Unternehmens.

Aber Stenbeck wollte mehr von seinem Schützling und begann, intensiv um die Frau zu werben, die von ihrem ehemaligen Army-of-Lovers-Kollegen Jean-Pierre Barda mit den Worten beschrieben wurde: »strahlend reine Haut, viel Mund, große Augen und sehr ausdrucksvoll sowohl in Natura als auch mit zwei Tonnen Schminke« und an der ihr Ex-Freund Johan Renck ihre unvergleichliche Ausstrahlung rühmte, denn sie sah »absolut phantastisch aus und vertrat einen Feminismus, der ehrlicher und unbeirrter war als der Standard.«

Der maßlose Unternehmer und Großkapitalist hatte sich im Laufe der Jahre eine beachtliche Leibesfülle zugelegt und war bekannt dafür, über sein Imperium und dessen Personal mit machiavellischen Methoden zu herrschen. »La Camilla« gegenüber wurde er jedoch zu einem erregten Schuljungen, der zu fast allem bereit war, um seine feuchten Träume zu erfüllen.

Eine Szene im Chambre séparée im Luxusrestaurant Eriks im Stockholmer Stadtteil Gamla Stan: Einige von Stenbecks höchsten Medienchefs haben sich hier zu einem Meeting getroffen. Henemark ist auch anwesend und ihr wird im Anschluss gesagt, dass sie doch bitte dableiben möchte, denn jemand möchte sie unbedingt sprechen. Der leicht übergewichtige Stenbeck kommt herein, sichtlich angetrunken, fällt auf die Knie und küsst ihre roten Stiefel – seine etwas seltsame Art, ihr zu verstehen zu geben, wie sehr er sie begehrt.

Stenbecks Werben war jedoch vergeblich. Nichts half. Henemark war einfach nicht interessiert. Sie erfuhr, dass er einen Mann engagiert hatte, der als eine Art Mischung aus Türsteher und Bodyguard fungierte und den Auftrag erhalten hatte, ihr zwei Monate lang überallhin zu folgen. Henemark fand das ziemlich unangenehm und sah sich einmal gezwungen, sich von einem guten Freund bis zur Haustür begleiten zu lassen. Stenbecks Eifersucht nahm immer drastischere Züge an. 1994, bei einer Kundenveranstaltung während der Eishockey-WM in Mailand, hatte sie eine Affäre mit einem der Chefs in Stenbecks Unternehmen, Mats Örbrink. Eigentlich war das Ganze nur ein 20-Minuten-Quickie, aber als Stenbeck davon erfuhr, reagierte er sofort und feuerte Örbrink. Henemark wurde von ihm bei allen zu seinem Konzern gehörigen Medienfirmen auf die Schwarze Liste gesetzt. Bereits fertig produzierte Sendungen wurden gestoppt und sie erfuhr von Leuten in Schlüsselpositionen, dass sie nie wieder für irgendeine von Stenbecks Produktionsfirmen arbeiten dürfe. »Wir haben Order erhalten, dich nicht mal mit der Kneifzange anzufassen«, sagte ihr einer von ihnen.

Die Ausgrenzung durch Stenbeck hielt so lange an, bis dieser eines Tages einen Hinweis aus dem Freundeskreis des Königs erhielt. Auch wenn sie höflich verpackt war, war die Botschaft doch glasklar: Lass die Finger von Camilla. Seit sie an den Weihnachtsfeiern der Clique des Königs teilgenommen hatte, zählte sie dazu und genoss daher ihre Unterstützung. Danach konnte Henemark zumindest wieder als Gast und Interviewpartner in Stenbecks Medien auftreten.

Carl XVI. Gustaf ist fast vier Jahre jünger als Jan Stenbeck, der 2002 starb. Die beiden älteren Schwestern Stenbecks, Margaretha und Elisabeth, waren mit den Schwestern des Königs, Désirée und Birgitta, befreundet und man hatte gemeinsam Zeit im Sommerhaus der Familie Stenbeck an der schwedischen Westküste verbracht. Ein Bild in der Zeitschrift *Vecko-Journalen* aus dem Jahr 1960 zeigt die vier jungen Frauen zusammen bei einer Regatta in Marstrand. Die Familien kannten sich also seit langem und als Jan Stenbeck in der für ihn typischen, großspurigen Art die Jahrtausendwende in Stockholm feierte – seine Raketen, Partys und Künstlerauftritte dominierten die Hauptstadt vollständig – stießen der König und Kronprinzessin Victoria von der Schlosstreppe aus auf das neue Jahrtausend an, und Stenbeck erhielt so einen royalen Rahmen für sein großes Marketingevent.

Daher war es sicherlich nicht verwunderlich, dass Stenbeck den Wink des Königs ernst nahm und tat, wie ihm geheißen.

Das nächste Mal als Christer Gustafsson Camilla Henemark anrief, war der Anruf mit einer Einladung zu einem Abendessen verbunden, in einem Penthouse im vornehmen Stadtteil Ostermalm, bei dem dieses Mal u. a. Austern auf der Speisekarte standen. Gustafsson hatte erwähnt, dass jemand da sein würde, der sie sehr gerne treffen würde, nämlich der Mann, den Henemark fortan Chef nennen sollte, genau wie alle anderen. Sie kam gerade von einer Vorstellung in der Globen-Arena und brachte eine der Künstlerinnen, die dort ebenfalls aufgetreten war, zum Abendessen mit. Als sie ankam, merkte sie, wie arrangiert alles wieder war, aber sie konnte auch nicht lange bleiben, da sie noch eine Verpflichtung als Gastbarkeeperin im Hotel O'Henrys in Strängnäs hatte. Sie schaffte es aber auf jeden Fall, den größten Teil des Dinners mitzuessen, ehe für sie eine Limousine gerufen wurde, die sie die 80 km lange Strecke zum O'Henrys fuhr. Der Wagen wartete dort solange, bis sie fertig war und brachte sie dann wieder zurück nach Stockholm und zu einem ungeduldig wartenden König.

Das Abendessen war lange vorüber und fast alle Gäste waren gebeten worden, die Wohnung zu verlassen. Zurück blieben der König, die Gastgeber und ein Bodyguard. Henemarks Freundin wurde sofort zum Gehen aufgefordert, aber zuvor schaffte sie es noch, Henemark zu erzählen, dass der König den ganzen Abend nur davon gesprochen hatte, wann sie wiederkommen würde. Er hatte sein Jackett abgelegt, die Krawatte gelockert und machte einen verliebten Eindruck. Mit einem Glas in der Hand nahm er Henemark mit in eines der Schlafzimmer. Später kam der Gastgeber in das Zimmer und erklärte, der Bodyguard hätte ihn gebeten auszurichten, es wäre unmöglich, sie bei Tageslicht von dort wegzubringen. Sie konnten ganz einfach nicht in der Wohnung übernachten, denn der Geheimdienst Säpo musste den König dort hinausbringen, solange es noch dunkel war.

Henemark und der König hatten nun, Ende der 1990er-Jahre, eine Affäre begonnen, die etwa ein Jahr andauern sollte. Der König gab manchmal zu verstehen, dass er sich wie ein verliebter Schuljunge fühlte und einmal sprachen sie davon, zusammen auf eine einsame exotische Insel zu fliehen, etwa wie Marlon Brandos Insel Tetiaroa in Französisch-Polynesien, und sich dort von Kokosnüssen zu ernähren. Beide wussten, dass dies unmöglich etwas anderes sein konnte als eine romantische Phantasie, aber es war trotzdem irgendwie ganz bezaubernd.

Obwohl Jan Stenbeck sich bei seinen Versuchen, Henemark zu erobern, geschlagen geben musste, ließ er den König seine prachtvolle Penthouse-Wohnung oben im sogenannten Grünen Haus in Gamla Stan, der Altstadt Stockholms, nutzen, deren Fahrstuhl direkt hinunter zum Luxusrestaurant Eriks führte. Die Wohnung war eindrucksvoll eingerichtet und hatte etwas von einem türkischen Bordell oder einem Palast aus *Tausend und einer Nacht*. Auf dem Namensschild an der Tür stand »Baba« und das Dach konnte zum Himmel geöffnet werden und schloss sich bei Regen automatisch.

Henemark war dort einmal zusammen mit dem König und einigen seiner Freunde sowie einer Norwegerin, die den König ständig mit »Pungen« [*schwed. Sack, Eier beim Mann – eine Verballhornung des schwed. Wortes Kungen = König*] ansprach, worüber der Monarch sogar auch noch lachte. Der Wirt des Restaurants, Erik Lallerstedt, servierte Sushi. Er kannte Stenbecks Partys im Penthouse, schüttelte den Kopf und murmelte etwas wie: »Erst Stenbeck und nun das hier. Du gehst vom einen zum anderen. Du hast keine Ahnung, wie hoch der Einsatz bei diesem Spiel ist.«

Zu einem anderen denkwürdigen Ereignis kam es vor dem Start der Regatta Gotland Runt in Sandhamn. Christer Gustafsson kam in Begleitung von zwei Frauen, Schwesternschülerinnen oder Krankenschwestern, die er in dem Nachtclub aufgabelt hatte, den er im Vergnügungspalast Svenssons in Uppsala betrieb. Seine Hauptaufgabe bestand jedoch darin, dem Monarchen seine Kurtisane zuzuführen. Zusammen mit Henemark wurden sie zunächst in einem alten Lastkahn befördert, der einem älteren, hinkenden Bekannten Gustafssons gehörte. Das Boot brauchte eine Ewigkeit, bis es vorankam und musste sich zunächst durch die Schleuse Hammarbyslussen quälen. Der erste Stopp war Saltsjöbaden, wo man den König treffen sollte. Sie legten an einem der Bootsstege an und die ganze Gesellschaft aß Krabben. Der König puhlte seine Krabben nicht selbst, so etwas tun Könige nicht. Dann gab es Prinzessinnentorte und der König nahm die als Dekoration dienende Marzipanrose herunter und steckte sie sich mit aller Selbstverständlichkeit in den Mund, denn *so etwas* tun Könige. Danach stiegen alle in ein Motorboot um, das ein Stück raus aufs Wasser fuhr, wo man tanzte und den Wodka-Lakritzlikör trank, den Gustafsson in seinem riesigen Netzwerk von Kunden und Schickeria-Leuten vertrieb, und jetzt auch in königlichen Kreisen. Henemark erhielt eines der weißen Taschentücher des Königs mit seinem Monogramm als Geschenk und hob es viele Jahre lang auf.

Bei Einbruch der Nacht wurde Henemark unter einer Decke zum König geschmuggelt, während die Säpo-Bodyguards versuchten, normale Leute und andere Boote auf Abstand zu halten, was nicht so einfach war, denn es wimmelte nur so von Booten und Menschen, und auf und zwischen den Landungsstegen war es sehr voll. Der König war beschwippst und nicht gerade diskret, sodass die Leibwächter ihn bitten mussten, nicht so offensichtlich herumzuschmusen, sodass die Leute dies sehen. Am Morgen war es die umgekehrte Reihenfolge. Zuerst der König, leidlich verkleidet unter einer Decke, und dann Henemark. Der König fuhr dann in seinem Motorboot nach Sandhamn und Henemark machte sich darüber lustig, dass er noch immer schwarze Spuren um den Mund hätte von den vielen Lakritzschnäpsen.

Auf dem Heimweg am Tag darauf kamen sie im Strom von Stockholm einer großen Fähre in die Quere und Henemark, die damals den Kahn steuerte, den man in Saltsjöbaden wieder bestiegen hatte, stellte fest, dass ein Zusammenstoß unausweichlich war, es sei denn der Kurs würde geändert, aber es dauert, bis so ein Lastkahn folgt. Die große Fähre hupte bedrohlich, unternahm ein Ausweichmanöver, und mit Mühe und Not war man einer Kollision entgangen.

Henemark war stets gern mit dem König zusammen und unterhielt sich gut mit ihm. Sie konnte über tagespolitische Ereignisse mit ihm reden, und es schien ihr dann, dass der König nicht die gleiche Person war wie bei offiziellen Anlässen. Sie empfand ihn als viel intellektueller bei diesen privaten Gelegenheiten und ahnte, dass der Unterschied zwischen dem König als öffentlicher Person und Carl Gustaf als Privatperson zum Teil mit seiner Kindheit zu tun hatte. Er verließ sich nicht auf seine eigene Intuition, sondern überließ die viele Entscheidungen – oder die Erwägungen, auf denen die Entscheidungen basierten – anderen. Er glaube nicht, dass das, was er vorzubringen hatte, ausreichte, was wiederum, wenn dem tatsächlich so ist, auf ein schwaches Selbstwertgefühl hinweisen würde.

Wenn er mit Henemark zusammen war, war es anders. Die misstrauische und nachtragende Art, die man ihm bei anderen Gelegenheiten nachsagen konnte, war wie weggeblasen. Die Kurtisane war einfach nur Vergnügen, Freude und Spaß, ohne Komplikationen und sie empfand ihn als durchweg guten Menschen. Er konnte sich, bildhaft gesprochen, auch schon mal verrennen wie ein unbändiger Teenagerer, er tat dies jedoch mit einer ehrlichen Naivität, die sie mochte. Sie schätzte ihn wegen seines guten Karmas, seine Absichten waren immer gut. Der König war nicht jemand, der sich unbedingt selbst hervortun und als der Beste in der Runde zeigen musste nur, weil er König war. Er war ganz einfach nicht der Führungstyp.

Die einzige weniger attraktive Eigenschaft, die sie an ihrem König entdeckte, war seine nachtragende und argwöhnende Art. Verrat wurde mit Härte beantwortet und er tat sich schwer mit Vergebung. Seine sture Weigerung, seinem Onkel Sigvard Bernadotte den Prinzentitel zurück zu geben, ist ein eindeutiges Beispiel dafür.

Die Kurtisane war ein geschätztes Mitglied der Gesellschaft um die königliche Clique und sie war viele Jahre lang u. a. zu den Weihnachtsessen der Sörmland-Freunde eingeladen. Es gab viele

Anzeichen dafür, dass die Anwesenheit Henemarks geschätzt wurde. Als ihre Karriere dadurch zu bröckeln begann, dass ein Boulevardjournalist sie in einer Kolumne beschuldigte, Sex an die Freunde des Königs verkauft zu haben, und ihr Name dann im Zusammenhang mit Kokainkonsum und einer skandalösen Flugreise auftauchte, waren sie zur Stelle und unterstützten sie. Sie berichtete 2003 in einem Interview darüber:

> Das beredteste Beispiel sind wohl die Sörmland-Freunde mit Mitgliedern wie Noppe Lewenhaupt und Aje Philipson, die traditionell jedes Jahr ein Weihnachtsessen veranstalten. Das waren übrigens genau diejenigen, an welche ich angeblich sexuelle Dienste verkauft haben sollte, was reinweg erlogen ist. Ich war mit denen doch gut befreundet viele Jahre lang, aber egal. Die glaubten die Geschichte natürlich nicht und riefen an, um mich wie immer zum Weihnachtsessen einzuladen. Ich fühlte mich nicht so recht wohl dabei, vor allem bei dem Gedanken, dann auch noch in einer Art Chambre séparée sitzen zu müssen, nur weil um mich in den Medien hohe Wellen geschlagen wurden, und ich hatte ein bisschen das Gefühl, dass ich eine Last war. Aber die Jungs disponierten auf ein hoch offizielles Weihnachtsessen um. Das einzige, was zum Schluss noch frei und zu haben war, war Karlsson & Co, haha! Das war echt ein Kontrast, als wir da rein rauschten. Noppe und die Jungs gebügelt und gestriegelt in ihren Anzügen und dann ich in einem Rock, der so kurz war, dass …

Der Interviewer brach merkwürdigerweise das Thema an dieser Stelle ab. Die Pläne waren in letzter Minute geändert worden. Als sich herausstellte, dass der König nicht dabei sein würde, wurde das weihnachtliche Essen in ein hoch offizielles Etablissement verlegt und die Wahl fiel auf das Karlsson & Co in der Kungsgatan.

Nun präsentierten die Sörmland-Freunde ihre Muse als eine Art Hauptattraktion und als ein Zeichen, dass sie nach wie vor zur Clique gehörte. Sie standen zu ihr und luden sie auch ein, als Philipson 2003 in der Wasahalle im Djurgården seinen 60. Geburtstag feierte.

Henemarks Verhältnis mit dem König ließ an Intensität nach. Sie trafen sich noch einige Male in mehr oder weniger offiziellem Zusammenhang, aber dann ging es zu Ende. Es war ein völlig verrücktes Jahr im Überfluss und mit jugendlichen Albernheiten. Henemark hat sich im wahrsten Sinne des Wortes königlich amüsiert. Aber Leute aus dem nächsten Umfeld des Monarchen hatten begonnen, über die Unmöglichkeit der Situation zu reden, dass sie nicht mehr lange so weitermanchen könnten und auch Henemark bekam langsam Zweifel, ob sie sich weiter mit dem König treffen sollte. Sie wusste, dass Königin Silvia davon wusste, aber auch, dass die Gefahr bestand, dass es dabei nicht bleiben würde. Sie befürchtete zur meistgehassten Frau Schwedens zu werden, wenn ihre Affäre mit dem Monarchen des Landes allgemein bekannt würde. Und natürlich konnte auch der König sich diese Beziehung auf Dauer nicht leisten. Zudem bestand immer die Gefahr, dass jemand eine Kamera mitbringen und die beiden in einer unpassenden Situation ablichten könnte. Es war auf den Partys der Freunde des Königs schon vorgekommen, dass einer der Teilnehmer eine Kamera hineingeschmuggelt hatte, aber es hatte sich immer auf eine für den Staatchef günstige Art und Weise gelöst. Die betreffende Person war einfach zurechtgewiesen und über die unangenehmen Konsequenzen aufgeklärt worden, die es hätte, wenn sie den Film nicht freiwillig übergeben würde.

Das letzte Mal traf sie den König irgendwann um das Jahr 2005 herum im Noppes, einem direkt neben dem traditionsreichen Teatergrillen, nur einen Steinwurf vom Stureplan in Stockholm entfernt gelegenen Mitgliederclub. Sie wechselten quer durch den Saal einige Blicke. Henemark unterhielt sich mit einem Bekannten und hatte das Gefühl, der König wolle mit ihr reden, aber sie wollte nicht. »Der König starrt dich die ganze Zeit an«, meinte ihr Bekannter, der sicherlich nichts von ihrer Beziehung wusste. »Ich weiß«, antwortete Henemark, »aber können wir jetzt weiter reden?« Aber der Mann wollte das Thema nicht fallenlassen: »Das ist nicht in Ordnung. Warum schaust du ihn nicht an und warum grüßt du ihn nicht?«. Aber Henemark wollte nicht. Ihre Freundin und Bandkollegin von Army of Lovers, Dominika Peczynski, war an diesem Abend auch anwesend, und am darauffolgenden Tag stand in der Boulevardzeitung *Aftonbladet* ein Bericht darüber, wie der König und seine Freunde mit den beiden Frauen gefeiert hätten:

Der Online-Zeitung *Stureplan* zufolge war der König am letzten Donnerstag im überfüllten Nachtclub Noppes und amüsierte sich königlich mit seinem langjährigen Freund Noppe Lewenhaupt. Anwesend waren auch der H&M-Chef Stefan Persson, Agnetha Fältskogs Freund Bertil Nordström, Viggo Cavling, Chefredakteur der Zeitschrift Resumé, sowie der Finanzunternehmer Patrik Brummer. Dominika Peczynski, seit vielen Jahren Geschäftsführerin der Werbeagentur Mafioso, berichtet, dass sie und Camilla Henemark zusammen mit einigen Freunden auf einer Weihnachtsfeier gewesen waren. »Als wir im Noppes ankamen, war der König schon da und wartete auf seine Freunde.« In der Boulevardpresse wird behauptet, dass Camilla Henemark mit dem König auf Partys geht und dass sie natürlich auch sonst mit ihm verkehrt. »Camilla wohnte damals bei mir und bei uns kam definitiv kein König des nachts hereinspaziert«, sagt Dominika

Peczynski. »Alle waren nur nett und fröhlich, es war ein lustiger und anständiger Abend und völlig skandalfrei.«

Das letzte von den Sörmland-Freunden organisierte Weihnachtsfest, zu dem Henemark eingeladen war, fand im Souterrain eines Hauses im Stadtteil Norrmalm statt. Auf dieser Feier spürte sie zum ersten Mal diese Kälte. Sonst war sie immer Philipsons Tischdame gewesen, wurde aber jetzt an einem weit entfernt stehenden Tisch platziert. Sie war durch eine junge Blondine ersetzt worden. Seine eigene Frau, Bathina, war nicht eingeladen. So funktionierte das in dieser Gesellschaft: Als Geliebte war man auf den Festen dabei, aber als Ehefrau einer der Männer hatte man fein zuhause zu bleiben und der nächsten Geliebten den Platz zu überlassen.

Henemark empfand das als deutliches Zeichen, dass sie auf dem Weg nach draußen war. Sie hatte ihren Zweck erfüllt, war aus der Mode gekommen und fühlte sich jetzt wie Dreck behandelt. Die Kälte spürte sie auch von Christer Gustafsson. Henemark merkte, dass man der Meinung war, sie hätte ihnen nichts mehr zu geben, aber sie hätte sich das Ende gerne anders gewünscht. Eigentlich hätte sie diejenige sein wollen, die sich umdreht und geht.

Zur Weihnachtsfeier 2009 kam keine Einladung, falls sie überhaupt stattfand. Die wenigen Male, die sie noch vom Freundeskreis der Königs hörte, waren, wenn diese das Gefühl hatten, sie hätte mit den Medien gesprochen. Das mochten sie nicht, denn das wurde als illoyal angesehen. Im Herbst hatte sie einen Anruf von Gustafsson erhalten, der ihr erklärte, sie solle sich hüten, mit Journalisten zu sprechen, und sie aufforderte, Anders Lettström anzurufen, wenn jemand von den Medien sich bei ihr melden sollte. Dieser würde dann einen Anwalt besorgen, der sich darum kümmern würde. Was genau das bedeutete, wurde nicht deutlich.

Seitdem war es ruhig. Sie rief Lettström an, um ihn zu fragen, worum es eigentlich ging, aber er meldete sich nie bei ihr zurück.

Sie fühlte, dass die Zeit gekommen war. Henemark war Geschichte. Der König hatte letztendlich seine schützende Hand von seiner Kurtisane genommen.

6 | GOLD CLUB

G old Room 7 was the room reserved for the hot shots: the King of Sweden, Madonna.«

Jacklyn »Diva« Bush erwähnt bereits in der ersten Hälfte ihres Enthüllungsromans über den berühmten Gold Club in Atlanta, dass König Carl XVI. Gustaf einer der VIP-Kunden des Stripteaseclubs war, als er die Stadt während der Olympischen Spiele 1996 besuchte.

Das Buch erschien 2003, also zwei Jahre nach dem großen Skandal, der für einen Großteil der US-Promielite eine böse Überraschung gewesen sein dürfte und die schwedischen Boulevardzeitungen rotieren ließ – FBI-Zugriff und der darauffolgende Prozess im Mai 2001 gegen das Management und die Angestellten des Clubs.

Der Gold Club war einer der exklusivsten und lukrativsten Stripteaseclubs der USA. Er lag in der 2416 Piemont Road, dem schicken Stadtteil Buckhead in Atlanta, Georgia. Eigentlich unterschied er sich nicht von irgendeinem anderen Club dieser Art – die gleiche Art von Etablissement im ziemlich nichtssagenden internationalen Nachtclubstil. Diese sehen überall ziemlich ähnlich aus. Was den Gold Club jedoch von allen anderen dieses Genres unterschied, waren drei Dinge: das Klientel war die absolute Crème de la Crème von weltweit bekannten Namen aus Entertainment und Sport, die VIP-Gäste konnten nicht nur einen Striptanz aus unmittelbarer Nähe sehen, sondern auch richtigen

Sex mit mehreren der im Club angestellten Stripperinnen genießen, und dem Eigentümer Steven Kaplan wurde nachgesagt, mit der berüchtigten Mafiafamilie Gambino eng liiert zu sein, zumindest dass er für deren Schutz bezahlte. Die beiden letztgenannten Fakten waren das, was zumindest der Behauptung des Staatsanwalts zufolge die langjährigen Ermittlungen des FBI gegen den Gold Club ergeben hatten. Sex mit den Angestellten war es auch, was Jacklyn »Diva« Bush in ihrem Buch erwähnte. Bei dem Gerichtsprozess ging es auch u. a. um Erpressung, Geldwäsche, illegale Kreditgeschäfte, Kreditkartenbetrug und Bestechung der Polizei.

Kaplan hatte in den 1980er- und 1990er-Jahren begonnen und eine Vielzahl von Clubs verschiedenster Art, vorrangig Stripteaseclubs, in New York und Florida betrieben, ehe er 1994 den Gold Club kaufte, das Juwel in der Krone, obgleich dieser von außen nicht viel hermachte. Im Grunde genommen war er nichts anderes als ein grau-gelbes Lagerhaus. In der unteren Etage gab es eine VIP-Lounge mit einer gigantischen Bar, an der Austern und andere Schalentiere serviert wurden, und die Küche hatte auch Beefsteaks, Hamburger, Salate und Sandwiches zu bieten. Auf der gleichen Etage befanden sich die Garderoben, in denen sich die Stripperinnen umzogen, hier zogen sie sich eine Dosis Kokain rein und duschten sich den Honig ab, der ihnen während ihrer Show über die Brüste gegossen wurde.

Der Gold Club war groß – nahezu 1600 m² – und jeden Abend taten fünf Manager und fünfundzwanzig sogenannte Etagenchefs ihren Dienst. Von diesen wusste keiner, wo genau was ablief, aber stets gab es lächelndes Personal im Smoking, das den VIP-Bereich anbot, zwölf sogenannte Gold Rooms, eine Treppe höher für 200 Dollar pro Stunde. Kunden sexuelle Dienste anzubieten war nicht erlaubt, aber Jacklyn »Diva« Bush zufolge liefen dennoch zahlreiche sexuellen Aktivitäten in diesen Räumen ab. Sie war dessen selbst Zeuge und ließ zu, dass die ihr zugeteilten Stripperinnen das taten, was man von ihnen verlangte. Für die nette Summe von 60.000 Dollar konnte man für sechs Stunden sieben splitternackte Frauen, 13 Flaschen Champagner und ein großes Tablett mit feinstem Hummer kaufen – »the Royal VIP treatment«.

Die Aussage, dass der schwedische König den Club besucht hat, kam ursprünglich von Nicholas Lotito, der Roy Cicola, den Clubmanager, verteidigt hatte. Als die großen amerikanischen Medien über den Prozess berichteten und Lotito zitierten, reagierten die schwedischen Boulevardzeitungen mit großen Schlagzeilen und Extra-Beilagen. Sie schickten Reporter und Fotografen nach Atlanta, diese besuchten den Club und berichteten im Detail darüber, was sie sahen und hörten. Nicholas Lotito wurde interviewt und wiederholte, was er bereits gesagt hatte. Der angeklagte Manager Roy Cicola behauptete, dass der König seine Kreditkarte vorzeigte, aber sich nicht auswies. Die damalige Pressechefin des Hofes Elisabeth Tarras-Wahlberg wurde vorgeschickt und musste die ganze Sache dementieren. Die königliche Familie war während der Olympischen Spiele in Atlanta gewesen, aber der König bestritt, jemals einen Fuß in den Stripteaseclub gesetzt zu haben. Der Hofjurist, Rechtsanwalt Bengt Ljungqvist, erzählte, dass er eingeschaltet worden sei, um die Möglichkeit einer Klage zu prüfen gegen die Leute, die so etwas in Atlanta behauptet hätten. »Es ist eine Unart, wenn Leute Lügen verbreiten«, sagte Ljungqvist gegenüber der Zeitung *Expressen*.

Nicholas Lotito ist heute einer von zwei ehemaligen Staatsanwälten im Anwaltsbüro Nick Lotito & Seth Kirschenbaum in Atlanta. Auf der Hompage des Büros wird Lotito wie folgt präsentiert:

Nicholas Lotito ist ein Anwalt mit über 30 Jahren Erfahrung im Strafrecht. Er dozierte vor Anwälten des Bundesstaates Georgia über juristische Fragen und trat als Kommentator und Justizexperte beim Kabelsender TruTV (früher bekannt als Court TV) und anderen großen Fernsehsendern auf. Als ehemaliger Prozessanwalt beim Justizministerium der Vereinigten Staaten, Abt. Kartellbehörde, wurde er für seine erfolgreiche Arbeit mit der Auszeichnung des Ministeriums für spezielle Verdienste geehrt. Mr. Lotito war ehemals Präsident des Verbandes der Strafrechtsverteidiger des Bundesstaates Georgia und hatte den Vorsitz im Amicus-Ausschuss inne.

Wir trafen uns in einem Soul-Food-Restaurant in der Nähe seines Büros in der Ponce De Leon Avenue 918 und Lotito erklärt, warum er im Grunde genommen erwähnt hatte, dass der schwedische König 1996 im Gold Club gewesen sei.

Ich wollte sagen, dass es oft Gäste gab, die einen Gold Room haben wollten, um etwas abgeschottet zu sein. Das waren Prominente, die nicht wollten, dass Leute einfach auf sie zu kommen konnten, um sich Autogramme zu holen, sie anzusprechen oder was auch immer. Einige dieser Personen, Sportler, hatten eigene Bodyguards dabei, die die Tür bewachten. Der Grund, weshalb ich hierbei an den schwedischen König dachte, war zum Beispiel nicht der, dass dieser nun König war, es hätte auch jemand anders sein können, sondern es war mir vielmehr wichtig herauszustellen, dass Agenten des Secret Service die Türen bewachten. Ich wollte nur betonen, dass die Leute des Secret Service, die die Türen bewachten, nicht zugelassen hätten, dass etwas Unpassendes passiert. Das waren Agenten des Secret Service der USA und wie hätte die Regierung sagen können, dass ihre eigenen Leute an der Tür stünden, wenn etwas Unpassendes da drinnen abliefe? Also nannte ich ein Beispiel, und als der schwedische König kam, hielt der Secret Service vor der Tür Wache, so war der schwedische König ein typisches Beispiel, aber sehr untypisch für das, was ich sagen wollte. Mein Punkt war, dass es sich um Leute des Secret Service handelte. Als der ganze Tumult in Bezug auf den schwedischen König entstand, hätte ich das vielleicht zurück nehmen müssen, aber es war recht unterhaltsam. Es gab ein unerwartet großes Geschrei in der schwedischen Presse, aber ich hätte es nicht gesagt, wenn ich nicht genug glaubwürdige Informationen darüber gehabt hätte. Irgendwo gibt es noch einen Bericht des Secret Service, den ich wahrscheinlich hätte einsehen können, aber es war ein so untypischer Fall mit dem König, mir ging es um die Secret-Service-Agenten, beim König hätte es ebenso gut der König von Monaco oder sonst woher, wo es heute noch Könige gibt, sein können. Die Tatsache, dass es nun gerade der schwedische König war, verursachte diese Publicity.

Einer der Manager im Gold Club war an diesem Abend Roy Cicola, der damals Lotitos Klient war. Er ist Antialkoholiker und trinkt am liebsten Mineralwasser und Ananas- oder Orangensaft, als wir uns in einem der besseren Hotels in Atlanta treffen. Er erzählt, dass er an dem besagten Abend über das interne Kommunikationsnetz darüber informiert wurde, dass der schwedische König kommen und der Secret Service jeden Moment eintreffen würde. Cicola wurde zum Eingang des Gebäudes gerufen, um die Agenten zu treffen, die ca. eine halbe Stunde vor dem König eintrafen. Die Agenten schauten sich um und versicherten sich, dass alles in Ordnung war, und dann traf der König ein. Cicola begrüßte ihn und dann kümmerten sich sofort die VIP-Betreuer des Clubs um ihn und begleiteten ihn nach oben zum Gold Room Nr. 8–9, der mit ca. 43 m² einer der größeren Räume war. Eingerichtet war der Raum mit einer großen gemusterten Einbaucouch, Kissen und kleinen runden Couchtischen. Die eine Wand war aus Rauchglas, sodass man heraus- aber nicht hineingucken konnte. Das Zimmer hatte keine weitere Tür, sodass nicht jeder einfach rein konnte, während man drinnen zur Sache ging, aber zwei Secret-Service-Leute bewachten die Eingangstür, während der König drinnen von einer Dame namens Nico unterhalten wurde. Sie sah exotisch aus, als ob sie aus dem Nahen Osten stammen würde. Im Club wurde eine Mischung aus bekannten Songs, älterer Musik wie Rock 'n' Roll, Pop, Klassikrock und modernem Rock, der 1996 in Mode war, gespielt.

Der König blieb über eine Stunde, soweit sich Cicola erinnern kann, und hatte bestimmt Spaß. »Die Tänzerinnen verstehen ihr Geschäft wirklich gut, sie sind unterhaltsam und machen damit Karriere.«

Richard war einer der VIP-Betreuer an dem Abend. Er möchte absolut nicht, dass sein Nachname genannt wird, da er auf seine Anonymität bedacht ist und sich Sorgen macht, dass der König Schwierigkeiten bekommen könnte. Aber er empfängt uns in seinem eigenen Stripteaseclub, der, was Einrichtung und Atmosphäre anbelangt, Lichtjahre von dem exklusiven Gold Club entfernt ist. Der Club liegt einige Kilometer weiter die Piemont Road herunter, etwas abseits in einem bungalowartigen Haus mit rosa blinkenden Neonschildern. Der Club ist im Westernstil gehalten und um eine quadratische Bar herum sitzen einige Herren mittleren Alters in Anzügen. Drei, vier junge und recht gewöhnlich aussehende Damen aalen sich an den Stangen, die die über der Bar befindliche Decke stützen.

Richard wundert sich, dass ein Journalist den weiten Weg von Schweden hergekommen ist, um ihn nach etwas zu fragen, das vierzehn Jahre her ist. Aber er kann sich ohne Probleme daran erinnern, dass der schwedische König dort war, da ihm die Aufgabe zufiel, ihn zu begrüßen. Es kam ja nicht alle Tage vor, dass ein »echter« König im Gold Club auftauchte. Dies war nie wieder vorgekommen in den sechs Jahren, die er im Club arbeitete.

Richard möchte auch anonym bleiben, da er nach wie vor in der Branche tätig ist. Er ist ein jovialer Mann in den Vierzigern in grauen Hosen mit scharfer Bügelfalte und blauweißem Hemd. Er bestätigt, dass es seine Aufgabe gewesen sei, dafür zu sorgen, dass es dem König gut ging und er sich im Club wohlfühlte. Daran war nichts Ungewöhnliches, meint er. »Es waren ja immer irgendwelche Prominente dort.« Richard hatte sich ebenso um Prince und um Madonna gekümmert, als sie dort waren.

Richard schätzt, dass der König an dem Abend ungefähr 10.000 Dollar dort ließ. Er war dort zu den gleichen Bedingungen wie andere VIP-Gäste und musste selbst bezahlen. Sechs Secret-Service-Leute waren vor Ort, die sich sowohl außerhalb des Clubs als auch drinnen postiert hatten. Die Männer konnten sich in der Champagnerlounge aufhalten und all die verschiedenen Frauen, die im Club hin- und herliefen in Augenschein nehmen. Der König war von sechs bis acht Frauen umgeben, einige waren blond und viele hatten ein exotisches Aussehen, dann konnte er wählen, welche er haben wollte. Laut Richard zog er sich in einen sogenannten Gold Room zurück, der eigentlich aus zwei zusammenhängenden Räumen – Nummer 8 und 9 – bestand. Der Raum hatte keine Tür, sondern wurde »semi-private room« genannt. Der Gold Room Nummer 7 war völlig privat mit Tür, aber dieser war vermutlich besetzt gewesen, glaubt er. Der König war etwa zwei bis drei Stunden dort, und Richard glaubt sich daran zu erinnern, dass er einen grauen Anzug trug. Die Secret-Service-Leute, die die Sicherheit des Clubs kontrolliert hatten, waren schwarz gekleidet.

Eine der Kellnerinnen im Gold Club war Heather. Wir verabreden uns mit ihr auf einen Drink und Snack in einer Hotelbar in Atlanta. Auch sie kann sich problemlos an den besagten Abend erinnern. Es war ein chaotischer Abend, denn durch die Olympischen Spiele gab es viele zusätzliche Kunden, die vorbeikamen, und einer der Gäste an dem Abend war der schwedische König. Sie sagt, dass sie vorher nicht gewusst hätte, dass der König kommen würde, ihr wurde lediglich gesagt, dass sie in dem besagten Raum zu bedienen hätte und irgendwo unterwegs dorthin wurde ihr mitgeteilt, wer der VIP-Gast sei.

»Oh my God, dachte ich. Ich konnte gar nicht fassen, dass ich gerade im Begriff war, den schwedischen König zu bedienen.«

Sie gibt an, dass der Grund, dass gerade sie für diese ehrenvolle Aufgabe ausgewählt wurde, war, dass die Leitung des Gold Clubs sie als sehr tüchtig einschätzte, wenn es um die Bedienung der VIP-Gäste ging, und dass man dem König einen guten Service ohne jegliche Dramatik bieten wollte. »Es gab genug Sachen, die dort passierten«, sagt sie. »Wenn der König in Ruhe gelassen werden wollte, dann würde er auch in Ruhe gelassen werden.«

Der König war noch im Viper Room, wie die Champagnerlounge auch genannt wurde, von dort hatte er eine gute Sicht auf den Club und die Damen, die dort arbeiteten. »Alle konnten ihn sehen«, sagt Heather. Dort konnte er sich aussuchen, mit wem er seine Zeit verbringen wollte.

Wen suchte er sich aus?
Soweit ich mich erinnern kann, wählte er Nico.

Wo hast du ihn bedient?

In dem Raum.

Was hat er getrunken?

Champagner.

War er allein mit Nico?

Die meiste Zeit. Man darf nicht vergessen, dass es mir – außer zum Zwecke der Bedienung – nicht gestattet war, dort hineinzugehen.

Welches Gefühl hattest du, als du dort mit dem Champagner rein bist?

Aufmachen, eingießen und wieder raus.

Hat sie für ihn getanzt, saß sie auf seinem Schoß?

Nico war nicht besonders oft nackt. Sie war mehr der Typ, der redete.

Wie sah sie aus? Ihr Gesicht, ihre Hautfarbe?

Zurückhaltend. Nico war keine von den Lauten. Ihre Haut war olivenfarben, sie war eine Mischung aus schwarz, weiß und noch irgendwas anderem. Große Brüste, großes Hinterteil, Grob. Aber süß. Niemals viel Make-up. Große, braune Augen. Amerikanerin und zu der Zeit wohnte sie in der Straße weiter unten.

Wie lange blieben sie in dem Zimmer?

Ich glaube, das war ziemlich lange. So zwei Stunden.

Wofür war Nico bekannt?

Soll ich ehrlich sein? Unanständig zu sein. Nico gehörte zu den unanständigen Mädchen, die sexuelle Sachen in den Zimmern machten.

Weißt du, was sie in den zwei Stunden gemacht haben?

Die meiste Zeit durfte ich mich nicht drinnen im Zimmer befinden, weil ich nicht sehen durfte, was da drinnen vor sich ging. Man kann aber davon ausgehen, dass Nico ihr Geld wert war.

Wurdest du irgendwie instruiert, wie du dich zu verhalten hättest?

Nein, denn sie sagten zu mir, wenn du dich um den Gast kümmerst, dann mach es so, wie er es will und gib ihm, was er will. Er war nett.

Hat er etwas zu dir gesagt?

Ja, wir redeten irgendwas, aber ich weiß nicht mehr was, es war mehr so: »wünschen Sie noch was?«

War er nüchtern?

Weiß ich nicht mehr. Ich meine nur, sie tranken ja ziemlich viel Champagner, so in etwa … Ich erinnere mich nicht, wie viel Geld er ausgab, aber ich weiß, es war eine ganze Menge.

Weißt du wie viel?

Nee … einige Tausende …

Richard sagte 10.000.

Das stimmt vermutlich.

Hast du ihm denn keine Rechnung gegeben?

Doch, das hab ich, aber ehrlich gesagt, erinnere ich mich nicht mehr, was da drauf stand.

Hat er dir Trinkgeld gegeben?

Ja absolut, wie das normal war … so zweitausend Dollar.

Er gab dir also zweitausend Dollar?

Ja, vermutlich.

Was passierte als er ging?

Ich weiß nicht.

Erinnerst du dich daran, als er ging?

Ich weiß nicht, ich erinnere mich nicht mehr daran, dass ich ihn gehen sah.

Diese Zweitausend Trinkgeld, wie bekamst du die?

Jackie und ich haben neulich noch mal darüber geredet, dass sämtliche Trinkgelder, die ich bekam, über Kreditkarte gegangen sind.

Okay, dann wies er also das Geld, das für dich bestimmt war, auf der Rechnung als Trinkgeld aus?

Ja.

Wusstest du, wie viel du bekommen würdest, als er noch da war?

Ja.

Erzählst du uns hier wirklich das, was du selbst erlebt hast?

Ja. Ich meine, du kannst zigtausend verschiedene Geschichten kriegen von Leuten, die Aufmerksamkeit haben wollen, aber mich hat das nicht sonderlich interessiert. Du willst eine Information haben, ich gebe dir die Information. Ich erzähle hier nicht irgendwas, was sich hätte oder nicht hätte zutragen können. Ehrlich gesagt, das ist dreizehn Jahre her und meine Erinnerung daran ist sozusagen ein bisschen lückenhaft, aber natürlich weiß ich genau, dass ich ihn bedient habe.

Hast du davon gehört, dass der König das abgestritten hat?

Ja, ich hörte davon, als das alles beim Gerichtsverfahren zur Sprache kam und viele abstritten, dort gewesen zu sein. Aber ich war jedenfalls Kellnerin dort und dachte so bei mir, »Na, komm schon, ich hab dich doch bedient. Du lügst.« Und als ich hörte, dass er log, dachte ich ebenfalls, »Na, ich hab dich doch bedient, muss ja wohl ein Witz sein!«. Ich verstehe nicht, dass er abstreitet, dort gewesen zu sein.

Hat er etwas gegessen?

Ich glaube, er aß Krabbenbeine. Es war üblich, damals Sushi zu servieren, und ich bin fast sicher, dass sie auch etwas aßen. Und ich glaube, Richard verkaufte noch eine Art Clubmitgliedschaft an ihn für 7.000 Dollar oder so.

Du wirst als Lügnerin da stehen, wie findest du das?

Das stört mich nicht weiter. Ich erzähle hier keine Sachen, die nicht wahr sind, ich kommentiere nicht seinen Charakter, ich denke mir keine Geschichten aus, ich sage nur, dass er dort war.

Und ich habe ihn als Kellnerin bedient. Das ist alles, was ich sage, sonst nichts! Er war da! Er kam, es war völlig chaotisch, er trank Champagner, er hatte Spaß, er war mit Nico zusammen und dann ging er wieder.

Bengt Ljungqvist war bis zum 1. Januar 2009 Auditor des Hofes, das heißt, er war Anwalt der königlichen Familie und des Reichsmarschallamtes, und von 1992–1996 war er ebenfalls Vorsitzender der schwedischen Reichsanwaltskammer. Er wurde im Mai 2001, als der Gold-Club-Fall in den USA vor Gericht verhandelt wurde, von mehreren schwedischen Zeitungen interviewt. Zu *Göteborgs-Posten* sagte er unter anderem, solange es sich lediglich um Zeitungsmeldungen handle, würde der Hof alles sachlich aber entschieden dementieren. In einem zweiten Schritt würde der Hof den juristischen Weg beschreiten und »untersuchen, was sich dahinter verberge«. Sowohl der König als auch sein Adjutant, der mit ihm im Juli/August 1996 bei den Olympischen Spielen in Atlanta war, behaupteten, dass die Angaben darüber, dass der König den Gold Club besucht hätte, falsch seien. Er sagte auch, dass die anderen Mitglieder der königlichen Familie von den Zeitungsmeldungen erfahren hätten und dass sie sich auf einer Kreuzfahrt in Östergötland befinden und das schöne Wetter nutzen würden. »Die ganze Familie war ja mit in Atlanta und sie wissen sehr wohl, dass der König nicht in einem solchen Etablissement gewesen sei.« Als der Reporter fragte, wie es nach Ljungqvist's Meinung denn überhaupt möglich sei, dass derartige Dinge behauptet werden konnten, antwortete er: »Ich habe nur das gelesen, was in den Zeitungen geschrieben wurde, aber mir scheint, dass der Anwalt [Nicholas Lotito] auf Nachfragen immer unbestimmter wird und auf Sicherheitsleute und Personal verweist. Das sind keine glaubwürdigen Quellen. Viele in den USA haben ein unklares Bild von Europa. Sie kennen Schweden und unseren König nicht. Es muss sich um ein Missverständnis handeln.«

Heute ist er in der Anwaltskanzlei Lindskog-Malmström tätig und auf Unternehmensrecht, Vertragsrecht, Enteignungsrecht, Immobilienrecht und Schiedsverfahren spezialisiert. Wir riefen ihn an, um zu erfahren, was aus den Plänen des Hofes, in den USA einen Rechtsstreit einzuleiten, geworden sei.

Sie wurden damals durch den Hof beauftragt, die Möglichkeit einer Klage zu prüfen?
Ja.
Und ist da irgendwas passiert?
Man hatte sich die Sache angeschaut und befunden, dass es keinen Sinn mache, etwas zu unternehmen, es wäre zu teuer.
Aber wenn der König das Recht auf seiner Seite gehabt hätte, wäre es doch kein Problem gewesen?
Na ja, es ist dennoch ein Problem, immer.
Aber der König stritt doch ab, dort gewesen zu sein, und wenn er nicht dort war, so gäbe es dort doch wohl keine Möglichkeit, Beweise vorzubringen?
Nein, es gab ja auch keine. Ein amerikanischer Anwalt hat sich das angeschaut.
Aber wie konnten die dann sagen, dass er dort war?
Genau, das ist es ja! Warum? Warum werden Sachen behauptet?
Es wäre doch aber für Sie kein Problem gewesen, denjenigen zu verklagen?
Ja, aber das macht man nicht, denn dadurch werden solche Sachen nur aufgebauscht.
Vielleicht kommen dann da noch Dinge zutage, die …?
Nein, nein, es reicht schon, wenn man das so handhabt, da werden immer nur Schmierereien und Verdrehungen daraus.

War der König derjenige, der letztendlich so darüber entschieden hat?

Das war ich, im Prinzip.

Mit dem König, der ...?

Ja, das konnte fallengelassen werden, das war kein Problem.

7 | DIE JAGDEN

D as Hotel Devin liegt direkt an der Donau, nahe den Sehenswürdigkeiten der Stadt: Slowakische Nationalgalerie, Burg von Bratislava, neue Brücke mit Ufo-artigem Café, Martinsdom, Oper, Hviezdoslav-Platz und dem großen Markt. Das Hotel gehört zu den absolut besten der Stadt und war lange Zeit das einzige Vier-Sterne-Hotel in Bratislava. »Welcome to a hotel that reminds you of days gone by but with a modern touch, a city centre hotel with atmosphere. Traditional, pure, elegant and timeless«, heißt es auf der Website des Hotels.

Aber es ging ihnen nicht so sehr um die Sehenswürdigkeiten, als der König und seine Jagdfreunde an einem bewölkten, regnerischen, aber dennoch recht warmen Januartag im Jahr 2008 eincheckten. Sie waren von Stockholm aus mit Austrian Airlines nach Wien geflogen und hatten von dort aus die kurze Strecke bis zur Hauptstadt der Slowakei mit einem Schiff auf der Donau zurückgelegt. »Auf dem Stockholmer Flughafen Arlanda sah man einen sonnengebräunten und fröhlich dreinblickenden Noppe Lewenhaupt. Er und sein Freund Aje Philipson suchten im Taxfree-Shop nach gutem Whisky. Dabei waren auch Anders Lettström, Torgils Bonde und Archie Hamilton. Als der Flug mit Austrian Airlines nach Wien aufgerufen wurde, kam als letztes der König mit zwei Leibwächtern zum Gate. Seine Freunde begrüßten ihn fröhlich und schon bald waren sie in der Business Class in eine lebhafte Diskussion versunken«, schrieb die Boulevardzeitung *Expressen* am

13. Januar. Deren Quelle hatte auch berichtet, dass sich alle aus der Gruppe schon lange Zeit auf diese Reise gefreut hatten, dass Lewenhaupt sie geplant hatte und dass die Reise eigentlich schon früher hatte stattfinden sollen, man aber auf Philipson hatte warten müssen, der kürzlich zum achten Mal Vater geworden war. »Jetzt sind sie in der Slowakei, um Fasane zu jagen. Nur der König und seine allerbesten Freunde, die alle seine Geheimnisse kennen«, berichtete die Quelle der Zeitung.

Der König erhielt eine der vier 90 m² großen Präsidentensuiten des Hotels für 280 Euro pro Nacht und mit entsprechendem Standard – großes Wohnzimmer mit Ledersofa und Ledersesseln, großer Esstisch mit Platz für sechs Personen, separater Arbeitstisch und Vitrinenschrank, ein großes Schlafzimmer mit Kingsize-Bett, Schreibtisch, Spiegel und Ledersesseln sowie ein exklusives Badezimmer mit vergoldeten Wasserhähnen. Von allen Fenstern und den beiden Balkons aus konnte der König den Blick auf die Donau genießen.

Der kleine Ort Čifáre liegt rund 100 km von Bratislava entfernt. Aber wenn die königliche Gesellschaft gedacht hatte, sie könne hier ungestört jagen, so hatte sie sich geirrt. Als sie gegen 9.00 Uhr morgens ankamen, warteten die lokalen Medien bereits seit einer Stunde auf sie. Die Nachricht, dass das schwedische Staatsoberhaupt zur Fasanenjagd hierher kommen würde, war nicht von offizieller Stelle gekommen und auch nicht von dem dänischen Reisebüro, das die Reise organisiert hatte, denn der König war hier als Privatperson. Sie war vielmehr den Journalisten von einem ihrer Informanten zugetragen worden. Eine Reporterin, Diana Pavlisova, hatte rein zufällig davon erfahren, und da es sich offensichtlich um eine vertrauliche Sache handelte, hatte sie auch nicht mit anderen Journalisten darüber gesprochen, dass sie über dieses

Ereignis berichten wollte. In der Slowakei herrscht eine sehr offene Einstellung, die es der Öffentlichkeit ermöglicht, sich frei in der Natur zu bewegen, sodass im Grunde niemand die Medien daran hindern konnte, während der Jagd anwesend zu sein. Das Sicherheitsministerium hatte erst drei Tage zuvor erfahren, dass der schwedische König dort auftauchen würde und das einzige Polizeiauto, das sich vor Ort befand, sollte Privatpersonen daran hindern, sich dem Jagdgebiet zu nähern. In dem in der Nähe gelegenen Ort Nitra gab es einen kleinen Flugplatz mit einem Rettungshubschrauber, der bei besonderen Ereignissen in diesem Gebiet eingesetzt wurde. Dieser stand nun für den Fall einer Notlage für den König und seine Gesellschaft bereit. Außerdem befand sich ein Krankenwagen in der Nähe in Bereitschaft und auch die Notaufnahme des Krankenhauses war vorbereitet. Frau Pavlisova sah keine Leibwächter, es sei denn, diese wären als Jäger gekleidet gewesen.

Die Jagd war vor Ort von einem privaten Jagdverein organisiert worden, bei dem man sich über die Wahl der Jahreszeit gewundert hatte, denn das Wetter in diesem Gebiet ist im Januar eigentlich am schlechtesten. Für die Jagd war ein größeres Waldstück abgesperrt worden. Das Mittagessen wurde in einer weiß verputzen Jagdhütte eingenommen, vor der sich die Medienvertreter versammelt hatten, da es ihnen nicht erlaubt war, sich während der Jagd im Wald aufzuhalten. Nicht einmal der Eigentümer der Jagdhütte wusste, dass er dem schwedischen König das Essen servierte. Er war nur darüber informiert, dass die Veranstaltung durch ein schwedisch-dänisches Reisebüro organisiert worden war. Niemand aus der Gesellschaft des Königs kümmerte sich um die Medien. »Sie schauten nicht einmal in unsere Richtung, wir wurden einfach ignoriert und erhielten die Information, dass die Regeln es nicht erlaubten, dass der König sich auf einer privaten Reise öffentlich äußerte. Wäre er zu einem offiziellen Besuch dort, wäre das etwas anderes gewesen. Sie zeigten in keiner Weise, dass sie unsere Anwesenheit missbilligten, sie ignorierten uns einfach«, berichtete die Journalistin. Das schwedische Staatsoberhaupt sah ganz alltäglich aus, überhaupt nicht, wie man sich einen König vorstellt. Frau Pavlisova bemerkte, dass der König seine Waffe nicht selbst lud, sondern jemanden hatte, der ihm dabei half. Da diese Person kein Englisch konnte, wurde einer der Journalisten gebeten, für den schwedischen König zu dolmetschen, allerdings ohne Kamera. Der König bekam auch Gelegenheit, eine spezielle Jagdtechnik mit einem Raubvogel auszuprobieren. Frau Pavlisova glaubt, es handelte sich um einen Jagdfalken, aber niemand von den Medienleuten sah, ob ihm diese Art der Jagd gelang.

Zum Abschluss des Tages sang die königliche Gesellschaft ein Jagdlied. Es war für sie ein guter Tag in den slowakischen Wäldern gewesen. Insgesamt wurden 450 Fasane geschossen, von denen allein der König 90 erlegte und damit als guter Schütze beeindruckte. Zeugen dieser Jagd berichteten, dass die Fasane den Jägern entgegen getrieben worden waren und zum Abschluss der Jagd zurückgelassen wurden. Lokalen Medien zufolge wollte der König die Beute nicht mitnehmen, da die Vögel durch das Schrot zerschossen waren. Die Boulevardzeitung *Expressen* machte daraus die Überschrift: »Der König schlachtet auf der Jagd Fasane ab«, zitierte aber auch die Pressesprecherin des schwedischen Hofes, Nina Eldh, die erklärt hatte, die Fasane wären der ortsansässigen Bevölkerung übergeben und in den Restaurants der Region serviert worden.

Die Polizisten, die im Bereich zwischen dem Hotel Devin und der amerikanischen Botschaft Dienst taten, waren einige Tage vorher über die Ankunft des schwedischen Königs informiert worden und während der drei Tage, an denen der König und seine Gesellschaft im Hotel wohnten, war ihre Anzahl erhöht worden. Allerdings war die Bewachung der amerikanischen Botschaft bereits vorher sehr streng gewesen. Nur einige 100 Meter vom Hotel entfernt standen ständig Wachleute mit schusssicheren Westen und Ohrhörern.

Der König und seine Freunde aßen im erstklassigen französischen Restaurant des Hotels Devin zu Abend, das vom renommierten Restaurantführer *Gault Millau* mit 13 Punkten ausgezeichnet worden ist. Dann begaben sie sich in die Stadt. Die thailändische Masseuse war etwas enttäuscht darüber, dass der schwedische König und seine Gesellschaft die Wellnessabteilung des Hotels nicht besuchten.

Stattdessen gingen sie in den Carat Club in der Hurbanovo námestie 6, etwa 15 Minuten zu Fuß in Richtung Stadtmitte, der sich im Crown Plaza Hotel gegenüber dem Präsidentenpalast befindet. Der Club ist sehr exklusiv mit entsprechend hohen Preisen. Der Carat Club rühmt sich seiner feurigen Shows mit den hübschesten Mädchen in extravagantem Bühnenoutfit. Natürlich bietet der Club auch das Standardsortiment eines Stripclubs – Topless-Tänzerinnen, private Räume und Themenabende wie die »Back to School Party«.

Drei kurzgeschorene, muskulöse und freundliche Türsteher erinnern sich ein Jahr später sehr gut an den König und seine Leute. Sie bezeichnen sie als »funny guys« und bestätigen, dass Carl Adam »Noppe« Lewenhaupt und auch der König dort waren, als wir Ihnen Bilder zeigen. Sie lachen und sagen: »Yes, yes, about one year ago. Very funny guys.«, »Yes, we are sure.«, »They were here one year ago. We remember.«, »Yes, the king. Yes, they were here.« Der englisch sprechende Kellner, der für uns gedolmetscht hat, geht nach einer Weile los, um mit dem Chef zu reden. Als er zurückkommt, erklärt er, dass sie nichts mehr sagen dürften, um die Privatsphäre der Gäste zu schützen. Als wir einige Tage später den Manager des Clubs befragen, sagt dieser, dass niemand von den Mitarbeitern, mit denen wir gesprochen haben, im Januar 2008 im Club Carat gearbeitet hätte. Keiner von denen, die jetzt zum Personal gehören, hätte damals hier gearbeitet. Er wisse auch nicht, wer der frühere Manager sei und wo man ihn finden könne. Niemand wisse das.

Die königlichen Jagden waren schon immer von Glanz und Mystik umgeben. Es ist als würde allein die Tatsache, dass Teile der Elite des Landes aus Adel und Wirtschaft sich im Wald versammeln, um an den besonderen mythenumwobenen Ritualen der Jagd teilzunehmen, eine seltsame Mischung aus Beunruhigung, Neid und Abscheu bei denen hervorrufen, die in diesem Jahr nicht eingeladen wurden, bei denen, die niemals eingeladen werden und bei denen, die aus verschiedenen Gründen – ideologischen, prinzipiellen oder rationalen – niemals eingeladen werden wollen.

Am vornehmsten ist die Elchjagd, die bereits im 13. Jahrhundert zum königlichen Privileg wurde, als Magnus Ladulås besonderen Anspruch auf die Jagd an den Orten erhob, an denen der König Hof hielt. Sein Sohn, Magnus Eriksson, erließ das allgemeine Landgesetz, das bestimmte Einschränkungen der Elchjagd zugunsten des Königshauses enthielt. Bereits damit hätte durchaus die Grundlage für einen gewissen Neid gelegt werden können, da das einfache Volk sich damit abfinden musste, dass der König die Möglichkeiten zur freien Nutzung der Natur beschränkte. König Gustav Vasa schränkte die Jagd für seine Untertanen weiter ein. Er gebot, dass es dem Bauernstand untersagt sei, außer in den nördlichen Regionen Elche und andere Hirschtiere zu jagen. Auch spätere Regenten behielten die Regelung bei. So legte Gustav II. Adolf fest, dass jedwede Jagd 10 km nördlich von Stockholm sowie auf der Insel Värmdö verboten sei, insbesondere während der Brunftzeit, und jeder, der dagegen verstieß, konnte im schlimmsten Fall mit dem Tode bestraft werden.

Im 19. Jahrhundert jagte vor allem das Geschlecht der Bernadottes in den Wäldern und interessanterweise scheint die Elchjagd, oder die Jagd im Allgemeinen, als eine Art Aphrodisiakum gewirkt zu haben. Karl XV. kam, ebenso wie Carl XVI. Gustaf, schon in jungen Jahren auf den Thron – im Alter von 31 Jahren wurde er Regent, und im Alter von 33 Jahren gekrönt. »Durch ihn erhielt seine Regierung einen Hauch von Jugend, Übermut und Enthusiasmus. Vom schwedischen Volk erhielt er den Spitznamen ›Kronen-Kalle‹ und gewann eine enorme Popularität. Er erfüllte in großen Teilen die Beschreibung Nimrods: Er war ein ›feuriger Frauenheld, großer Krieger und gewaltiger Jäger vor dem Herrn‹. Karl XV. hatte ›Erfolg bei den Frauenzimmern‹. Er hatte zahlreiche Frauengeschichten und seine Erfolge bei den Frauen trugen zur Popularität des Königs bei. »Die Allgemeinheit mag keine Heiligen, es schmeichelt ihr im Gegenteil zu sehen, dass ihre eigenen Fehler und Laster königlich sind«, sagte der damalige Ministerpräsident Louis De Geer. Karl XV. war der erste der Bernadottes, der auch ein großer Jäger war. Seine wilden Jagdausflüge in der Umgebung Stockholms wurden von seinen Zeitgenossen beschrieben und er war derjenige, der die Gesellschaft gründete, die später als Jagdclub Seiner Königlichen Majestät bekannt wurde. Auf seinen Jagdausflügen, unter anderem auf Öland, amüsierte er sich königlich. Die Jagden dieses Genussmenschen endeten stets in reinen Bacchanalien – Essen, Trinken, amouröse Eskapaden mit den schönsten Mädchen der Gegend.

Das königliche Privileg der Elchjagd wurde von König zu König weitergegeben. Gustaf V. ging zusammen mit seinem Vater, Oscar II., auf Jagd und ist wahrscheinlich der Monarch, der die meisten Elche in der schwedischen Geschichte erlegt hat, denn er jagte bis ins hohe Alter von 90 Jahren hinein. Das Interesse und das Privileg wurden an Carl XVI. Gustaf weitergegeben, der seinen ersten Elch bereits als 19-Jähriger erlegte. Als Reminiszenz an die Geschichte lässt er Treibjagden in der Provinz Bergslagen veranstalten. Der königliche Jagdclub hält seine Jahresversammlungen auf dem Schloss ab und hat ein spezielles Zeichen am Jägerhut. Der größte Traum vieler Jäger ist es, Mitglied der königlichen Jagdgesellschaft zu werden, aber das Allergrößte ist die Mitgliedschaft im königlichen Jagdclub. Im Vorfeld der Hochzeit der Kronprinzessin veröffentlichte die Zeitung *Fokus* die Namen der 200 Mitglieder dieses Clubs, alles Männer und größtenteils aus dem Adel. Diese Veröffentlichung wurde als so sensationell angesehen, dass die Zeitung betonte, es sei das erste Mal, dass die Mitgliederliste dieses Clubs veröffentlicht wurde. Unter den Mitgliedern waren natürlich auch die engsten Freunde des Königs, u. a. Carl Adam »Noppe« Lewenhaupt, Anders »Aje« Philipson und Anders Lettström, die drei, die in Bratislava die – ausgehend von der Anzahl der erlegten Vögel – gelungene Fasanenjagd gemeinsam feierten.

Die große herbstliche Elchjagd in Bergslagen wird oftmals von einem großen Medienaufgebot begleitet, was die Möglichkeiten der königlichen Clique zur Abgeschiedenheit stark einschränkt. Unter ganz anderen Umständen findet die Jagd im Ausland statt, wie in der Slowakei oder auf Island, wo der König im August 1989 war. Danach veröffentlichte eine isländische Zeitung einen Artikel darüber, dass der König und seine Freunde spezielle »Tischdamen« geordert hatten und zwischen den Zeilen war der schwedischen Boulevardzeitung *Aftonbladet* zufolge angedeutet, dass es sich dabei um eine Art Callgirl-Aktivität handelte. Eine der Frauen, die dabei waren, ein damals etwa 20-jähriges ehemaliges Model, berichtete der Zeitung, dass sie und zwei ihrer Freundinnen von Reykjavik zu dem großen Hof auf der anderen Seite Islands geflogen wurden, wo sich die königliche Gesellschaft aufhielt. »Die ganze Gesellschaft war wirklich nett, alle waren lustig, ja, es waren ungewöhnlich lustige Männer«, sagte sie der Zeitung zufolge. Der Reiseveranstalter bestritt vehement, dass es sich um Callgirls gehandelt hätte. »Die Frauen waren Gastgeberinnen, die die Veranstaltung zu organisieren halfen. Das ist nichts, was man besonders hervorheben müsste«, sagte er der Zeitung *Aftonbladet*. Dennoch befand deren Redaktion, dass dies eine Story für die erste Seite sei und titelte: »Was taten die Damen in der Jagdhütte des Königs?«

Lustig ist, dass der gleiche Begriff, »Jagdhütte« auch von drei schwedischen Frauen verwendet wurde, die Ende der 1980er-Jahre zur Unterhaltung nach einer Jagd irgendwo in der Provinz Sörmland eingeladen wurden. Die Veranstaltung lief nach dem bekannten Muster ab. Christer Gustafsson rief an und fragte, ob sie Lust hätten dabei zu sein. Einer von ihnen sagte er, dass es eine Art VIP-Veranstaltung sei, dass es um den König ginge und es sich um ein Elchessen handelte. Einer anderen teilte er mit, es handele sich um ein Krebsessen. Das waren alles lustige junge Frauen, die kein Blatt vor den Mund nahmen und auch wegen ihrer unverblümten Art und Weise Spaß zu haben beliebt waren. Eine von ihnen war noch keine 20 Jahre alt, eine andere zwischen 20 und 30.

E. berichtete, dass sie fünf junge Frauen waren, die zusammen mit dem König, Anders »Aje« Philipson, Carl Adam »Noppe« Lewenhaupt, Anders Lettström, Christer Gustafsson und einem jüngeren Mann in eine Jagdhütte in der Region Nynäshamn fahren sollten. Außerdem waren der Adjutant des Königs sowie eine ältere elegante, aber recht alltägliche Frau dabei, bei der sie nicht so recht verstanden, warum sie mitkam. Sie waren auf dem Weg zu einem Krebsessen und E. fand das sehr luxuriös. Sie saßen erwartungsvoll in der Limousine und die Diskussion drehte sich vor allem darum, wie man den König ansprechen sollte.

Alle kamen gleichzeitig an, der König und seine Freunde im eigenen Auto. E. sah keinerlei Leibwächter, aber sie erinnert sich, dass der König seinen schwarzen Labrador dabei hatte. »Wir Mädchen fanden, dass er den Hund wirklich schlecht behandelte, als er ihn ohne zu zögern später am Abend hinaus in die winterliche Kälte schickte.«

Nach Aussagen von E. ergriff der König nie eigene Initiative:

Er flirtete nicht einmal mit uns, sondern schien eher zu erwarten, dass die Personen in seiner Umgebung ihn zufriedenstellen sollten. Man hatte den Eindruck, dass er nicht genau wisse, was zu tun sei, als ob er das nie brauchte, weil ihm alles serviert wurde. Er wirkte passiv, ohne Energie, etwas schüchtern und zurückhaltend. Er war dabei, prostete den anderen zu und trank, war aber überhaupt kein Charmeur. Aber er war zumindest recht entspannt. Er war nicht besonders unterhaltsam und offensichtlich daran gewöhnt, dass die Leute um ihn herum die Unterhaltung bestritten. Mir fiel auch auf, dass er Augenkontakt vermied. Er versuchte, mit vornehmem Akzent zu sprechen, aber das stand ihm nicht. Es hätte normaler gewirkt, wenn er mit Stockholmer Dialekt geredet hätte.

E. hatte nicht den Eindruck, dass seine Freunde ihm besonderen Respekt erwiesen. Sie waren in ihrem Umgangston eher etwas schroff. Das übertrug sich auf die anderen, sodass E. und ihre Freundinnen sich über ihn etwas lustig machten. Beispielsweise, als das ›Schnapsspiel‹ gespielt werden sollte, bei dem es darum ging, dass die erste Person den Mund voll Schnaps nahm, der dann von Mund zu Mund jeweils dem Nebenmann weitergegeben wurde. Der König fand das ziemlich eklig und wollte zunächst nicht mitmachen, aber nach einigen etwas harschen Scherzen von der ganzen Gesellschaft gab er, laut E., nach. Er selbst brauchte nicht allzu viel zu tun, denn er war ja sozusagen der König. »Sein Adjutant schnitt ihm das Essen auf, pulte seine Krabben und bereitete ihm ein nettes kleines Sandwich zu.«

E. hatte hatte gelesen, dass seine Freunde behaupteten, sie würden ihn mit »König« ansprechen, aber zumindest an diesem Abend war das nicht der Fall.

Niemand nannte ihn »König«. Wir pflegten einen lustigen Ton untereinander, scherzten mit ihm und nannten ihn »Gurra« und »Tjommen«. Es gab keinen, der irgendwie darauf Rücksicht nahm, dass er der König war. Außer dem Adjutanten gab es eigentlich niemanden, der ihm Respekt erwies. Ich bekam so nebenbei mit, dass seine Freunde eigentlich etwas gelangweilt waren und wahrscheinlich nur da waren, um ihre Positionen als Günstlinge zu behaupten. Ich hatte den Eindruck, einen gelangweilten Zug hinter der glatten Fassade zu erkennen, aber um seine Stellung als Günstling zu erhalten, muss man sich natürlich anstrengen, und Seine Majestät um jeden Preis amüsieren, so wie das in der Geschichte immer schon war. Um es mit deutlichen Worten zu sagen: Wir waren nur aus einem Grund dar, um ihn zufrieden zu stimmen.

Der Adjutant hielt sich zunächst etwas im Hintergrund, aber als die Stimmung höhere Wellen schlug und die Trunkenheit zunahm, zog er sich zurück. Die ältere Frau saß etwas an der Seite und schien zu ihm zu gehören. Sie waren offensichtlich, so meinte

E., ein Paar und hatten ein eigenes Schlafzimmer im Haus, wo die Frau sich augenscheinlich wie zuhause fühlte.

Sie war es, die später dafür sorgte, dass wir zurück in die Stadt kamen. Sie schien für uns Mädchen verantwortlich zu sein. Als ich auf der Rückfahrt einen Zusammenbruch hatte, gab sie mir den Rat, alles zu vergessen, was ich dort erlebt hatte. Ich hatte viel zu viel Alkohol getrunken und war es nicht gewohnt, so zu trinken wie es an diesem Abend der Fall war. Es gab einfach unheimlich viel Schnaps und ich trank normalerweise nicht so viel, dass ich die Kontrolle verlor. Mir war die ganze Situation zuwider, es war einfach absurd. Wir machten uns über den König lustig und hatten recht ruppige Scherze auf Lager. Dabei ging es nicht gerade um vornehme Titel. Als er es merkte, war die Party irgendwie vorbei.

E. hatte bald genug von der Art Leben, das sie zu der Zeit führte, von den Leuten und den Partys. Letztendlich brach sie die Brücken zu dieser ganzen Welt ab.

Man stelle sich vor, das schwedische Volk wüsste, was dort hinter geschlossenen Türen getrieben wird. Ich war ein junges Mädchen und fand es einfach cool und toll mit dem König und seinen Freunden Partys zu feiern, und natürlich fühlte man sich auch als etwas Besonderes. Heute bin ich Mutter und eine erwachsene Frau und sehe das Ganze völlig anders. Die Tatsache, dass man einen Titel geerbt und eine so unheimlich wichtige Position in unserem Land hat, bedeutet auch, dass man Verantwortung trägt. Man kann sich nicht beliebig benehmen und erwarten, dass alles unter den Teppich gekehrt und jede Situation u. a. mit Steuergeldern und einer Art respektvoller Loyalität gerettet wird. Das macht mich wütend. Ich finde es wirklich gut, dass das hier ans Licht kommt, denn das ist nicht akzeptabel. Ich habe meiner Familie erzählt, was geschehen ist, und sie unterstützt mich hundertprozentig. Mein Sohn macht sich ein bisschen Sorgen, dass mir etwas passieren könnte. Er sagt, das können »gefährliche Dinge« sein. Er hat mir auch erzählt, dass er sich an einige Dinge aus seiner Kindheit erinnert, zum Beispiel, dass ich ihm erzählt habe, ich würde mit dem König zu Abend essen. Welches Kind würde so etwas vergessen?

F. erinnert sich, dass es im Herbst war, sie meint, es sei Oktober gewesen, und dass alles sehr luxuriös war – eine ganz neue Erfahrung für sie. »Ich war 19 Jahre alt und meinen Sie, ich hätte schon einmal schwedische Krabben gegessen? Nein. Oder Champagner getrunken? Nein. Das war natürlich toll für mich. Ich bin dort hingefahren, weil ich neugierig war.« Sie erinnert sich, dass sie in ein großes Haus mit vielen Zimmern kamen – ein langer Flur, eine große herrliche Küche, ein großes Wohnzimmer, zwei Schlafzimmer, eine Toilette. Sie betrachtete sich selbst als jemanden, den die Clique des Königs hübsch fand, mit natürlichem Charme, lebhaft, sportlich. Beim Abendessen saß sie neben dem König und war nicht schüchtern, sie nahm kein Blatt vor dem Mund und hatte auf alles eine Antwort. Sie empfand sich als interessant und intelligent. Sie saß während des ganzen Essens neben dem König und erinnert sich daran, dass sein Hund dabei war und dass sie das ›Schnapsspiel‹ spielten.

Nach dem Mittagessen tanzte sie, zog sich aus und genoss die Bewunderung der Männer. Der König war natürlich die zentrale Gestalt und F. bemühte sich, ihm besondere Aufmerksamkeit zuteil werden zu lassen – und sie hatte das Gefühl, das funktionierte und der König mochte sie wirklich.

Dann begann das, was in Bert Olls Buch über die königlichen Jagden als »amouröse Eskapaden« bezeichnet wird.

Es war ein ziemlich großes Sexfest, für den der das wollte, wenn man das mal so ausdrücken will. Ich kann ja Klartext reden. Am späten Abend wurde überall herumgeliebt. Das hatte nichts mit Vergewaltigung oder Zwang zu tun, alle taten das, was sie wollten und ich kann nur sagen, es hat mir verdammt viel Spaß gemacht. Ich stand da und tanzte wie eine Prinzessin und hielt mich für das coolste Girl der Welt, und ich schäme mich nicht ein bisschen dafür. Für mich war es einfach nur toll, den König zu sehen. Ich fand das lustig, war aber auch ein bisschen geschockt von all dem Drumherum.

Eine der Frauen hatte einen Fotoapparat dabei und F. erzählte das Christer Gustafsson. »Es zeigte sich dann, dass einer der Männer ihr den natürlich abgenommen hatte. Für mich war es ebenso wichtig, dass ich nicht auf irgendeinem Bild zu sehen bin, wie ich da stehe und tanze. Ich habe da sofort an meine Eltern gedacht, ein Bild von mir in *Hänt Extra*, das fehlte noch. Aber wie gesagt, es wurden keine Bilder gemacht. Ich glaube, Christer nahm die Kamera an sich. Ich erinnere mich noch, dass wir uns am nächsten Tag unterhielten, ich und NN, und wir uns fragten, ob denn keine Sicherheitsleute von der Säpo dagewesen wären. Denn ich kann mich, ehrlich gesagt, nicht an irgendwelche Leibwächter dort erinnern.«

Später überlegte sie, wobei sie eigentlich mitgemacht hatte – erwachsene, verheiratete Männer, die junge Mädchen einladen. »Als ich zur Arbeit kam, dachte ich: ›Was war das gestern eigentlich?‹ Der König, und das Krebsessen. Das begann ja alles sehr nett, lief dann aber etwas aus dem Ruder, aber soweit ich das sehen kann, gab es keinen, der sich dabei schlecht fühlte.« Aber F. sah auch ein wiederkehrendes Verhaltensmuster. Christer Gustafsson rief mehrere Male an und wollte, dass sie mit auf Partys kommt, denn sie sei so unterhaltsam. Aber mit der Zeit lehnte sie diese Einladungen immer öfter ab. Sie mochte ihn, sah aber, dass er eigentlich nur als rechte Hand des Königs agierte, als Laufbursche des Monarchen, und fand, dass er etwas Besseres verdient hätte. »Er organisiert alles und ohne ihn wäre kein Schwein zu diesen Essen oder den Partys gekommen.«

Einige Wochen nach der Party in der Jagdhütte war F. zuhause bei ihren Eltern und sah zusammen mit ihrer Großmutter den König im Fernsehen. Sie dachte: »Er sieht ja wirklich gut aus, aber wenn du wüsstest Oma, was er mit mir anstellen wollte ...«

Viele Jahre lang konnte F. das, was mit dem König gewesen war, selbst kaum fassen. »Man denkt immer, ach Gott, das sind vielleicht nur Fantasien. Darum habe ich auch niemandem etwas gesagt, denn mir hätte ja auch niemand geglaubt. Das Einzige was ich bezeugen kann ist, ja, er hatte Sex. Aber ob es mit mir oder jemand anderem war, dazu kann ich nur sagen, es war nicht mit mir, aber ich habe es gesehen.«

G. hatte einen Anruf von Christer Gustafsson erhalten, der zu ihr gesagt hatte: »Hallo, es gibt da ein Fest, ein Elchessen, könnt ihr mitkommen?« G. und ihre beiden Freundinnen wurden in einer schwarzen Limousine in der Innenstadt von Stockholm abgeholt und die Fahrt zur Jagdhütte dauerte etwa 30–45 Minuten. Dort hielten sich insgesamt etwa sieben Personen, davon vier Männer, auf. Zu Anfang waren alle ordentlich und nüchtern, sie aßen Krebse und tranken Schnaps. G. saß neben dem König und gerade als sie anstoßen wollten, verschluckte sie sich am Schnaps und hustete ihn dem Monarchen direkt ins Gesicht, ein Anblick, den sie nie vergessen würde. Sie saßen gerade einmal fünf Minuten beim Essen und schon hatte sie dem König ins Gesicht gespuckt. Nach dem Essen sagte G.: »Wollen wir mal ein bisschen strippen?« Sie hatte das Gefühl, dass das von ihnen erwartet wurde, zumindest von Gustafsson, aber G. hatte auch Spaß. Sie liebte es, auf der Bühne zu stehen und zu tanzen. Eine ihrer Freundinnen zog dann den König mit in eines der Schlafzimmer und dort sammelten sich dann die Mädchen um den Monarchen. Gustafsson ging nach draußen und stellte sich vor eines der Fenster, um hineinzuschauen. Als G. ihn entdeckte, zog sie sofort die Gardinen zu.

Besonders erinnert sich G., wie sie und ihre Freundinnen an diesem Abend mit ihrem König spielten, als hätten sie Macht über ihn und wie er alles nur geschehen ließ. Aber sie kann nicht sagen, dass sie in erster Linie dort war, um den König und seine Freunde zu unterhalten. Sie war ebenso da, weil sie selbst Spaß hatte. Heute sieht sie jedoch, dass sie dort zusammen eine Atmosphäre schufen, in der praktisch Sex gekauft und verkauft wurde. Nicht im Sinne von Prostitution, aber in dem Sinne, dass mächtige Männer sich bedienen und gutes Essen und Trinken sowie Hin- und Rückfahrt in einer Limousine bieten und junge Frauen sich willig einladen lassen und dann das tun, was von ihnen erwartet wird.

»Ich habe gelernt, dass es nicht die Politiker sind, die in Stockholm herrschen, sondern diese Männer, eine Art weiße Mafia, einige der höchsten Finanzleute Schwedens.«

G. war bei mehreren Veranstaltungen der Clique des Königs dabei. Sie fuhr beispielsweise auf Anders »Aje« Philipsons Segelboot mit nach Gotland und war dort bei den wilden Partys in Visby dabei, bei denen die Palette von Champagnerspritzen im Restaurant Gutekällaren bis hin zu ungeniertem Striptease in den Morgenstunden reichte. Sie war auch im Club Power zusammen mit dem König, wo sie ihm im Scherz anbot, vielleicht die Telefonnummern auszutauschen und ein kleines Verhältnis anzufangen. Sie war auch auf einem Weihnachtsfest der Sörmland-Freunde dabei, wo sie als Dank für Ihre Teilnahme zum Schluss einen rosa Schlips mit dem Logo der Gesellschaft – der rosa Maus – sowie ein Diplom erhielt. Sie empfand diese Geste als Ausdruck dafür, dass man sie wirklich respektierte und sich auf sie verlassen konnte. Sie war nicht irgendeine junge Frau, die zu den Partys eingeladen wurde, sie hatte Integrität. Aber sie fühlte sich auch schlecht. Aufgrund traumatischer Ereignisse in ihrer Kindheit begab sie sich in eine Spirale aus Alkohol und Partys im Nachtleben Stockholms und hatte dabei das Gefühl, riesigen Spaß zu haben. Später erkannte sie, dass dies nur ein Versuch war, ihren Schmerz zu betäuben.

8 | FOTOVERBOT UND SÄPO

Es war nicht direkt Angst, aber dennoch ein unbehagliches Gefühl, das G. am Anfang hatte. Sie begriff, dass es kein Spiel mehr war, das hier war Ernst. Sie war auf einer Party mit dem König und seinen Freunden, die als private Feier im Haus von einem der Freunde im eleganten Stadtteil Östermalm stattfand. Der König war beschwipst und saß auf einem Sofa. G.s Freundin hatte einen Fotoapparat dabei und plötzlich dachte G.: »Jetzt werde ich mal ein Bild von ihm machen.« Die Bodyguards der Säpo sahen, dass sie fotografierte, griffen aber nicht ein. Erst als jemand sagte, sie solle damit aufhören, taten sie das. Sie nahm den Film raus, steckte ihn ein und gab den Apparat ab.

Am Tag darauf erhielt sie einen Anruf von Christer Gustafsson. Er war sauer und verlangte, dass sie den Film herausgeben solle. G. hatte daran gedacht, den Film entwickeln zu lassen und die Fotos in einem Bankschließfach aufzubewahren, aber das blieb nur eine Idee. Gustafsson war hartnäckig, er rief die nächsten Tagen immer wieder an und klang wirklich ernst. G. träumte schon davon, dass man kommen und sie holen würde und hatte letztendlich Angst. Gustafsson hörte sich nun richtig böse an. »Du musst mir den Film geben. Damit macht man keinen Spaß«, sagte er. G. willigte ein, traf sich schließlich mit ihm und gab ihm den Film.

Eine andere Frau, E., war auf einer Party mit dem König und seiner Clique in Åre. Sie wohnten dort in einer Art Pension, die zu einer Hotelanlage mit zahlreichen Bungalows mit jeweils zwei Zimmern gehörte. Sie lag außerhalb des Zentrums von Åre und war vorübergehend für andere Gäste geschlossen. E. war gemeinsam mit Christer Gustafsson und fünf anderen Frauen angereist. Gustafsson und die anderen Männer – der König und seine drei engsten Partyfreunde Lettström, Lewenhaupt und Philipson – waren im eigentlichen Hotelgebäude einquartiert, wo sich auch der Pool und die Sauna befanden. Die Frauen oder Mädels, wie E. sie nannte, wurden in einigen Bungalows daneben untergebracht.

Die Mädels, mit denen sie zusammen hochgefahren war, waren recht unerfahren, das heißt, dass sie noch nie zuvor auf solchen Partys waren. Des Weiteren waren zwei etwas ältere Frauen dort und E. hatte den Eindruck, dass diese etwas »feiner« als die anderen sein sollten, aber welche Funktion sie eigentlich hatten, war ihr nie richtig klar. Jedoch erinnert sie sich, dass sie über das eine oder andere meckerten, am meisten darüber, dass es kalt war und sie froren. Als sich die ganze Gesellschaft den einen Tag auf eine Schneemobilsafari begab, mussten alle anhalten und die Männer mussten der einen die kalten Füße wärmen. Ein wenig verächtlich stellte E. fest, wie schlecht ausgerüstet diese Dame doch für einen Ausflug in die Berge war. In dünnen Lederstiefelchen mit Absatz glaubte sie eine Scootertour in dieser Kälte zu überstehen. »Die dachten vielleicht, dass sie auf einem beheizten Berggipfel herumgefahren werden und Spaß mit dem König und seinen Freunden hätten«, sagt sie.

Der König und seine Freunde widmeten sich ansonsten tagsüber dem Tontaubenschießen. Einen Abend war »Damenabend« und da amüsierten sich die Männer auf ihre Weise. Ansonsten war jeden Abend Party. Das Motto in Åre war »die Liebesreise« und so aßen und tranken sie und ließen es sich vor dem Kaminfeuer gut gehen.

Jemand hatte Fotos gemacht und »unsere Verrücktheiten dokumentiert« wie E. sagte. Zu den zahlreichen Motiven gehörte u. a. ein Bild, auf dem Anders »Aje« Philipson und Anders Lettström in den Badeanzügen der Mädels auftraten. »Das war echt lustig«, erinnert sie sich.

Eine andere private Fete in Stockholm in den späten 1980er-Jahren: Der König und seine Freunde feierten mit geladenen jungen Damen. Eine von ihnen fotografierte den König in einer besonders heiklen Situation. Die Säpo sah das, griff aber erstaunlicherweise nicht ein. Der Film wurde gegen eine andere Filmrolle ausgetauscht, der Fotoapparat der Säpo übergeben und die kompromittierenden Bilder landeten über eine der Frauen bei einem Bekannten, der diese einige Wochen lang aufbewahrte. Er und ein Freund hatten erwogen, den Film an die Zeitschrift *Der Spiegel* zu verkaufen, da anzunehmen war, dass sich eine deutsche Zeitung dafür interessieren würde. Aber dazu kam es nicht. Die Säpo hatte angefangen, einige der Mädchen, die bei der Party waren, zu befragen, und die Botschaft war unmissverständlich: Sollten der Film, mögliche Bilder und entsprechende Negative nicht abgegeben werden, würden unschöne Dinge passieren.

Ein dritter Fall: Wieder eine Party, diesmal in einer privaten Wohnung auf Östermalm. Eine der Teilnehmerinnen war wieder besagte E., die in der »Hitze des Gefechts« eine Filmrolle auf ungewöhnliche Art und Weise herausschmuggelte.

Ich erinnere mich, dass wir auf der Toilette waren, ich und einige der Mädchen, um uns frisch zu machen, und irgend jemand kam rein, ich denke, es war NN, sie warf den Film rein und sagte »Hier, schaut mal«. Dann hörten wir von draußen einen ziemlichen Lärm, da wussten wir, dass der König wohl nicht mehr auf der Party war, sondern dass Leute da draußen waren oder in einem Zimmer weiter weg saßen. Und in dem Moment griff ich mir diesen Film, was niemand bemerkte, denn alle waren in völliger Aufregung, und ich ging dann in eine der Toilettenboxen und steckte mir den Film in die Muschi. Ich weiß das noch ganz genau, denn es passiert ja nicht alle Tage, dass man sich eine Filmrolle in die Muschi steckt. Als wir dann raus kamen, wurden unsere Taschen von ein paar Männern, die dort standen, regelrecht umgekrempelt. Nicht dass wir uns ausziehen mussten, aber sie tasteten uns ab und kontrollierten, was wir auch am Körper in den Taschen hatten. Wenn ich mich richtig erinnere, konnte ich etwas früher gehen, während andere noch dort blieben. Ich denke, dass wir erfahrenen Mädels, die also schon zuvor mal auf den Partys waren, früher gehen durften. Der König war nicht mehr anwesend, er wurde wohl schon zuvor rausgebracht. Die Party war ohnehin zu Ende. Meine nächste Erinnerung daran ist, dass wir einige Tage später draußen vor dem Haus standen, in dem NN wohnte. Es war nur eine Treppe nach oben und das Fenster lag ziemlich niedrig. Nicht, dass man hätte hineinklettern können, aber es war recht weit unten, und ich sehe noch vor mir, wie ich und einige andere davor standen und sie aus dem Fenster hing und rief, »Die waren hier und haben die Wohnung durchsucht!« Da ahnte ich, dass sie das mit meiner Wohnung auch tun würden. Und wir redeten darüber und alle fragten, »Wo ist der Film, wo ist der Film?« Ich dachte bei mir, halte du lieber deine Klappe und sag nicht, dass du den hast. Aber zu dem Zeitpunkt war der Film noch nicht entwickelt und ich wusste, dass ich den nicht entwickeln lassen kann. Einige von uns waren sicher, dass unsere Wohnungen von der Säpo oder von sonst jemandem, der hinter dem Film her war, durchsucht worden waren. Was für ein Skandal, wäre der Film in falsche Hände geraten! Ich weiß, dass danach noch jemand mit einem, der bei der Party dabei war, darüber gesprochen hat. Es gab Probleme und wir alle, die dabei waren, saßen wie auf einem Pulverfass. Es waren ja mehrere Mädchen dabei, und sicherlich hatte man bereits die Namen herausbekommen. Ich war es aber, die den Film hatte, Gott sei Dank ganz woanders und nicht in meiner Wohnung, die ich dann ganz genau im Auge behielt. Ich merkte mir z. B. wie alles aussah, als ich die Wohnung verließ. Man lässt eine Schublade einen Spalt offen stehen oder hinterlässt irgendetwas in einer ganz bestimmten Position, dann weiß man, wenn man nach Hause kommt, dass irgendetwas anders ist. Die Schublade ist geschlossen, die Sachen liegen nicht dort, wo ich sie hingelegt hatte. Nicht, dass man die Sachen aus den Schränken gerissen und hingeworfen hätte, nein, absolut nicht. Aber ich sah, dass jemand dort gewesen und rumgesucht hatte, aber natürlich hat man nichts gefunden. Ich wurde niemals von irgendjemandem angesprochen und natürlich wunderte ich mich, warum man uns nicht einfach befragt hatte, wenn dies gesetzlich möglich war. Auch nachdem der Film verschwunden war, war ich auf diesen Partys, aber niemand dort sprach das an, was passiert war. Wir redeten eigentlich nie über diese Feste und darüber, dass eine Art Schweigepflicht bestehen würde. Ich glaube, die dachten, wir wüssten das auch so, ohne uns extra darauf hinweisen zu müssen. Man war dermaßen verwöhnt, was Loyalität betrifft, dass nicht einmal befürchtet wurde, dass jemand überhaupt auf den Gedanke käme, irgendetwas zu offenbaren, was in ihren Kreisen, auf ihren Festen vor sich ging.

Dass der König auf Bildern oder Filmen, die jemand auf diesen Partys aufgenommen hat und ihn in kompromittierenden Situationen zeigen, erscheint oder riskiert zu erscheinen, ist also eine unglaublich heikle Sache. Wie sah der Sicherheitsdienst nun selbst seine Aufgabe, den König unter diesen Umständen zu schützen? Mats Börjesson war von 1989–1994 Chef der Säpo. Wir melden uns bei ihm und wollen wissen, wie er das Nachtleben des Königs und sein Auftreten in dem doch etwas zwielichtigen Milieu, in das ihn seine Freunde mitgenommen haben, sah. Börjesson ist schon viele Jahre pensioniert und weder kann noch will er irgendwelche Auskünfte erteilen, die lediglich auf seinen Erinnerung beruhen, sondern verweist uns an den ehemaligen Abteilungsleiter beim Sicherheitsdienst, Polizeidirektor Olav Robertsson, der auch schon lange pensioniert ist. Er war von 1989–1991 Leiter des Personenschutzes bei der Säpo. Robertsson, der nach Beendigung seines Dienstes bei der Säpo Sicherheitschef des SEB-Konzerns war, ist anzumerken, wie sichtlich unangenehm ihm Fragen in Bezug auf den König, Club Power und Sicherheit sind. Er verweist uns wiederum auf Bert Melén, der Anfang der 1990er-Jahre Leiter der Abteilung Personenschutz bei der Säpo war.

Melén ist überraschend auskunftsfreudig, meint aber, noch nie von besagtem Club Power gehört zu haben. Wäre der König im Zusammenhang mit dem Bombenattentat und dem Selbstmord im Mai 1992 dort gewesen, hätte er davon sofort erfahren.

»Ereignisse wie diese wären innerhalb von zehn Minuten auf meinem Tisch gewesen.«

Gehört hatte er aber von Mille Markovic und er wusste Bescheid über den Montagsclub und darüber, dass die Freunde des Königs mitunter etwas zwielichtige Lokalitäten anmieteten. Falls seine Personenschützer beim König waren, wenn dieser den Club Power besuchte, heißt das nicht immer automatisch, dass sie ihrem Chef darüber berichtet hätten.

»Personenschützer, die sehr oft mit dem König zusammen waren, gaben mir nicht alle Informationen, wenn ich diese nicht benötigte«, sagt er.

Je mehr wir nachforschten und mit je mehr Leuten wir sprachen, desto mehr verwundert waren wir, wie sich unser Staatsoberhaupt diesen Risiken aussetzen konnte.

Ja, möglicherweise kann man zu dieser Beurteilung gelangen, ja.

Aber, dass er da nicht von der Säpo zurückgehalten wurde?

[Einen Moment Schweigen, Melén räuspert sich.] Ja, was soll ich dazu sagen? Die Säpo kann ja wohl niemanden aufhalten. Ein Mensch ist ein Mensch und kann machen, was er will. Wir können ihm sagen, welche Risiken bestehen, aber aufhalten können wir niemanden. Wir haben keine Zwangsmittel, die wir in irgendeiner Weise einsetzen können.

Aber kann man denn nicht sagen, wir halten diese Umgebung für ungeeignet für Eure Majestät?

Das kann man absolut.

Haben Sie das denn mal gesagt?

Das haben wir oft gesagt, ja. Nicht nur zum König, sondern auch zu anderen, zu Ministern und Botschaftern haben wir gesagt, dass dies ungeeignet sei und wir keine Möglichkeit hätten, sie in dieser Umgebung zu beschützen.

Um welche Art von Milieu handelte es sich hierbei?

Naja … genau das! [Melén lacht.]

Ähnlich der hier von uns beschriebenen?

Ja, kann sein. Wenn wir im Vorfeld die Möglichkeit hatten … Oft ist es so, dass man nicht weiß, wo es richtig hingeht und dann ist es unglaublich schwierig für unsere Jungs, die draußen vor Ort sind, und irgendeine bedeutende Person mit Autorität ihnen sagt, dass … Das ist nicht ganz einfach.

Wir haben gehört, dass es so eine Art Sport des Königs und seiner Freunde war, die Säpo auszutricksen?

Ja, da sind sie vermutlich nicht die einzigen.

Die Musik im Hotelzimmer laut stellen und sich dann aus dem Staub machen.

Ja.

Aber das muss doch schwer gewesen sein für Sie?

Das war mit Sicherheit anstrengend. Ich kann unsere Leute gut verstehen, die da draußen ihren Dienst tun und in derartige Situationen geraten.

Und die können nicht dafür verantwortlich gemacht werden, wenn erwas passiert?

Nein, nicht im Geringsten. Nicht unter solchen Umständen.

Wenn nun die Köngigsclique, einschließlich König, – sagen wir mal – in ein Lokal geht, das der jugoslawischen Maffia gehört …

Ja.

Wird das vorher überprüft? Dieses Lokal war ja immer für den Montagsclub gebucht.

Ja, aber davon hatten wir keinerlei Kenntnis. [Melén antwortet flüsternd, sich fast umschauend, als ob er Angst hätte, dass jemand hören könne, was er sagt.] Nicht bei diesen rein privaten Sachen, die stellten sich einfach ein. Wir hatten vielleicht einige Minuten Zeit, um Vorkehrungen zu treffen, soweit wir das konnten. Mehr Zeit war nicht, meist.

Wir dachten, alles wäre gut geplant gewesen.

Nein, nein.

Aber kann das nicht lebensgefährlich sein?

Ja, natürlich. Und in der gegenwärtigen Lage ist das noch lebensgefährlicher. Auch wir befanden uns Anfang der 1990er-Jahre in einer Lage, in der wir bereits einen Mord gehabt hatten. Aber es waren ja die Leute ringsherum, die das planten, das war er ja nicht selbst.

Wer dann, seine Freunde?

Ja, seine Freunde.

Wir haben mit vielen Frauen gesprochen, die auf den Partys waren, auf denen es richtig ab ging. Und das sind ganz normale Mädchen von nebenan.

Ja.

Und stellen Sie sich vor, eine Terrororganisation schleust da eine Selbstmordattentäterin ein, nachdem man erfahren hat, dass diese Mädchen nicht mal gecheckt werden?

Naja, Sie haben schon recht. Da kann ich Ihnen gar nicht widersprechen.

Wir haben auch Leute gesprochen, die Filme rausgeschmuggelt haben.

Ja.

Und wir wissen, dass es im Club Power versteckte Kameras gab.

Ja.

Und die Frage ist, wann diese Bilder auftauchen.

Ja. Was soll ich darauf sagen. Für uns galt »face the fact«. Wir agierten ausgehend von den Informationen, die wir hatten. Und hatten wir keine Informationen, mussten wir trotzdem mit.

Welch ein Albtraum.

Ich glaube nicht, dass dies so empfunden wurde, muss ich sagen. Wenn etwas passiert wäre, dann wäre das wahrlich ein Albtraum gewesen.

Aber allein die Sorge, dass etwas hätte passieren können?

Die hatte man immer.

Einer der Leibwächter des Königs Anfang der 1990er-Jahre war Göran Bergström. Mille Markovic erinnert sich an ihn als guten Kerl, der ihm in einem seiner Prozesse bei den Ermittlungen im Zusammenhang mit dem Pornokrieg geholfen hatte. Bergström wurde während seines Militärdienstes zum Kampfschwimmer ausgebildet, anschließend war er viele Jahre bei der Polizei, wo er sich zum Ausbilder qualifizierte, er war in der Piket-Einheit *[einer tak-*

tischen Spezialeinheit der schwedischen Polizei, vergleichbar mit dem SEK in Deutschland] und begann ein Jahr vor dem Palme-Mord, zusätzlich als Personenschützer zu arbeiten. Nach 1986 hat er die Abteilung Personenschutz bei der Säpo mit aufgebaut, die seiner Meinung nach zu den besten der Welt gehört. Heute arbeitet er im Bereich Personenschutz in Priština im Kosovo und vermutlich kann er seine Erfahrungen aus der Zeit bei der Spezialeinheit, die nach dem Sturz Pol Pots in Kambodscha vier Minister und Chef-Folterer ausfindig machte und einsperrte, sehr gut nutzen. Ende der 1990er-Jahre konnte man ihn als Ermittlungsleiter in der Unterhaltungsshow *På Rymmen (»Auf der Flucht«)* des schwedischen Fernsehkanals TV4 sehen.

Als wir ihn telefonisch erreichten, war er gerade in Priština, aber er lehnte ab, auf Fragen zu antworten, die die Themen Markovic, den König, den Montagsclub, das Aquavit oder Club Power betrafen.

Um es ohne Umschweife klipp und klar zu sagen, da ich nach wie vor im Personenschutz tätig und mit Leibwächter-Aufgaben betraut bin, sind mir sozusagen mehr oder weniger die Hände gebunden und ich kann mich zu nichts äußern.
Nicht mal zum Aquavit?
Nein, denn es ist ja nun mal so, dass … Unsere Strategie ist eigentlich die, dass, wenn man einmal für den Sicherheitsdienst als Leibwächter gearbeitet hat, bleibt alles, was war, unter uns und wird nicht weitergetragen, so ist das nun mal … Ja, genau so, ich äußere mich nie über Persönliches, rein Dienstliches. Von diesem und jenem und über bestimmte allgemeine Sachen zu reden, das ist wohl möglich, aber wenn es um Sachen geht, die sich zugetragen haben, als man Leibwächter war, dann bleibt die Tür verschlossen … diese Loyalität wird mich bis ins Grab verfolgen. Ich

möchte nur soviel sagen: Die schlimmsten Bücher werden vermutlich niemals geschrieben. Anders ausgedrückt: Ich habe hierzu leider absolut nichts zu kommentieren in Bezug auf keine der Fragen, was diese Sache anbelangt. Ich kann mich an nichts erinnern, wir können über alles andere gern reden, ich bin ein sehr offener und netter Mensch, sagen zumindest die, die mich kennen. Aber was diese Sache anbelangt, habe ich einen Alarmcode und der ist … Also, da führt absolut kein Weg rein.

Einer gut unterrichteten Quelle aus der damaligen Sicherheitsabteilung des Reichspolizeiamtes, wie dieses Amt von 1965–1989 hieß, zufolge war das ausschweifende Leben des Königs ständig Anlass zu Sorge und Irritation innerhalb des Sicherheitsdienstes. Diese Sorge bestand von dem Tag an, als der König alt genug war, um allein auszugehen. Carl Persson, Reichspolizeichef 1964–1978, war allgemein für Sicherheitsfragen verantwortlich und stand diesbezüglich in Kontakt mit der königlichen Familie. Er wurde, wie unsere Quelle berichtet, Silvias Vertrauter und sie wandte sich oft an ihn in Sorge und Kummer über die Vergnügungstouren des Königs.

Persson verneint heute, irgendetwas darüber zu wissen. Die einzige Sicherheitsfrage, die zu seiner Zeit aktuell war und eine Bedrohung für das schwedische Staatsoberhaupt sein konnte, war der internationale Terrorismus, zum Beispiel über die Rote Armee Fraktion und die Baader-Meinhof-Gruppe aus Deutschland.

In den 1970er-Jahren wurde die sogenannte Bordellaffäre aufgedeckt, bei der es um den sexuellen Missbrauch von jungen, verwahrlosten Mädchen auch durch Männer aus Politik und Medien, die zur Elite des Landes gehörten, ging. Eines der Mädchen, Mariette, erzählt, dass sehr viele der Kunden aus der Wirtschaft kamen. »Und wir hatten eine ganze Reihe Leute aus Kultur- und Schauspielerkreisen. Es kam auch vor, dass einige von unseren Mädchen für andere Anlässe engagiert wurden, u. a. für Partys mit unserem jetzigen König, der damals Kronprinz war. Um ihn zu irgendeinem Anlass zu feiern, erhielten wir von einigen seiner Freunde den Auftrag, eine von uns nackt in eine riesengroße Torte ›einzubacken‹.«

Einige der Prostituierten berichten, es war die schöne »Vitamin«, die Geliebte des Pornokönigs Berth Milton Senior höchstpersönlich, die sich in der gigantischen Torte versteckte. Dass gerade der Kronprinz mit derartigen Ereignissen in Verbindung zu bringen war, beunruhigte nicht zuletzt den damaligen Chef der Säpo Hans Holmér, so Leif G. W. Persson, der mit der Arbeit der Polizei vertraut war.

»Er war beunruhigt, aber soweit ich weiß, kam nie etwas auf, was auf den König hingewiesen hätte. Einmal fragte ich die Bordellbesitzerin Doris Hopp, ob sie den König beliefere, aber sie stritt das vehement ab. Dagegen war einer seiner besten Freunde eindeutig ein Großabnehmer, sein Name wurde unter ›Laufende Rechnungen‹ geführt«, sagt Persson.

Hans Holmérs Sorge um den Kronprinzen ging so weit, dass einige Beamte bei noch nicht abgeschlossenen Ermittlungen einmal beauftragt wurden, ein illegales Alkohollager in Roslagen auffliegen zu lassen und den verdächtigen Dealer der Polizei zu übergeben, nur um die Hetze der Medien einzudämmen, die man im Zusammenhang mit der Ausgabe der Zeitschrift *Pockettidningen R* zu dem Thema »Huren und Herren« erwartete und in der man über die amourösen Eskapaden des Prinzen berichtete.

Dieser Versuch, eine heikle Angelegenheit mit etwas Spektakulärem zu verdecken, endete in einem echten Antiklimax. Die Polizisten weigerten sich, den verdächtigen Dealer zu ergreifen und behaupteten gegenüber ihrem Vorgesetzten, dass dieser wieder auf Schmuggeltour und deshalb nicht anzutreffen gewesen sei.

Im Ausland jedoch riefen die Angaben der Zeitschrift *Pockettidningen R* über den Kronprinzen und seine Frauengeschichten nicht mehr als ein müdes Lächeln hervor.

9 | DER FREUND DES KÖNIGS BEKENNT

Christer Gustafsson war per Fahrrad in das Hotel Birger Jarl im Stockholmer Stadtteil Norrmalm gekommen. Es war ein schöner Spätsommertag 2010 und das Königreich Schweden hatte sich nach der märchenhaften Hochzeit der Kronprinzessin am 19. Juni längst wieder ausgenüchtert. Der royalistische Rausch hatte sich gelegt. Es würde keine weitere königliche Hochzeit in diesem Jahr mehr geben, nachdem Prinzessin Madeleine und Jonas Bergström ihre Verlobung gelöst haben.

Seit gut einem Jahr wussten Gustafsson und der Kreis um den König von unserer Arbeit an dem Buch. Das ließ sich natürlich nicht verheimlichen und man hatte auch nicht die Absicht, das zu tun, denn es wäre ohnehin ziemlich zwecklos gewesen. Stockholm ist eine kleine Stadt, in dem Sinne, dass unter denen, die regelmäßig ausgehen und auf der Piste sind oder mal waren, jeder jeden kennt. In einem engen Kreis, wie dem um den Monarchen, kommt außerdem noch hinzu, dass, sobald wir einen Freund des Königs kontaktierten, die Telefone heißliefen. Aber uns war schon klar, dass eine oder mehrere der von uns aufgesuchten Frauen ihrerseits Gustafsson angerufen hatten, und dass Gustafsson wiederum bzw. noch jemand aus dem engsten Kreis, vermutlich eine oder mehrere unserer aussagewilligen Quellen kontaktiert hatte. Zumindest von einer Informantin wussten wir das mit Sicherheit. Der Zweck war, dass man sich ihrer Loyalität gegenüber der Clique um den König versichern wollte. Dies zusammen mit der Tatsache, dass Mille Markovic eine unserer Quellen war, hatte eine gewisse Unruhe im Kreis um den König aufkommen lassen.

Wir riefen Gustafsson an, um uns mit ihm zu verabreden, da wir neugierig waren auf seine Version der Rolle, die er innerhalb der Clique um den König spielte. Er hatte am Telefon gesagt, dass er eine etwas diffuse Gestalt in diesem Zusammenhang gewesen sei und dass er ein Vertrauen genieße, das über vierzig Jahre zurückreiche, und er außerdem keine Lust habe, in die Medien zu kommen, wie alle anderen.

Ich habe keine spezielle Rolle gespielt, soweit ich weiß. Ich habe nur mein Leben gelebt, wurde zu einigen Essen eingeladen und brachte einige Leute mit und … naja.
Aber wir wissen, dass Sie derjenige waren, der Mädchen zu diesen Veranstaltungen eingeladen hat?
Tja … aber dazu wurde ich niemals aufgefordert. Seit ich in der Nachtclubbranche tätig bin, gehe ich prinzipiell nie allein auf Partys, das war bekannt und es hatte sich herumgesprochen, dass Gustafsson immer was Gutes dabei hat. Damals in den 1970er- und 1980er-Jahren war ich nicht der einzige Junggeselle, aber ich war wohl immer der mit den frischesten Mädels. Aber ich will hier nicht als irgendein verdammter Zuhälter gelten, denn das war es nicht. Ich bin so wie ich bin und soweit ich weiß, gibt es hier niemanden in der Stadt, der rumläuft und irgendwelchen Mist über mich erzählt.

Und da hatte er Recht. Niemand hatte schlecht über ihn gesprochen.

Gustafsson hatte Anders Lettström, Carl Adam »Noppe« Lewenhaupt und Anders »Aje« Philipson erzählt, dass wir uns bei ihm gemeldet hatten und hatte deren Genehmigung bekommen, sich mit uns zu treffen, um herauszubekommen, worum es bei alldem ging und was wir wollten. Gustafsson betrachtete sich selbst als »verlängerten Arm« der Clique.

Man hatte ihm geraten, ein Tonbandgerät mitzunehmen. Aber das wollte er nicht, er hatte ihnen gesagt, dass das Gerät kaputt sei. Er wollte sich nicht im Nachhinein rechtfertigen müssen für das, was er uns erzählt hatte, um dann vor allem von Anders Lettström eventuell zurechtgewiesen zu werden.

Gustafsson kam ganz in Weiß gekleidet und trug eine Pilotensonnenbrille mit geschliffenen Gläsern. Wir merkten, dass er uns gegenüber skeptisch war, und die starken Schweißringe auf seinem T-Shirt verrieten, dass er entweder nervös war oder ihn das Fahrradfahren so außer Atem gebracht hatte. Er hatte nichts dagegen, dass wir das Gespräch aufzeichneten.

Bestand Ihre Rolle darin, Mädchen mitzubringen?
Nein, nie im Leben. Das können Sie vergessen, ich habe nie … Ich habe die Jungs schon seit Jahren nicht mehr gesehen, ich lebe mein Leben und habe mit denen nichts zu tun, wenn Sie das meinen.
Wie kommt es dann, dass Sie von denen beauftragt wurden, uns zu treffen?
Ich bin von niemandem beauftragt worden. Natürlich wussten wir von diesem Buch … seit mindestens einem Jahr, nachdem [NN] und alle möglichen interviewt wurden, naja, und da … gibt es schon eine gewisse Sorge … und ich kann hier nicht sitzen und später stellt sich dann heraus, dass ich was erzählt habe, ohne vorher mit Fredrik Ramberg, dem Anwalt, telefoniert und gesprochen zu haben, und mit einigen anderen, wie Aje und [NN] und so, mit denen ich auch gesprochen habe … und ich muss einen offenen Dialog mit ihnen führen.

Aber worüber ist man beunruhigt?
Weiß nicht genau. Das ist es ja, was wir nicht wissen! Sie schreiben
ja schließlich ein Buch über den König! Ich bin ja doch ziemlich
außen vor, habe immer mein Ding gemacht, und die mögen mich
als Typ und wollen, dass ich dabei bin, weil ich witzig bin usw., aber
was die Mädchen betrifft … damit habe ich echt nichts zu tun …
denn ich habe sie doch mehr allein, privat getroffen, war immer mit
draußen auf Ingarö bei Anders Philipson, dort, wo sie immer alle
sind, angefangen von der Königin bis hin zu all den anderen, da
draußen im Sommer, dort, wo auch ich meine Zeit im Sommer ver-
bringe, und ja, wie das da eben so ist, mehr ist da nicht. Ich lebe,
wie es mir gefällt, versorge mich selbst und … bin mit niemandem
finanziell verbunden … nur soviel dazu … ich habe immer … ich
meine nur … meine Zeit mit Björn Borg, die war ja genauso le-
gendenumwoben, vielleicht noch schlimmer … als ob da sonst
was … und darauf hat sich mein Ruf aufgebaut, so ist es nun mal.
*Aber das Bild von Ihnen, wie es sich uns darstellt, ist, dass Sie derje-
nige waren, der haufenweise Mädchen angerufen hat, ganz normale
Mädchen, die Sie zuvor mal aufgegabelt haben, die Sie dann zu den
Essen der Herrenrunde mitgenommen haben, entweder als Unterhaltung von Anfang an oder als Kaffeegirls nach dem Essen, und das über
einen Zeitraum von etwa dreißig Jahren.*
Aber vergessen Sie bitte eine Sache nicht, ich war nicht der einzige
Junggeselle in der Runde. Gewiss war es so, dass ich schon mal in
dieser Form meinen Beitrag geleistet habe. Aber andere auch. Und
es hat mir ja niemand direkt gesagt, dass ich das machen soll, ich
fand nur selbst, dass das absolut lustig war. Und dann, nehmen Sie
doch ruhig mal, meinetwegen unser Staatsoberhaupt, der möchte
doch mit Leuten mal reden … mit ganz normalen Leuten, er ist
absolut … Er liebt es, mit Menschen zu reden … ganz entspannt.
So ist es doch, nicht wahr, niemals ging es …

Und wir reden hier also jetzt von normalen Leuten, normalen Mädchen?

Ja, aus den Vorstädten. Schauen Sie sich doch mal die Eingebildeten aus Östermalm an, die sind eigentlich nicht interessant, die hat er dort, jahrein, jahraus … ein Leben lang. Und dann kommt da so ein kleines Mädel aus einem Vorort, setzt sich hin und redet munter mit ihm über alles Mögliche, da öffnet er sich und redet unbefangen. Er ist ein sehr feiner Mensch.

Es scheint, dass wir einen Monarchen haben, der sich nach einem normalen Leben sehnt?

Ja, genau so ist es.

Aber er ist ja nun mal da reingeboren. Er ist Monarch seit er 27 ist, und Sie wollen uns hier erzählen, dass er eigentlich ganz normal wie jeder andere sein möchte?

Ja, denn er mag ja … Im Prinzip hat er nur ein Hobby, nämlich Baggerfahrer zu sein. Ja, genau so ist es. Er möchte Traktor fahren und mit sich allein sein. Nichts anderes. Ich sitze jetzt hier, da ich nicht will, dass man mich als irgendetwas darstellt, was ich nicht bin, sodass … Falls das Buch rauskommt, kann man sich auf was gefasst machen.

Aber warum sollte es nicht erscheinen?

Na, ich weiß nicht, es ist wohl nicht mehr aufzuhalten. Ich dachte ja nur, mäßigend einzugreifen bzgl. …

Wir verstehen, dass Sie nicht als königlicher Zuhälter dargestellt werden möchten.

Nein, absolut nicht. Das ist ein widerwärtiger Gedanke, denn ich habe niemals nur im Geringsten … Schauen Sie, diese Leute da sind so verdammt diskret auf ihre Weise und ich habe nun mal gern immer ein paar Mädchen dabei, und das hat nicht nur was mit denen zu tun, sondern …

Aber wo finden Sie diese Vorstadtmädels denn?

Na, mein Gott, wo schon. Man setzt sich ab und an in ein Café, kommt ins Reden ... Das ist kein Problem.

Erzählten Sie denen dann vorher, dass sie das Staatsoberhaupt treffen werden?

Nein, nie, niemals!

Aber wie reagieren die denn, wenn sie den König sehen? Sind sie geschockt, glauben die, dass ...?

Nein, schauen Sie, dass läuft alles ganz geordnet ab.

Aber wenn die da plötzlich bei einem Essen reinkommen und unseren König da sitzen sehen?

Nein, nein ... meist ist es ja, wie soll ich sagen ... nie der Punkt, ob das Staatsoberhaupt nun dabei ist oder nicht ... Das ist nicht auf dem Plan. Zum Teil auch deshalb, weil dies als Information vielleicht von einem der Mädchen an die Presse oder an wen auch immer weitergegeben werden könnte, und das ist dann nicht lustig.

Aber ist das nie vorgekommen? Dass jemand die Presse angerufen und etwas erzählt hat?

Ja, das ist einmal vorgekommen, aber da ist dann nichts weiter passiert. Anders Philipson macht ja immer seine Weihnachtsessen und anschließend versammeln wir uns ... Schauen Sie, das ist seit dreißig, vierzig Jahren so und all unsere Frauen wissen, dass ... wir am Abend ... wenn wir zusammen sitzen ... Mädchen kommen lassen, genau.

Warum lassen Sie Mädchen kommen, zu welchem Zweck?

Entspannung.

Aber geht das so weit, bis zu Sex?

Nein, nein, nicht doch ... das ist vorbei ...

Das ist vorbei?

Nein, nein, das läuft nicht auf dieser Ebene, so nicht.

Läuft es mehr auf intellektueller Ebene?

Ich glaube, alle Menschen brauchen eine Bestätigung, egal wie verheiratet sie sind, wollen sie auch gern dabei sein … dabeisitzen und mitreden und fühlen, dass … Ich glaube es geht nur um die Bestätigung, ich meine, bei diesen Essen, die Anders Philipson veranstaltet, das Ganze ist absolut offen und klar, Sie verstehen. Und Seine Majestät war niemals dabei, denn er gehört ja nicht zu diesem Club.

Aber er ist doch mit bei den Sörmland-Freunden?

Nein.

Dann im Montagsclub?

Was soll das sein?

Club Alpha, Sie erinnern sich? In der Hantverkargatan? Der Schwedische Backgammonverband hatte sein Büro und Spiellokal dort im Keller.

Ja.

Sie riefen dort an und bestellten ein Weihnachtsessen für ein Fest dort. Der damalige Besitzer hatte einen Gesellschaftsraum im Keller.

Ist das nicht das Salt?

Ja und zwischendurch hieß es Aquavit.

Ja genau, aber dort waren wir, nein genau, es war so, ich arrangierte eine Filmvorführung für die königliche Familie, und das habe ich zwanzig Jahre lang gemacht. Danach gingen wir dann immer noch was essen und das haben wir auch immer so gemacht, mal im Martini oder mal im Valentino und … Ja, wir waren dort und haben gegessen. Salt und Aquavit waren im Besitz von Darios Beg und wurden von ihm geführt, also nahm ich Kontakt zu ihm auf, und nach der Filmvorführung sind wir dann dorthin. Dann kam mir zu Ohren, dass der Besitzer eigentlich der, dieser Mille war, der der eigentliche Geldgeber war, aber wohl nicht als solcher in Erscheinung trat. Ich habe ihn niemals gesehen … er war niemals dabei, aber dann erzählte mir Darios dass es Mille war …

und deshalb weiß ich das … dass Mille einmal [NN] vor der Tür zusammengeschlagen hat. Die hatten da wahrscheinlich einen illegalen Club. Und die wollten da runter in den illegalen Club rein, und der Türsteher fühlte sich bedrängt und schlug zu, und das war dann Mille. Und dann rief er … ›Verdammt, was macht ihr da, ihr könnt doch nicht [NN] schlagen, einen harmlosen Kunden‹ …?

Aber Sie haben Mille nie getroffen?

Doch, ich habe ihn getroffen … Er zog eine Zeitlang herum mit diesem … Jokso…

Dragan Joksovic?

Jokso war damals im Alexandras angestellt. Und wir kamen immer gut aus, Jokso war ein kontaktfreudiger Mensch, sehr umgänglich, aber er geriet da als Geldeintreiber in Schwierigkeiten, seine Sache war das Soziale, er liebte es, wenn man mit Björn Borg kam, er liebte es, wenn der König auftauchte, und er hatte Mille bei sich und … Aber sonst hatte ich niemals Kontakt.

Aber dann betrieb er ja noch diesen Schnapsclub, oder Club Power.

Wo soll der liegen?

Das war der, in dem Sie auch waren, mit dem Whirlpool unten im Kellergeschoss.

Whirlpool? Damit hatten wir doch aber nichts zu tun.

Aber Sie haben die Räumlichkeit gemietet?

Ja, aber ich wusste doch nicht, dass es da so etwas gibt, ich hatte doch keine Ahnung davon. Das Einzige, woran ich mich erinnern kann, da war ein langer Tisch … an dem wir saßen und aßen, mehr war da nicht. An was anderes kann ich mich nicht erinnern.

Wie haben Sie diese Räumlichkeiten gefunden? Warum gerade dort?

Na, wie viele Lokalitäten gab es denn damals überhaupt? Das waren nicht sehr viele. Wir waren ständig auf der Suche … einerseits, wenn wir da … unsere … Aje Philipsons Festessen hatten …

mussten wir dann … immer wieder … neue Lokale finden, wir waren im Opernkeller zum Essen, und dann danach am Abend, sollte es immer woanders weitergehen.

Nachdem der Club Power geschlossen war, haben Sie dann die Feste in eine Wohnung verlegt, die in der Nähe von Broncos Bar auf der Tegnérgatan lag.

Ja, das war irgendein spanischer Name. Dort waren wir vier, fünf Mal.

Wir hatten den Eindruck, dass Mille als Gastgeber für die Treffen des sogenannten Montagsclubs im Club Power fungierte.

Wir waren vielleicht zweimal dort, öfter nicht. Vielleicht anderthalbmal, nicht mehr … ich habe keine Ahnung … Na, zweimal vielleicht, öfter kann es nicht gewesen sein … Und natürlich, wenn ich schon mal zuvor dort war, dann war das mit ganz anderen Leuten.

Aber war der König dann mal mit dort?

Ja, einmal war er dabei, soweit ich weiß, das war nach einer Filmvorführung.

War die Säpo dabei und hat ihn bewacht?

Die Säpo ist immer dabei. Sie rufen den Besitzer an und kommen mit Spürhunden und schauen sich alles an … Sie sind immer dabei, es sei denn, sie sollen nicht dabei sein, da passiert also überhaupt nichts im Geheimen. Man kennt sie nur vom Sehen, denn sie sind recht diffus und sitzen draußen in ihrem Auto.

Können Sie sich erinnern, dass man sich mal zu einem Essen traf und Krokodilfleisch aß in einem Lokal, das damals »Under« hieß?

»Under«, ja.

Was war das für ein Fest, das sie dort hatten, denn das war ja wohl ein etwas komischer Ort, um sich zu treffen?

Nein, denn wir waren ja auf der Suche nach neuen Räumlichkeiten. Und außerdem kannten wir den Besitzer. Wir waren dort zweimal nach Filmvorführungen. Das war eine neue Lokalität und ich kannte den Besitzer. Ich meine, wenn Seine Majestät nicht dabei ist, geht man natürlich in ein normales Restaurant, aber wenn er dabei ist, dann geht das ja nicht.

Dann werden es etwas zwielichtige Orte?

Ja, aber das ist es ja gerade, das ist doch gerade amüsant. Das hat damit gar nichts zu tun.

Es ist also lustiger dorthin zu gehen als in den Opernkeller?

Ja, warum sollten wir dorthin gehen und wie auf dem Präsentierteller sitzen? Das braucht kein Mensch …

Es geht also darum, dass der König ein bisschen inkognito sein kann?

Ja, alle, alle …

Weil Sie dermaßen Aufmerksamkeit erregen, wenn sie …

Ja, genau deshalb.

Aber dann sitzen Sie da mit lauter Männern, nicht eine Frau … Und dann laden Sie sich Vorstadtmädchen ein?

Nein, nein, nicht doch.

Wann werden die eingeladen?

Zu den Weihnachtsessen … Ganz offiziell, soweit wie möglich … es gibt ja soviel Gerede.

Wenn Sie dann aber in etwas zwielichtige Lokalitäten gehen, wie beispielsweise den Club Power, davon weiß doch dann niemand?

Doch, das Restaurantpersonal plaudert.

Aber Sie machen das Essen nicht selbst?

Nein, alles ist bestellt. Im »Under« … da hatten die eine gute Küche … ich weiß nicht mehr genau, aber Sie meinten ja Krokodilfleisch … Das wird schon stimmen, wenn Sie das so sagen. Das hatte ich schon ganz vergessen … na ja … Wieso sollte ich mir das verdammt noch mal gemerkt haben? Ist das nicht witzig, ich kann mich da nicht mehr dran erinnern … Ich habe da immer nur so eine Light-Version … Leute kommen und sagen, ›Mensch, was hatten wir damals da und da für einen Spaß, weiß du noch?‹ Ich habe keine Ahnung. Das Leben rollt nur so dahin, ich habe keinen Rückspiegel mehr, ich gehe immer nur weiter.

Aber erinnern Sie sich an die Liebesreisen nach Åre?

Oh … Unsere Schneemobilreisen? Ja, da war Seine Majestät aber nie dabei, die habe ich organisiert. Und die waren auch mit Mädchen … und allem Möglichen, das ging da voll ab.

Warum nannten Sie das denn Liebesreisen?

Witziger Name. Das war ja nur ein alberner Name. Mal hießen sie italienisch … da gab es dann italienisches Frühstück … dann mal wieder türkisches Essen … Das war das Thema, immer musste alles thematisch sein, aber da war Majestät ja nie dabei.

Und Nynäshamn?

Was ist damit?

Das Jagdhaus da draußen?

Bei Palme? Das war der Polterabend, genauer gesagt der Junggesellenabschiedsabend. Darüber zerreißen sie sich die Mäuler.

Krebsessen?

Ja, das Krebsessen, aber das war der Junggesellenabschied von Bertil Nordström. Und der war … wir waren ganz einfach sternhagelvoll.

Aber da war der König dabei?

Jaa … da ging es hoch her. Aber ich kann mich an nichts mehr erinnern. An absolut nichts, ich war dermaßen zu. Ich kann aber sagen, dass der König bereits seit langem dieses Leben hinter sich gelassen hat.

Wie lange ging das …?

Bis nach … er fuhr nach Hause … ja, genau, nach der letzten Filmvorführung fuhr er nach Hause, denn das geht nicht mehr.

Er wird doch nicht etwa alt?

Ja, das mag ein Teil der Erklärung sein. Das Mobiltelefon hat alles kaputt gemacht ... die Mädchen knipsen damit. Das letzte Mal, dass ich ihn im Grunde genommen in dieser Runde sah, das war vor zwei Jahren draußen bei Aje Philipson, seitdem habe ich ihn nicht mehr gesehen. Dieses ganze alte Leben, das ist vorbei, das ist auch nicht gesund. Er hat ausdrücklich gesagt, dass es nicht mehr ginge, mit dieser Art Leben weiterzumachen.

Beschreiben Sie das Leben, was ist das für eine Art Leben, das nicht mehr geht?

Na, das ... das Sie ... über das wir gesprochen haben...

Mit Frauen?

Ja, das funktioniert nicht mehr, selbst wenn man ganz entspannt zusammen sitzt und redet und dann plötzlich ... das ist vorbei.

Aber warum? Ist es schwieriger, das diskret zu halten?

Nein ... Die haben alle keinen Bock mehr.

Wie lange ging das so, seit den 1980er-Jahren?

Nee, nee, frühe 1970er-Jahre ... Ja, das ist schon verdammt lange her, direkt nach der Schulzeit.

Direkt von der Sigtuna raus ins Stockholmer Nachtleben?

Der König fühlte sich immer hingezogen zu kontaktfreudigen Menschen. Er liebt Leute, die gute Gesellschafter sind, wie Noppe, Aje Philipson, die sind ja wahre Genies in dieser Hinsicht, unkompliziert, großzügig.

Aber gibt es da nicht zwei Cliquen, zum einen die Feierclique und zum anderen die Clique aus alten Freunden, die nicht feiert?

Ja, das stimmt.

Ist es nun so, dass diese zweite Clique, die nicht feiert, etwas mit Sorge auf die Feierclique schaut, zu welchen Eskapaden sie unseren Monarchen mitgenommen hat?

Ja, so in etwa kann man das sagen. Das sind hier [NN], das ist [NN] und alle, die offiziell Geladenen, wie [NN] und ... Die sind eigentlich … die trauen sich nicht, die haben eine gesellschaftliche Stellung, eine Position, die sie nicht aufs Spiel setzen wollen in Bezug auf ihre berufliche Karriere, und die denken nun, dass … diese Feierclique … Ich glaube, wir werden ziemlich verachtet.

Das glauben Sie?

Ja … Das glaube ich.

Warum? Sind die sauer auf Sie?

Da kann auch Neid eine Rolle spielen, die trauen sich nicht, ihre gesellschaftlichen Zwänge abzulegen.

Aber Noppe Lewenhaupt, Aje Philipson und Anders Lettström, haben die denn irgendwas zu verlieren? Ihren Ruf, gesellschaftliche Stellung …?

Ja, aber es gibt keinen, der … Was war denn bisher an Klatsch? Ich glaube nicht so verdammt viel, ich glaube, keiner weiß eigentlich, wer Anders Lettström ist … das schreibt doch keiner …

Haben Sie eine Theorie, warum das nicht geschrieben wird?

Na, deshalb … ich meine … ja … das ist ja wohl klar … Wer will denn heute noch was wissen … über die alten Weiber da in Nöttraby und Helvetesby, die … die wollen doch was Positives lesen. Wird über Seine Majestät negativ geschrieben, wird man verflucht, die Zeitungen verlieren doch nur daran. Die würden sich das nicht trauen … ich glaub's nicht.

Warum sollten sich die denn nicht trauen?

Na, schauen Sie sich doch das alles mit Victoria an. Wie hoch waren da die Auflagen? Wenn die jetzt anfangen würden, negativ zu berichten … Ich glaube nicht, dass das geht.

Das sind also wirtschaftliche Erwägungen?

Genau so ist es. Im Prinzip ist denen doch der König scheißegal, und auch die Königin ist scheißegal, aber das Geld nicht und darum geht's.

Heute ist es ja riskant, auf diese Art Festivitäten zu gehen, weil es ja die Mobiltelefone mit Kameras gibt. Aber wie war das vor fünfzehn, zwanzig Jahren?

Da gab es keine Telefone mit Kameras.

Aber bestimmt gab es auch Filme, Fotos, die gemacht wurden und um die sich die Säpo dann kümmern musste?

Ich musste das.

Sie? Und wem haben Sie die dann gegeben?

Naja, das war das eine Mal ... ich weiß nicht ... Ein Fotoapparat wurde gestohlen und wir wussten, dass damit Bilder gemacht wurden, und den konnte ich wieder auftreiben.

Was waren das für Bilder in dem Apparat?

Nichts Besonderes, ganz normale Bilder, aber gut war das nicht ... Das waren so Bilder, wie ... wir drei da sitzen und reden.

Aber was war denn so schlimm daran?

Naja, ich weiß nicht ... Ich glaube, Sie wissen, wie das ist, das Problem ist nicht der Popstar selbst, sondern sein ganzes Gefolge. So wurde die Suche nach diesem Fotoapparat die reinste Hatz.

Wissen Sie noch, wann das war?

Ja, frühe 1980er-Jahre.

Und ist da auch später noch was vorgefallen? Uns hat man erzählt, dass Leute einmal fotografiert hätten und sich dann anschließend im Prinzip einer Leibesvisitation unterziehen mussten.

Ja ... aber dann wird das ganz diskret gemacht.

Aber wenn man die Frage dann so stellt – waren da auf diesen Festen, bei denen Ihres Wissens der König dabei war, auch Mädchen, die bezahlt wurden?

Nein, niemals, nie im Leben!

Wenn uns nun aber Berichte und Angaben von Leuten vorliegen, die faktisch bei diesen Festen dabei waren, sind die denn etwa nicht wahr?

Nein … da wäre ich sehr enttäuscht.

Enttäuscht?

Na, hören Sie mal … das ist nicht lustig … Nein, nein, das habe ich ja noch nie gehört … dass da so etwas gewesen sein soll.

Kokain?

Nee … verdammt … geht das Gerücht so weit?

Das ist nicht nur ein Gerücht. Wir wissen, dass da sowohl Prostituierte als auch Kokain mit im Spiel waren, aber vielleicht nicht immer, als Sie dabei waren.

Nein, also ich hab so etwas nie angefasst. Aber ist das mit Alkoholikern und Leuten, die Kokain nehmen, nicht so, dass die sich treffen, wenn die anderen nicht dabei sind, nicht wahr … und sollte es das gegeben haben, dann war ich ganz einfach nicht eingeladen, denn die kennen ja mein …

Aber uns wurde aus ganz unterschiedlichen Quellen bestätigt, dass es bei Leuten, die zum Kreis des Königs gehörten, populär war, Kokain zu nehmen.

Dazu gehöre ich aber nicht … ich habe niemals gehört, dass davon die Rede war, also … Das ist wirklich so … Und wenn sich herausstellt, dass jemand aus dem Kreis da was reingebracht hätte … ich wäre enttäuscht … unglaublich … ich bin echt etwas schockiert … das hier zu hören … denn das ist ganz einfach nicht mein Ding … ich bin beschämt … das … ich finde, dass … man nicht, damit anfangen sollte, dass man allen Mist mitmachen sollte … das mit dem Alkohol das reicht ja schon … mit Wein, das reicht völlig … ich kenne Kokain seit den 1980er-Jahren und weiß, was es mit Leuten gemacht hat …

Aber wir sprachen über Mille Markovic und haben gesagt …

Ach, ja, … er schon wieder … Na, was denn noch … Ich verstehe das jetzt nicht, er war niemals mit dabei … ich hatte nicht die Spur einer Nähe zu ihm … niemals gehabt … nie … hab ihn nie mehr als gegrüßt ... ich verstehe nicht, was Sie immer mit ihm haben ...

Was uns wirklich interessiert ist, ob ein Monarch, wie das schwedische Staatsoberhaupt, sich in diesem Umfeld bewegen sollte und sich Gefahren aussetzen sollte, die ...

Absolut nicht. Ganz sicher! Aber wie gesagt, hatte ich erst von Darios davon erfahren, dass er Teilhaber war, aber er war definitiv nicht ... dort in der Nähe, wenn wir im Lokal waren ... niemals ...

Sie haben ihn also niemals gesehen ...?

Niemals!

Aber Sie wissen, wie er aussieht?

Ja, na klar ... also ... was soll das ...

In welchem Jahr war das, als Sie dort waren?

Das muss so Anfang der 1990er-Jahre gewesen sein, ja, bestimmt um den Dreh ... aber es war, wie gesagt, Darios, der mir das Lokal empfohlen hatte, denn ich glaube, dass Darios, ja genau, warum, warum, jetzt weiß ich wieder, er kannte sich nämlich aus mit Konkursen, d.h. Restaurants, die Pleite waren, und eine meiner Anfragen an ihn war, gibt es irgendwo gute Räumlichkeiten für Feste?

Wir waren im L'Escargot, das von Archie Hamilton betrieben wurde ... und er hat mir das empfohlen, denn wir konnten nach der Filmvorführung nicht dorthin ... genau so! Er sagte nur, Mensch nimm das ... das ist ein sehr guter Raum für Feste. Ja genau, es war Archie, der sagte, dass wir nicht bei ihm sein könnten und es keinen Festsaal im L'Escargot gäbe, so hat er die Sache in die Hand genommen, er hat den Raum da unten für uns bestellt, und da hat kein Mensch gewusst, wer der Besitzer des Lokals ist.

Und dann wurde es von Mille Markovic gekauft.

Keine Ahnung … ich weiß nur, dass er der Betreiber war … sodass … Der König hatte doch absolut keine Ahnung davon. Wenn, dann war das unsere Schuld, dann haben wir uns unverantwortlich gezeigt … finde ich … und wenn es so war, wie Sie jetzt herausgefunden haben … dann haben wir … oder Archie den Fehler zu verantworten … und später ich … wenn nicht … Darios … darüber geschwiegen … und nichts davon gesagt hätte … wäre ich doch niemals auf die Idee gekommen …

Mille Markovic war ja niemals der direkte Besitzer, er hätte ja nie eine Ausschankgenehmigung bekommen, er hatte ja schon achtzehn Verurteilungen, u. a. wegen Körperverletzung, rechtswidriger Bedrohung – im Prinzip alles außer Mord.

Wie ich gehört habe … gab es da mal einen Mord im Keller, einen Selbstmord.

Ja, Danilo.

Und an Danilo kann ich mich erinnern … obwohl, das war ja lange vorher, dass wir dort waren … Danilo war so ein Typ, der im Alexandras in der Döbelnsgatan herumlief … er war einer von den netten Jugoslawen, und ich weiß noch, einmal mitten auf der Schlossbrücke, da hielt plötzlich ein Mercedes an, da drinnen saß er in einer Kamelhaarjacke und meinte … soll ich dich mitnehmen?

Und da brachte er mich nach Hause, im Prinzip … und dann nur wenige Wochen später hatte er sich da unten im Keller mit Russisch Roulette erschossen … da wusste ich, dass Mille den Club führte … und wir waren da lange nicht mehr gewesen … und dann hieß es plötzlich … sollten wir da nicht noch mal hingehen … nein, nie im Leben!

Unmittelbar vor dem Selbstmord/Mord – es ging das Gerücht, dass er vielleicht auch ermordet worden sei – gab es dort im Mai 1992 auch einen Sprengstoffanschlag.

Ja, das stimmt.

Ist das das Umfeld, in dem sich der Monarch, unser Staatsoberhaupt, ein-, zwei-, drei- oder viermal aufgehalten hat ...

Ich sage ... einmal, und ich bin mir nicht sicher, ob es zweimal war ... faktisch ...

Und dann gibt es noch diesen zweiten Aspekt, ob dem König auf irgendeine Weise gekaufte Frauen auf diesen Feiern angeboten wurden und er das akzeptiert hat.

Niemals, niemals, ... nein ... Es gibt da eine Neugierde in Bezug auf bekannte Menschen ... das ist ganz schlimm ... Björn Borg zum Beispiel, ich brauchte nur mit ihm ausgehen und schon dachten die Leute, dass ich ihm Frauen beschaffe ... Vergiss es.

Aber Mille Markovics Aufgabe war es, Profis ranzuschaffen, wenn die Mädels, die du besorgt hattest, zögerten.

Nun macht mal halblang ...

Sie wissen, worum es geht. Sie kamen aus dem Tabu etc., und wenn die anderen Mädchen, die Sie angerufen und dorthin mitgenommen hatten, nicht das brachten, was man von ihnen erwartete, so gab es mindestens ein, zwei oder drei Professionelle, die das Ganze in Gang brachten.

Nee ...

Wir haben das aus sechs, sieben, acht unabhängigen Quellen gehört.

Ist das wahr?

Von Mädchen, die dabei waren.

Also und ich soll dann dabei die Spinne im Netz sein? Nie im Leben!

Wir sagen nicht, dass Sie die Spinne im Netz sind, wir sagen, dass Sie mitgeholfen haben, die Feste zu organisieren.

Ja, das ist das eine ... also, für mich stellt sich die Sache so dar: Erstens, wir gaben nie an, ob er dabei sein würde, es gab keinen, der das wusste, er kam und dann war es dieser Überraschungseffekt, es gibt keinen Grund, über das zu reden, was kommt. Es wusste also keiner, dass der dort war.

Er kam als letzter von allen?

Er kam wohl ganz normal.

Wie konnte man das denn geheim halten, dass er ... Hat er sich verkleidet?

Nein, nein, die Säpo kontrollierte ja immer die Räumlichkeiten, und wenn dann dieser Mille kapiert, da ist was im Anmarsch und dann Frauen da sitzen hat, die oben warten, Nutten ... das ist nichts für mich ... nee ... nicht mein Ding. Ich kann mich nicht an eine einzige derartige Situation erinnern, Null-Chance, absolut nicht, wenn man fragen würde, keiner weiß davon ... Ich habe nie gehört, dass von so was mal die Rede war ... Also, ich weiß auch nicht, das ist nichts im Grunde genommen ... nicht die Spur einer Möglichkeit ... und dann, wenn die sagen... das mag vorgekommen sein, aber ... also, nichts, wovon ich was weiß. Denn es ist ja so, ich habe mit diesem Menschen [Mille Markovic] im Prinzip nichts zu schaffen, wenn Sie hier von Kokain und so einem Mist reden, ich habe nichts mit dem zu tun, ich will nur eine diffuse Figur in dem Ganzen sein. Ich will meine Ruhe, das habe ich immer gewollt.

Dann hatten Sie wohl das Pech, sich in den falschen Kreisen bewegt zu haben? Es ist schwer, anonym zu bleiben und in Ruhe gelassen zu werden, wenn man in diesem Epizentrum steht.

Ich weiß, da ist ein furchtbarer Hass, also vielleicht nicht Hass, sondern Leute sind aufgebracht, die ganzen Streber da aus Östermalm ... die hassen es, dass ich da dieser Clique nahe bin ... also die alten Schachteln hassen mich ja.

Sind die eifersüchtig auf Sie?

Na ja ... mein größter Fan ist nun nicht gerade [NN] ... Sie ist der Meinung, ich hätte die Scheidung herbeigeführt ...

Man lastet Ihnen die Untreue der Männer an?

Ja … dass ich derjenige gewesen sei, der ihren Männern die ganze Zeit in den Hintern getreten … sie gepusht und getrieben hätte.

Sind das denn viele verschmähte Ex-Frauen?

Ja, aber die können nichts sagen, denn ich war immer nett zu ihnen, und je mehr ich weiß, dass sie mich hassen, desto netter bin ich zu ihnen.

Zwei Tage nach unserem Gespräch wurde Christer Gustafsson von Mille Markovic angerufen. Gustafsson erzählte, dass er uns getroffen hätte und worum es dabei gegangen sei. In dem Telefonat meinte er mehrmals zu Markovic, dass es etwas gibt, was ihr größter Feind sei und immer sein werde: Frauen.

Unser größter Feind, das bist nicht du, bin nicht ich, das sind die Frauen. Die sind unsere größten Feinde. Das sind die, vor denen du dich in Acht nehmen musst, Frauen, die haben sich hier in dem Buch über den König ausgelassen. Es wurden an die vierzig, fünfzig Frauen interviewt, die in Stockholm mit dabei waren, die wurden dafür bezahlt, das ist so widerlich, verdammt.

Die Leute denken jetzt, ich war's, nur weil ich ein verdammter geiler Kerl bin und großzügig mit Frauen bin … Ich hab die mitgenommen zu den Partys, die haben tolle Leute getroffen und so weiter. So ist das Gerücht entstanden, dass ich so eine Art verdammter Zuhälter wäre, weißt du [sagte Gustafsson unter anderem und schloss mit den Worten]:

Der Aquavit-Keller war perfekt, Hundert Prozent perfekt für die Feste. Ein herrlicher Raum, gutes Essen aus dem Restaurant, alles war perfekt, zweimal waren wir dort, habe ich gesagt, und dazu gibt es nichts zu sagen.

NACHWORT

K önnt ihr den Ärmsten nicht einfach in Ruhe lassen?«, sagt einer der alten Lehrer des Königs von der Humanistischen Lehranstalt Sigtunastiftung, als ich ihn im Frühjahr 2010 anrief, um nach seinen Erinnerungen an die Schulzeit des damaligen Kronprinzen von 1956 bis 1966 zu fragen. Ich hatte noch nicht einmal meine erste Frage gestellt, als bereits diese Reaktion kam. Diesen Satz sollte ich während der gesamten Arbeit an diesem Buch öfter hören. Aber was bedeutet er eigentlich? Warum bezeichnet man den König als »Ärmsten«? Und warum sollten »wir« (Ich gehe davon aus, dass er die Journalisten im Allgemeinen meinte) das Staatsoberhaupt Schwedens in Ruhe lassen? Im Laufe der Jahre haben viele von uns alte Klassenkameraden und Lehrer angerufen, aber ich kann mich eigentlich nur an nette Anekdoten erinnern, die im Ergebnis dieser Gespräche in Boulevardzeitungen und der einen oder anderen Jubiläumsschrift veröffentlicht wurden. Nichts von dem, was ich gelesen habe, hätte dem Monarchen schaden können. Der alte Lehrer, den ich anrief, dachte vielleicht an die Lese- und Rechtschreibschwäche des Königs und dachte, ich wäre nur ein weiterer Journalist, der wissen wollte, welche Auswirkungen das auf seine Leistungen hatte.

Aber diese Reaktion beleuchtet auch eine größere Problematik. Hat der König ein Recht auf Privatleben? Und wo genau verläuft die Grenze zwischen seinem Privatleben, d. h. dem, mit dem wir Journalisten ihn nach Ansicht vieler Leute in Frieden lassen sollten, und seinem Leben als Staatsoberhaupt? In welchem Umfang sollte sein Privatleben also frei von den Einblicken anderer sein? Als der Milliardär Bertil Hults die Hochzeitreise von Kronprinzessin Victoria und Prinz Daniel im Sommer 2010 bezahlte und dies von vielen kritisiert wurde, erklärte Reichsmarschall Svante Lindqvist, der Umgang mit persönlichen Freunden sei Privatsache der königlichen Familie und man sollte ihnen doch »so etwas wie eine Privatsphäre gönnen«.

Kann die königliche Familie eine Privatangelegenheit sein, solange das Oberhaupt dieser Familie – der König oder die Königin – Staatsoberhaupt des Landes ist? Solange die königliche Familie eine aus Steuermitteln finanzierte Apanage bezieht? Solange das Staatsoberhaupt Vorsitzender des Beirats für Auswärtige Angelegenheiten ist und damit über Informationen verfügt, die direkt das Verhältnis Schwedens zu anderen Mächten und damit auch die Sicherheit des Landes berühren?

Wer bestimmt, was zur privaten, und damit geschützten Sphäre des Königs gehört und was nicht, wo die Grenze verläuft? Ist das der König selbst? Oder der Schwedische Reichstag? Oder der Reichsmarschall oder der Pressesprecher des Hofes? Oder seine Freunde? Oder alte Lehrer? Oder liegt das im Ermessen jedes Einzelnen? Wir haben mit diesem Buch diese Frage wahrscheinlich auf die äußerste Spitze getrieben.

Wir möchten unterstreichen, dass wir nie die Absicht hatten, zu moralisieren, sondern die Dinge von Anfang an aus streng sicherheits- und verfassungspolitischer und demokratischer Sicht betrachtet haben. Wenn der König untreu ist, wenn in seinem Namen für sexuelle Dienstleistungen bezahlt wird oder wenn er in Stripteaseclubs geht, dann könnte man das vielleicht als seine Privatsache betrachten. Aber wie sieht seine Stellenbeschreibung eigentlich aus?

»Die Regeln der schwedischen Demokratie schreiben vor, dass das Staatsoberhaupt ein Symbol für die schwedische Nation ist. In den Vorarbeiten zum Grundgesetz heißt es, allererste Aufgabe und Eigenschaft des Monarchen sei es, ein ›vereinender Repräsentant und Symbol für das Land‹ zu sein«, schreibt die Politologin Cecilia Åse in ihrem Buch *Monarkins makt (Die Macht der Monarchie)*.

Man könnte einmal ein Gedankenexperiment durchführen. Stellen wir uns doch einmal den Ministerpräsidenten oder den Präsidenten des Schwedischen Reichstags oder auch die Königin an Stelle des Königs vor. Ist das überhaupt vorstellbar? Das Problem ist also nicht, ob der König als *Mann* in Stripteaseclubs geht, sondern ob er das als *Staatsoberhaupt* tut. Darf er sich nachts in einer solchen Umgebung aufhalten, wie wir sie beschrieben haben, und Kontakt mit Schwerkriminellen haben, zu deren Netzwerk wiederum andere mehrfach Vorbestrafte gehören, und am nächsten Tag als Vorsitzender an der Sitzung des Beirats für Auswärtige Angelegenheiten teilnehmen, in dem Fragen der Sicherheit des Landes diskutiert werden?

Mit dem zweiten Teil dieses Buches wollten wir, dass das schwedische Volk selbst Stellung dazu bezieht, wie der König angesichts des Genannten seine Arbeit erledigt. Uns ist bewusst, dass das Buch zahlreiche Informationen enthält, die als Kränkung gegenüber der Person des Königs aufgefasst werden können. Mit diesem Wissen haben wir die Frage gestellt, ob das Privatleben Seiner Majestät nur eine Sache zwischen ihm und seiner Familie ist, oder ob dies auch eine Vertrauensfrage zwischen ihm und dem schwedischen Volk ist. Ob seine Untertanen das Recht auf die gleichen Informationen haben, die eine sich im Nachtleben der Hauptstadt bewegende wachsende Clique seit Jahren kennt – ein ständiger Strom junger Frauen, die dem König und seinen Freunden mit recht ausgeklügelten Methoden zugeführt wurden. Das erfolgte ganz offen in Gesellschaften, die in fragwürdige Kellerlokale eingeladen wurden, deren Besitzer Schwerkriminelle sind, oder auf Segelboote, in Jagdhütten, auf Schäreninseln oder in vornehme Wohnungen im Stadtteil Östermalm. Dadurch waren das Staatsoberhaupt und die Sicherheit des Landes potentiellen Gefahren ausgesetzt und die Möglichkeiten der Leibwächter zum Ausführen ihrer Arbeit stark eingeschränkt.

Das Ganze ist auch eine Frage der Demokratie. Das Staatsoberhaupt des Landes muss in gleicher Weise überprüft werden können, wie irgendeine andere hochgestellte Persönlichkeit, die eine öffentliche Rolle im politischen Leben Schwedens spielt.

Es gibt, wie wir bei unseren Recherchen gemerkt haben, Teile im Kontaktnetz des Königs, die diese Seiten seines Privatlebens mit gewisser Besorgnis betrachten. Es bestehen Befürchtungen, dass die vom engsten Freundeskreis des Königs – Lettström, Lewenhaupt, Philipson, Gustafsson – angeführten Eskapaden dem Ansehen Schwedens schaden könnten, wie es zu offiziellen Anlässen zum Ausdruck kommt, bei denen der König eine zentrale Rolle spielt. Was bleibt, ist die Frage, in welchem Umfang der König dies alles wusste, in welchem Maße sein Gefolge dies alles vor ihm geheim gehalten hat und was er selbst gedacht hat. Das hätten wir ihn gern persönlich gefragt.

Schließlich noch einige Gedanken zur Sicherheit unserer Informanten und zu unserer eigenen. Im Laufe der Arbeit an diesem Buch haben wir mehrfach die Befürchtung gehabt, dass wir oder einer unserer Informanten überwacht oder abgehört wurden. Von wem, ist unklar, aber wir hatten Anlass zu der Annahme, dass der Sicherheitsdienst sich für unsere Arbeit und deren mögliche Folgen interessiert hat. Wir wissen, dass mehrere Personen, die auf Festen waren, auf denen Seine Majestät sich in mehr oder weniger kompromittierenden Situationen befunden hat, während und nach diesen Festen Kameras und Filme in ihrem Besitz hatten und sich daraufhin bedroht fühlten und Angst davor hatten, was geschehen würde, wenn sie dieses Material nicht abgeben würden. Handelte es sich dabei nur um Einbildung? Wir glauben das nicht. In diesem Fall würde sich die Frage stellen: Ist es angemessen, dass das Umfeld eines modernen Monarchen Bürger seines Landes, seine Untertanen, denen er gelobt hat, ein holder Landesvater zu sein, direkt oder indirekt bedroht?

Es gibt Seiten des Königs, die im Konzept des Buches keinen Platz gefunden haben. Daher erscheint es uns wichtig, dieses Buch mit einigen Reflexionen von Personen abzuschließen, die aus verschiedenen Positionen heraus den König aus nächster Nähe beobachten konnten – ein Königsexperte sowie gute Freunde, die ihn von Kindheit an kennen.

Er umarmt seine Kinder oft. Körperliche Nähe ist wichtig für ihn und das liegt ihm besonders am Herzen. Die Königin ist die wichtigste Person in seinem Leben. Er liebt und braucht sie, und er tut nichts, ohne zuerst mit ihr zu sprechen. Sie hingegen kann mit den jungen Frauen seiner Freunde kaum etwas anfangen.

Er hatte schon immer ein geringes Selbstvertrauen und hat in bestimmten Situationen Angst, beispielsweise wenn er Reden bei öffentlichen Veranstaltungen halten soll. Carl Gustaf ist ein Mann, der immer sein Bestes gegeben hat, aber dessen Fehler oftmals in den Mittelpunkt gestellt werden. »Ich kann damit umgehen, aber es gibt Millionen anderer Menschen mit Lese- und Rechtschreibschwäche, die leiden«, soll er einmal gesagt haben.

Der Alltag auf Schloss Drottningholm ist nicht nur von Luxus geprägt. Sicherlich kann der Königin plötzlich einfallen, an einem Sonntag einen freien Butler zu rufen und Kaviar zu bestellen, aber andererseits macht sie ihr Bett selbst (»Wer sollte das sonst tun?«)

und zum Abendessen kann es auf dem Schloss auch schon mal Wurstauflauf geben.

Das Engagement des Königs für das Schicksal von Kindern zeigte sich unter anderem im Jahr 2004, als er und die Königin nach dem verheerenden Tsunami in Südostasien zum Flughafen Stockholm-Alanda hinaus fuhren, um dort die zurückkehrenden Opfer dieser Katastrophe und die zu Waisen gewordenen Kinder zu treffen. Mit einigen von ihnen hält der König nach wie vor Kontakt.

Nach seiner Thronbesteigung nahm er sich den neuen Aufgaben mit ausgeprägtem Pflichtgefühl an. Es gab nie einen Zweifel daran, was getan werden musste. *This is it*, nun geht es los. Um seine Arbeit bewältigen zu können, folgt er festen Routinen. Auch wenn er vielleicht erst früh um sieben nach Hause gekommen ist, wird am Morgen das Frühstück eingenommen, basta. Nicht einmal an freien Tagen gönnt er sich langes Ausschlafen. Regeln und Pläne, das ist seine Art zu leben, dann weiß er, was zu tun ist. Das vermittelt ihm ein Gefühl von Stabilität, bei der niemand im Ungewissen sein muss. Ein Pragmatiker von Geburt an.

Die Rolle des Königs spielt er auf eine etwas verhaltene, altmodische Art und Weise, und so soll es auch sein. Die nächste Generation, also Kronprinzessin Victoria, wird fröhlich, munter und offen sein, das Ergebnis einer deutlicheren Einführung in ihre Rolle als Regentin und Staatsoberhaupt.

Bis dahin müssen wir uns wohl damit abfinden, dass Carl XVI. Gustaf auf Familienfotos, wenn die übrigen Familienmitglieder in die Kamera lächeln, etwas sauer an der Kameralinse vorbeischaut, als würde er mit einem Messer im Rücken dastehen.

QUELLEN

Neben zahlreichen Interviews, die wir mit Menschen geführt haben, die auf irgendeine Art und Weise während der verschiedenen Phasen des Lebens des Königs mit ihm Kontakt hatten, bildete umfangreiches Material aus Zeitungsarchiven und verschiedenen offenen Archiven sowie von Behörden und Gerichten, z. B. Nachlassverzeichnisse, Testamente, Verträge, polizeiliche Ermittlungsergebnisse, Klageschriften und Gerichtsurteile, die Grundlage für den Inhalt dieses Buches.

Unter den von uns verwendeten Büchern war eines von besonders großer Bedeutung – Ingrid Björnbergs Buch über ihre Jahre als Kindermädchen des Königs und seiner Schwestern *Dagbok från Haga och Stockholms slott (Tagebuch über Haga und das Stockholmer Schloss)*. Niemand scheint den Kindern näher gestanden zu haben als sie. Ingrid Björnbergs Beobachtungen und Schlussfolgerungen aus den frühen Kindheitsjahren Carl XVI. Gustafs waren daher von außerordentlicher Bedeutung für die Schilderung der Kindheit des Königs. Ein weiteres Juwel war das Buch von Gunnar Henriksson und Sune Askaner über die Sigtunastiftelsens Humanistiska Laroverk (Humanistischen Lehranstalt Sigtunastiftung). Durch die in diesem Buch enthaltenen Interviews mit Klassenkameraden und ehemaligen Lehrern erhielten wir zahlreiche Einblicke in das schulische Umfeld, in dem der König sieben wichtige Jahre lang gelebt hat. Für das Kapitel »Das Erbe« haben wir im schwedischen Reichsarchiv die Sammlung von Dokumenten über schwedische Freiwillige in der Waffen-SS und den schwedischen Nationalsozialismus von Bosse Schön und Tobias Hübinette verwendet. Eine weitere fantastische Informationsquelle war der Abschlussbericht über die Fahrt des Marineschiffs *Älvsnabben* 1966–1967, die den Jüngling zum Mann machte. Darin werden die Bedingungen an Bord im Detail beschrieben. Diesen Bericht fanden wir im Marinemuseum in Karlskrona, während wir im schwedischen Militärarchiv einen Briefwechsel zwischen dem Kommandeur des Schiffes und dem Leiter der Marineschule entdeckten. Nicht zuletzt fanden wir die umfassende Anklageschrift gegen den Großvater des Königs, Karl Eduard. Dazu mussten wir umfassende Recherchen in verschiedenen Archiven in Deutschland betreiben, aber nachdem wir das richtige Archiv gefunden hatten, erhielten wir nach nur einem Telefongespräch und einer E-Mail an das Archiv in Coburg die gesamte eingescannte Akte in digitalem Format per Post.

LITERATURVERZEICHNIS

Andersson, Per: *Stenbeck. Ett reportage om det virtuella bruket* (Norstedts, 2000)

Bernadotte, Lennart: *»Käre prins, god natt«* (Bonniers, 1977)

Bernadotte, Marianne: *Glimtar och scener* (Norstedts, 1986)

Bernadotte, Sigvard: *Krona eller klave* (Bonniers,1975)

Birgitta, Prinsessan: *Min egen väg* (Albert Bonniers Förlag, 1997)

Björkman, Ulf: *Kungens adjutant* (BNL Förlag, 1987)

Björnberg, Ingrid: *Dagbok från Haga och Stockholms slott* (Bonniers, 1975)

Bush, Jacklyn: *The Gold Club – The Jacklyn »Diva« Bush Story: How I Went from Gold Room to Court Room* (Milligan Books, 2003)

Degermark, Pia: *Gud räknar kvinnors tårar* (Prisma, 2006)

Fridh, Kjell: *Gamle kungen* (W&W, 1995)

Gadd, Pia: *Frillor, fruar och herrar – en okänd kvinnohistoria* (Fischer & Co, 2009)

Henriksson, Gunnar, & Askander, Sune: *Vision och verklighet* (Sigtunaskolan Humanistiska Läroverket, 2001)

Lindqvist, Herman & Tarras-Wahlberg, Elisabeth: *Carl XVI Gustaf. Porträtt i tiden* (Ekerlids Förlag, 2006)

Lodin, Sven-Olof: *Professorn som blev näringslivstorped* (Ekerlids Förlag, 2009)

Lundgren, Roger: *Sibylla. En biografi* (Albert Bonniers Förlag, 2007)

Mårtensson, Jan: *Att kyssa ett träd* (W&W, 2000)

Nilsson, Bengt-Herman: *Skidspår och stickspår* (Instant Book, 2007)

Olls, Bert: *Kunglig jakt under 700 år. Älgjakt från Magnus Ladulås till Carl XVI Gustaf* (Ekerlids Förlag, 1998)

Persson, Carl & Anders Sundelin: *Utan omsvep* (Norstedts, 1990)

Peterson, Thage G.: *Resan mot mars* (Albert Bonniers Förlag, 1999)

Rainer, Lena: *För Sverige – Carl XVI Gustaf i tiden* (Sydsvenskan, 1996)

Skarke, Lars: *Sanningen. Mina år med Björn Borg* (Forum, 1992)

Skott, Staffan: *Alla dessa Bernadottar* (Albert Bonniers Förlag, 1996)

Svensson, Per: *Han som aldrig fick bli kung. Berättelsen om Carl XVI Gustafs pappa* (Norstedts, 2006)

Thorsell, Staffan: *Mein lieber Reichskanzler* (Albert Bonniers Förlag, 2007)

von Platen, Gustaf: *Bakom den gyllne fasaden* (Albert Bonniers Förlag, 2002)

Wagnsson, Ruben: *Många järn i elden* (Rabén & Sjögren, 1969)

Wulff, Bertil: *Hotell Kattegat* 100 *år* (Bjäre härads hembygdsförening, 1996)

Åman, Valter: *Repor i färgen* (Timo Förlag, 1982)

Åse, Cecilia: *Monarkins Makt* (Ordfront, 2009)

QUELLENVERZEICHNIS

TEIL EINS

KAPITEL 1

Ulf Björkman, 1987: *Kungens adjutant*, S. 157–158
Herman Lindqvist, 2006: *Carl XVI Gustaf – Porträtt i tiden*, S. 102
Ingrid Björnberg, 1975: *Dagbok från Haga och Stockholms slott*, S. 192–194
Expressen 17.9., 20.9. & 26.9.1973
Ulf Bjorkman, 1987: *Kungens adjutant*, S. 162
Prinsessan Birgitta, 1997: *Min egen väg*, S. 105

KAPITEL 2

Prinsessan Birgitta, 1997: *Min egen väg*, S. 81 ff, 90
Ingrid Björnberg, 1975: *Dagbok från Haga och Stockholms slott*, S. 74–78,
　　94–126, 129–130, 133
Svenska Dagbladet, 8.6.1946
Roger Lundgren, 2007: *Sibylla. En biografi*, S. 172, 191
Per Svensson, 2006: *Han som aldrig fick bli kung*, S. 245
Prinsessan Christina, 2010, in der Fernsehdokumentation von TV4
　　Familjen Bernadotte
Alice Trolle Wachtmeister, 2010, in der Fernsehdokumentation von TV4
　　Familjen Bernadotte

KAPITEL 3

Nachlassverzeichnis von Erbprinz Gustaf Adolf und Prinzessin Sibylla
Per Svensson, 2006: *Han som aldrig fick bli kung*, S. 30–36, 229

Roger Lundgren, 2007: *Sibylla. En biografi*, S. 134–135, 206–207, 211

Christer Bergström, *De första nazistiska massmorden – Aktion T4* på
www.omforintelsen.se

www.americola.com

Carl Johan Bernadotte und Carl XVI Gustaf, 2010, in der Fernsehdokumentation von TV4 *Familjen Bernadotte*

Anklageschrift gegen Karl Eduard 1946–1950

*Dokumentensammlung über schwedische Freiwillige in der Waffen-SS und den
schwedischen Nationalsozialismus von Bosse Schön und Tobias Hübinette,*
Schwedisches Reichsarchiv

KAPITEL 4

Ingrid Björnberg, 1975: *Dagbok från Haga och Stockholms slott*, S. 140–141,
143–147

Lena Rainer, 1996: *För Sverige – Carl XVI Gustaf i tiden*, S. 37

KAPITEL 5

Prinsessan Birgitta, 1997: *Min egen väg*, S. 94–97

Gunnar Henriksson & Sune Askaner, 2001: *Vision och verklighet*, S. 27–96,
101–103, 144, 190, 211–212

Lena Rainer, 1996: *För Sverige – Carl XVI Gustaf i tiden*, S. 54

Dagens Nyheter 23.4.1966

Aftonbladet 2.6.1966

KAPITEL 6

Flottenkommandeur Rolf Nilsson auf www.flottansman.se, 28.4.2006

Idun-Veckojournalen, 18.8.1967

Sydsvenska Dagbladet 7.5.1967

Abschlussbericht der Auslandsexpedition der HMS *Älvsnabben* 1966–67

KAPITEL 7

Idun-Veckojournalen 2.6.1966 & 18.8.1967

Aftonbladet 10.9.1968

Expressen 6.2.1964, 18.2.1968

Idun-Veckojournalen 13.9 & 19.9.1968, 24.4.1969

Sydsvenska Dagbladet 3.9.1968

Ärna-bladet, Mitgliederzeitung der Kameradenvereinigung der Königl.
Fliegerflottille Uppland

Sven-Olof Lodin, 2009: *Professorn som blev näringslivstorped,* S. 34–36

KAPITEL 8

TV-programmet *Mellanstick,* 20.10.1969

Expressen, 14.3. & 21.10.1969

Svenska Dagbladet, 16.10.1970

Aftonbladet 3.10.1970, 23.3.1971

Valter Åman, 1982: *Repor i färgen,* S. 172–177

Thage G. Peterson, 1999: *Resan mot mars. Anteckningar och minnen,*
S. 439–442

Bertil Wulff, 1996: *Hotell Kattegat* 100 *år*

Grundlagsberedningens protokoll 16.–20.8.1971

Grundlagsutredningen 2004

KAPITEL 9

Se 1974

Ulf Bjorkman, 1987: *Kungens adjutant,* S. 170–173

Svenska Dagbladet 20.6.1976

TEIL ZWEI

KAPITEL 2

Expressen 7.10.1968

Arbetet 17.2.1970

Aftonbladet 26.12.1968, 29.8 & 21.10.1971, 4.6.1972, 27.2.2006

Pia Degermark, 2006: *Gud räknar kvinnors tårar,* S. 15

Alexandra Charles, 1986: *Alexandra on the rocks,* S. 16–19

KAPITEL 3

Lars Skarke, 1992: *Sanningen. Mina år med Björn Borg*, S. 66–67
Expressen 9.2.2007

KAPITEL 5

Per Andersson, 2000: *Stenbeck. Ett reportage om det virtuella bruket*, S. 294
Rodeo, 6/2007, S. 36
www.glife.se 19.12.2003
Aftonbladet 2.10.2003, 22.12.2005

KAPITEL 6

Jacklyn Bush, 2003: *The Gold Club – The Jacklyn »Diva« Bush Story:
How I Went from Gold Room to Court Room*
Aftonbladet 16.5.2001
Expressen 16.5. & 18.5.2001
Göteborgs-Posten 17.5.2001

KAPITEL 7

Expressen 13.1. & 2.2.2008
Bert Olls 1998: *Kunglig jakt under 700 år. Älgjakt från Magnus Ladulås
till Carl XVI Gustaf*, S. 37–47
Fokus nr 17 2010
Aftonbladet 18.9.1989

KAPITEL 8

Lokaltidningen i Östersund 22.9.2009

PERSONENREGISTER

Ahlberg, Anders 212
Ahlgren, Stig 131
Allard, Henry 49
Alm, Auda 75 f.
Alvegård, Ernst 193
Ambler, John 150
Andersson, Gösta 32
Andhé, Stefan 169
Anne, Prinzessin 151
Asmussen, Svend 172
Axelson Johnson, Bo 161
Badelt, Michael 216
Banér, Carl 127, 129
Bard, Alexander 255
Barda, Jean-Pierre 255 f.
Beck-Friis, Hans 162
Beck-Friis, Wibeke 161
Beckman, Johan 212 f.
Beckman, Yngve 213
Beg, Darios 235, 244, 247, 318, 327, 328
Berglund, Katharina 230
Berglöf, Lars 136
Bergqvist, Meta 22
Bergström, Bengt 136 f.
Bergström, Göran 307
Bergström, Jonas 12, 24, 312
Bergström, Lars 247
Bernadotte, Carl 106

Bernadotte, Carl Johan 31, 109
Bernadotte, Folke 108, 201
Bernadotte, Lennart 76
Bernadotte, Marianne 35, 38, 106
Bernadotte, Sigvard 35, 262
Bernhard, Prinz 61
Bertil, Prinz 31, 33 f., 35, 38, 42, 45, 62, 65, 106, 107, 116, 121, 124, 137, 148, 161, 189, 200, 201
Birger Jarl 115
Birgitta, Prinzessin 49, 51, 54, 120, 258
Biörck, Gunnar 31, 34, 38, 42, 106
Bjuhr, Roland 240 f.
Björck, Anders 180, 181, 183
Björk, Signe 53, 56
Björkman, Ulf 33, 38, 46, 195 ff.
Björkquist, Manfred 122, 137
Björnberg, Ingrid 57, 60, 62 ff., 112, 116 ff., 120, 124
Blenner, Hans 157
Bonaparte, Napoleon 60
Bonde, Torgils 282
Bonnier, Daniel »Pysse« 212
Bonnier, Hans-Jakob »Nisse« 212
Borg, Björn 224, 229 f., 249 f., 315, 319, 329
Brando, Marlon 259
Bring, Jan 143 f., 148 f.

AUTOREN

THOMAS SJÖBERG (geb. 1958) arbeitet seit über 30 Jahren als Journalist und Schriftsteller, mit einer Spezialisierung auf Personenporträts, Biografien und literarische Reportagen. Seit zehn Jahren betreut er als Redakteur das englischsprachige SAS-Bordmagazin *Scanorama* und hält Kurse über Porträtjournalismus am *Institut Medieutbildarna* (dem ehemaligen Presse-institut).

DEANNE RAUSCHER (geb. 1953) ist ausgebildete Journalistin und war als Sozialarbeiterin tätig. 2004 erschien ihr gemeinsam mit Janne Mattsson verfasstes Buch *Makten, männen, mörkläggningen* über die Bordell-Affäre von 1976, das viel Aufmerksamkeit erregte. Ihre Recherchearbeit und ihre Fähigkeit, auf Menschen einzugehen, haben entscheidend zu diesem Buch beigetragen.

TOVE MEYER (geb. 1983) ist Absolventin der Hochschule für Journalistik, Medien und Kommunikation (JKM) Stockholm. Seit ihrem Abschluss im Januar 2009 arbeitet sie als Researcherin und Produzentin für *Sveriges Radio*, der öffentlich-rechtlichen Hörfunkanstalt Schwedens. Für ihre Novellen und Gedichte erhielt sie bereits einige Preise.